KB210282

그 사람 추기경

그 사람 추기경

펴낸날   2016년 2월 16일 초판 1쇄

엮은이   평화방송
펴낸이   이태권

책임편집   박송이
편집   양다은
책임미술   양보은

펴낸곳   (주)태일소담
등록   1979년 11월 14일 제2-42호
주소   서울특별시 성북구 성북로8길 29 (우)02834
전화   02-745-8566~7
팩스   02-747-3238
전자우편   sodam@dreamsodam.co.kr
홈페이지   www.dreamsodam.co.kr

ISBN   978-89-7381-551-7 03230

이 도서의 국립중앙도서관 출판시도서목록(CIP)은 서지정보유통지원시스템 홈페이지
(http://seoji.nl.go.kr)와 국가자료공동목록시스템(http://www.nl.go.kr/kolisnet)에서
이용하실 수 있습니다.(CIP제어번호: CIP2016001560)

그 사람 추기경

평화방송 엮음

소담출판사

'너희와 모든 이를 위하여'

김수환 추기경님……
언제 불러보아도 그리운 이름입니다.
하늘나라에서 우리를 지켜보시며 기도해주시리라 믿고 있지만
그분의 미소와 유머, 따뜻한 음성을
더 이상 만날 수 없다는 것은 늘 깊은 아쉬움으로 다가옵니다.

그런 우리에게 이 책 『그 사람 추기경』은
추기경님의 생전 모습을 생생히 보여줍니다.
젊은 시절부터 병상에서의 모습까지……
우리가 알고 있었던 혹은 미처 모르고 있었던
추기경님의 모습이 다시 전해집니다.

우리에게는 언제나 큰 어른이셨고, 빛이셨으며, 희망이셨던 그분……
그러나 그분의 삶은 늘 무거운 십자가를 짊어진 채였고,
끊임없는 고민과 불면의 연속이었습니다.

그러나 추기경님은 하느님의 충직한 종으로서
삶의 마지막까지 당신의 직분에 충실했으며
하느님의 사랑을 실천하는 데 모든 걸 아끼지 않았습니다.

이 책『그 사람 추기경』은 이러한 추기경의 삶과 신앙을,
그 안과 밖을 한 번에 다 만나게 해줍니다.
추기경님 역시 우리와 똑같은 고뇌를 안고 사셨다는 사실에
우리도 추기경님을 닮아갈 수 있다는 희망이 생깁니다.

부디 이 책이 김수환 추기경님을 보다 가까이서 만나고
우리 모두 '작은 바보 추기경'이 되는 계기가 되기를 빕니다.

이제 남은 것은 '바보 추기경'을
내 안에 담고 살아가는 일일 것입니다.

'너희와 모든 이를 위하여'.

염수정 안드레아 추기경

꿈 이야기

"그것이 '부르심'이라면, 자격을 따지지 말자."
부끄럽지만, 평소 소신이다. 복음을 전하는 일, 하늘 아버지의 뜻을 이루는 일에 '부덕', '부족', '무능'을 내세우는 것은 결코 겸손이 아니라 외려 교만일 수 있다는 생각에서다.

그랬는데, 고 김수환 추기경은 여기에 한 가지 원칙을 더 보태주셨다.
'그것이 누군가에게 도움이 된다면, 거절하지 말자.'
『김수환 추기경의 친전』을 엮을 당시 자료를 정리하다가, 추기경께서는 어떤 부탁도 여간해선 '거절하지 않았다'는 증언들을 숱하게 접했다. 우유부단? 아니었다. 그 동기는 사랑이었다. 바로 속 깊은 사랑의 발로였던 것이다. 그런 깨달음을 얻은 순간 나는 추기경의 귀한 지혜를 배우기로 했다.

이 글을 쓰는 이유도 무를 수 없는 그 배움 때문이다.
일말의 쭈뼛거림이 없었던 것은 아니다. 혹시 추억(追憶)에 동참해주신 분들의 면면과 소중한 사연들에 누가 되지나 않을까? 원고를 미리 일별하던 중 은근히 저어되는 마음이 들었기 까닭이다.

꿈 이야기로 추천을 갈음하고자 한다.
원고 청탁을 받은 지 정확히 한 주일 후 꿈을 꾸었다.

장소는 뜬금없이 하늘나라 잔치가 벌어지고 있는
천당에 속한 한 공간이었다.
거기 검은 수단 복장을 한 사제 두 분이 같은 방향을 향하여 앉아
밝지 않은 모습으로 기도를 묵묵히 하고 있었다.
자세히 바라보니 김수환 사제('사제'로 보였다)와
풍채가 좋은 외국 사제였다.
그들이 향하고 있는 쪽으로 '회색빛 지대'가 어렴풋이 보였다.
연옥이었다.
저마다 질서 가운데 잠잠히 자신의 보속을 채우고 있는 모습들이었다.
'왜 저분들은 저 모습으로 저렇게 앉아, 저렇게 기도를 하고 있지?'
궁금증이 몰려오는 순간, 꿈에서 깨어났다.

보았던 장면들이 너무도 선연하게 떠올랐다.
'잊기 전에'라는 심정으로 부랴부랴
꿈속 외국인 사제의 신원을 추적한 결과,
그가 조선교구 2대 주교 앵베르 성인임을 알아냈다.
허튼 꿈인지, 아니면 성령의 감도에 의한
하늘 비밀의 직관인지, 식별이 필요했다.

조심스럽게 기도를 올리던 중, 뚜렷한 생각이 뇌리에 스며들었다.

"저 두 사제는, 한국 천주교회를 대표하는 두 수반이다. 한 사제는 한국 천주교회의 실질적인 첫 번째 주교 앵베르요, 다른 한 사제는 한국 천주교회 첫 번째 추기경 김수환이다."

"???"

"아버지의 뜻을 충실히 수행한 저 두 사제의 소임은 지상에서 끝난 것이 아니다. 천상에서도 그들은 특히 한국인 '연옥 교회'와 '지상 교회'를 위해 쉬지 않고 기도를 바치는 특별한 소임을 수행 중인 것이다!"

이로써 나는 내가 꾼 꿈속 장면을 보았던 그대로 소묘할 뿐이다. 이로 인하여 '사적 계시'의 논란에 휘말리고 싶은 생각은 추호도 없다.

꿈은 무의식의 반영이라고 했던가.
적어도 김수환 추기경은 내 무의식 속에 저렇게 살아 있다는 것으로, 반갑다.

여기 수록된 추억과 증언들은 하나같이 따뜻하게 읽힌다. 그것은 과거에서 오는 따뜻함이 아니다. 믿건대 그것은 필경 하늘에서 내려오는 따뜻함이리라.

차동엽 신부

| 차례 |

사랑의 모자이크

그 사람, 추기경을 기억하다

김수환 추기경은 갔다. 하지만 그는 가지 않고 내 안에, 아니 우리 안에 또 다른 무엇으로 분명히 살아 있다. 이 책은 그를 기억하는 사람들 안에 남은 추기경의 모습을 되살린 것이다.

사람은 사람을 통해 기억되고 존재한다. 그리고 기억되는 한, 그는 살아 있다. 김수환 추기경은 그를 기억하는 사람들 안에 온전히 살아 있었다. 어떤 이에게는 이십 대 청년의 모습으로, 어떤 이에게는 마흔 초반의 패기 넘치는 사제의 모습으로, 또 다른 이에게는 너그러운 할아버지의 모습으로 생생히 살아 있었다.

우리는 사람들 안에 여전히 살아 있는 추기경의 모습을 하나하나 만나면서 어쩌면 김수환이라는 모자이크를 제대로 맞춰볼 수 있을지도 모른다고 기대했다. 그러나 오산이었다. 사람들의 기억 속에 존재하는 추기경은 이미 온전한 추기경이 아니었기 때문이다.

한 톨의 쌀알이 밥이 되고 그 밥이 또 누군가의 입으로 들어가 생명의 일부가 되었을 때, 그것은 더 이상 한 톨의 쌀일 수 없지 않은가. 이미 누군가의 생명의 일부가 되어버린 후다. 그 쌀이 애초 어떤 모습이었는지는 더 이상 중요한 문제가 아니다. 정말 중요한 것은 그 쌀이 그 사람 안에서 어떤 생명력으로 존재하는가, 그것이다.

영화 「그 사람 추기경」에서 시작된 이 책은 김수환 추기경의 이야기 이되 그만의 이야기는 아니다. 그와 함께 살았던, 그와 같은 시대를 살았던, 우리의 이야기고 당신의 이야기다. 그리고 우리는 확신한다. 이 기억의 집합체는 결국 사랑의 모자이크가 될 것이라고. 김수환 추기경, 그 사람은 언제나 사랑을 이야기하던 사랑의 사람이었으니.

우리는 이 책을 내면서 이렇게 묻고 싶은지도 모른다.

**당신에게 추기경은 지금 어디에,
어떻게 당신의 일부가 되어 있습니까?**

평화방송 전성우 피디

그 사람, 추기경을 기억하는 사람들

○ **강우일 주교**

제주교구장인 강 주교를 만나기 위해 제주도로 가기 전, 기대가 컸다. 그런데 약속 하루 전날, 독감 때문에 인터뷰가 어려우니 미루자는 연락이 왔다. 그리고 일주일 뒤, 서울 중곡동에 있는 주교회의 사무실로 갔다. 아직 그가 한국 주교회의 의장직에 있을 때였다.

강 주교는 이미 신학생 때 김수환 추기경을 만났고 이후 줄곧 그의 곁에 있었다. 어떤 이는 강 주교를 두고 김 추기경의 '아들 같은' 후배라고 말한다. 올곧은 정신, 강직한 성품, 불의에 대한 본능적인 반발, 가련한 이들을 향한 멈추지 않는 사랑, 그리고 실천에 다다르지 못하는 자신을 탓한다는 사실…… 모두가 닮아 있다. 딱 하나, 김 추기경의 유머 감각이 그에게는 별로 없다. '너무 **빡빡하게** 그러지 마!'라고 한 말씀 해주시던 김 추기경, 그와 함께 웃던 때가 참 그립다며 강 주교가 조용히 웃었다. 강 주교는 예수님이 우리에게 뭘 가르치셨는지 잊지 말자고 했다. 그리고 우리 모두 그 실행에 나서자고 독려했다. 사회 교리의 실천을 강조하는 강 주교에게서 김 추기경의 모습이 겹쳐 보였다.

○ 박신언 몬시뇰

서초동 평화빌딩에 그의 사무실이 있었다. 그는 가장 가까이에서, 가장 오랫동안 김 추기경의 곁을 지킨 이다. 그러나 최측근으로서 말을 가장 아낀 사람이기도 하다. 이번 인터뷰에서 그는 김 추기경과의 일화를 많이 들려주었다. 드문 일이다. 그분이 얼마나 유머러스하고 따스한 성품의 사제였는지, 얼마나 기도를 열심히 하는 하느님의 종이었는지, 박 몬시뇰은 한순간의 막힘도 없이 생생하게 전해주었다. 이런 그에 대한 김 추기경의 신뢰는 아주 높았다. 교황 요한 바오로 2세의 두 번에 걸친 한국 방문 때마다 김 추기경은 언제나 박 몬시뇰에게 큰 짐을 지웠다. 그때마다 그는 '못 한다, 안 한다'는 말로 큰일 맡기를 두려워했다고 한다. 하지만 그 누구보다도 제대로, 맡겨진 일보다 몇 배나 훌륭하게 해냈다. 마치 포도밭 주인의 큰아들처럼 묵묵히 일했다. 박 몬시뇰을 보면 김 추기경의 사람 보는 눈이 어땠는지 알 수 있을 정도다.

○ 송광섭 신부

송 신부는 서울 시내 삼성산 수도원에서 오랜 세월 지도신부로 지내왔다. 삼성산 수도원은 서울교구장으로서 김 추기경이 처음으로 허가한 수도원이다. 송 신부에 대한 김 추기경의 믿음과 사랑의 표시였으리라. 수십 년 넘은 김 추기경과의 추억을 마치 어제 일인 양 이야기하는 송 신부의 표정은 무척 밝았다. 어느 본당 보좌신부로 나가 있던 그가 기꺼이 군종신부로 자원하면서 당시 교구의 근심을 덜어주었다. 그때 서울교구장인 김 추기경은 명동성당 마당에서 만난 송 신부에게 "내가 한번 찾아가겠다"는 말로 고마운 인사를 대신했다. 그리고 사흘 뒤 본당 마당에 김 추기경이 정말로 나타났다. 그저 지나는 인사말이 아니었던 것이다. 그 이후 송 신부는 김 추기경의 '열렬한 팬'이 되었다. 한 마디라도 허투루 내뱉는 일 없고, 특별할 것 없는 사람들과의 사소한 약속이라도 꼭 지키려고 애쓰는 분이셨다. 송 신부는 그런 모습에서 진정한 목자의 전형을 보았다.

○ 김정남

서초동에 있는 그의 사무실로 가며 우리는 '드디어 민주화의 비밀병기'를 만나러 간다는 사실에 약간 긴장이 됐다. 그는 70~80년대 독재정권 내내 '요시찰 인물'이었다. 그 당시 중요한 사안마다, 주요한 시기마다 그의 역할이 아주 컸기 때문이다. 김 추기경에게 그는 민주화 활동에 관련된 국내외 소식들을 전하고 추기경의 뜻을 밖으로 전달하는 창구였다. 그는 추기경의 신뢰를 흠뻑 받았다. 그 시대에는 명동성당의 김수환 추기경을 만나러 갈 때마다 늘 미행을 조심해야 했다. 그는 지금도 자주 용인 묘역으로 추기경을 뵈러 간다. 시간이 흐를수록 김 추기경이 더욱 그리워서다. 그분이 곁에 있던 시절, 우리를 덮치고 있던 어둠은 결코 어둡지 않았다.

○ 김형태 변호사

대한민국 현대사의 굵직굵직한 인권 변론은 그가 다 맡았다고 할 수 있다. 인권변호사로 유명한 김 변호사는 스스로 김 추기경의 '법률 참모'였다고 말한다. 쟁쟁한 선배 인권변호사들의 뒤를 이어 어느 날 김 추기경의 옆에 서게 되면서 시작한 일이 천주교 인권 활동이다. 억울하게 사형을 선고받은 외국인 노동자들이 김 추기경이 애쓴 덕분에 풀려나는 것을 보면서 '사형 폐지'에도 본격적으로 나서게 되었다. 이제 그의 나이처럼 그 활동도 제법 연륜이 깊어졌다. 그는 김 추기경의 평생을 "선업을 쌓았다"고 불교식으로 표현했다. 가련한 이웃들의 어려운 형편을 헤아리고 도움이 되고자 애썼던 김 추기경을 그는 아주 잘 기억한다. 그저 옆에서 법률적으로 도움을 드렸을 뿐인데 그분께 훨씬 큰 도움을 받았다는 김형태 변호사는 김 추기경을 두고 '우리 모두에게 참 고마우신 어른'이라고 표현했다.

○ **두봉 주교**

경북 의성군 도리원에 있는 두봉 주교의 집은 늘 열려 있다. 그를 만나고자 하는 이들에게 두봉 주교는 현관문뿐만 아니라 마음의 문도 열어준다. 오래전 파리 외방선교회 선교사로 한국을 찾아온 그는 일찍이 젊은 나이에 안동교구 주교로 명을 받아 일했다. 당시 그는 교구장은 선교사가 아닌 방인 사제가 맡는 게 바티칸공의회 정신에 합당하다고 생각했지만 김 추기경의 명에 순종할 수밖에 없었다고 한다.

두봉 주교를 아는 모든 사람은 그가 가난한 안동교구에 썩 잘 어울리는 주교였다고 말한다. 청빈한 생활, 꾸밈없고 격의 없는 태도, 신자들과 쾌활하게 대화할 줄 하는 두봉 주교를 신자들은 진심으로 사랑하고 존경했다. 그는 긴 인터뷰 내내 선 채로 이야기했지만 피곤한 기색은 보이지 않았다. 이 땅에 온 지 반세기가 넘어 이제 프랑스어보다 한국말이 더 편하다고 했다. 그래도 두봉 주교에게는 프랑스인다운 모습이 남아 있었다. 쉴 틈 없는 몸짓과 풍부한 미소는 말이 전해주는 것보다 더 많은 이야기를 들려주었다. "김 추기경은 정말 예수님 같은 분이었다"고 말하는 두봉 주교 또한 사랑의 목자 예수의 제자가 분명해 보였다.

○ **고찬근 신부**

명동성당 주임신부인 고 신부는 아주 나직나직한 음성으로 김 추기경의 말년을 전해주었다. 듣고 있노라면 혜화동 주교관에 그분이 아직 그대로 계시는 것만 같다. 조금 쓸쓸하지만 평화롭게, 따스한 방 안에서 창밖 가을 낙엽을 지켜보고 계실 것 같기도 하다.

고 신부는 김 추기경 옆에서 외국인 노동자들의 어려운 처지를 돕다가 라파엘 클리닉(이주 노동자 무료 진료소)을 만들어 본격적으로 활동하게 되었다. 김 추기경이 은퇴하신 후에는 옆에서 컴퓨터 이메일도 써드리고, 병약한 김 추기경을 위해서 책도 읽어드리고 발톱을 깎아드리며 그분의 겨울 오후를 함께 보내곤 했다. 병으로 인한 고통에 힘들어했지만 결국 하느님께 의지하며 다시 일어서는 추기경의 모습을 지켜보며 '죽음은 새로운 은총의 시작'임을 깨달았다고 한다. 고 신부는 우리 모두 늙고 병든 존재로 사위어가는 가운데서도 우리를 향한 하느님의 은총만은 결코 멈추지 않는다는 사실을 이야기하고 싶다.

○ **조카 김병기, 조카며느리 문정혁**

가족 중에 추기경이 계시면 좋을까? 어려울까? 특히 김수환 추기경처럼 한국 사회의 큰 어른을 작은아버지로 모시게 된다면 어떨까? 약 십여 년 전 김병기 씨는 한 인터뷰에서 "그분은 참 차가운 분이셨다"라고 서운한 기색으로 답을 했다. 세월이 흐르고 김 추기경이 우리 곁을 떠난 지금 그의 대답은 달라졌다. "그분의 차가움이 무슨 의미였는지 알게 되었다." 나이가 들수록 작은아버지를 닮아간다는 조카는 시간이 흐를수록 그분에 대한 애틋함이 더욱 커진다고 한다. 무뚝뚝한 삼촌 앞에서 늘 조심스럽기만 했던 어린 시절, 좀더 자라서는 가족에게 곁을 주지 않고 차갑고 냉정하게 대하신 그분에 대해 서운함도 가졌었다. 그러나 그것은 사랑의 또 다른 표현이었다는 것을 이제야 알게 되었다고 한다. 김병기 씨는 추기경 삼촌이 무척 자랑스럽다. 서운함이나 섭섭함은 삼촌의 고결함을 더욱 분명하게 확인시켜주는 감정이었기 때문이다.

추기경이 마지막 시간을 보낸 서울성모병원과 아주 가까운 동네에 살고 있는 조카와 조카며느리는 입원 때부터 집에서 모시겠노라고 청을 했었다. 그러나 작은아버지는 한사코 마다하며 끝까지 사제의 자리를 지켰다. 어린 증손주들의 재롱에 환한 미소를 아끼지 않던 작은아버지 김 추기경은 가족들의 마음에 영원히 살아 있을 것이다.

○ **윤공희 대주교**

한국 교회 최고의 원로로 아흔을 넘은 윤공희 대주교는 거실에 나와 취재진을 기다리며 난을 바라보고 있었다. 시간을 거슬러 옛 기억의 장막을 들추고 있었던 것 같다. 김 추기경과의 추억을 회상하는 것으로 시작한 대화는 제2차 바티칸공의회 참가 당시로 이어졌다. 우리에게는 한참이나 멀리 떨어진 '역사'이지만 노사제의 머릿속에서는 손 닿을 거리의 '추억'으로 살아 있는 것이었다.

윤 대주교는 시종일관 쾌활하게 인터뷰를 이어갔다. 언제 또 만나 뵐 수 있을까, 하는 생각에 그의 모습을 카메라에 담아둬야겠다 싶었다. 노사제는 자신의 일상을 흔쾌히 보여주었다. 떠나는 손님을 배웅하며 오래도록 손을 흔들던 윤 대주교의 모습은 진정 우리 교회의 '살아 있는 전설'이었다.

○ **이단원**

1964년, 그녀는 「가톨릭시보」사의 '올드미스' 기자였다. 그때 편집장 같은 사장이 바로 김수환 신부였다. 이단원 씨가 전해준 김 추기경의 모습은 정확히 사십 대 초반에 머물러 있었다. 다듬지 않은 머리에, 어깨 위로는 허옇게 비듬이 떨어져 있었다. 그때 그는 독일 유학에서 막 돌아온 열정 넘치고 꿈 많던 신참 목자였다. 우리는 그녀의 이야기 속에서 처음으로 추기경의 젊고 팔팔한 모습을 생생히 만날 수 있었다. 그리고 짐작할 수 있었다. 김 추기경에 대한 그녀의 기억 속에는 사랑이 담겨 있다는 것을. 한 인간에 대한 깊은 존경과 사랑은 실상 그 대상에 가까이 다가설 수 없는 커다란 장벽이 되기도 한다는 사실을. 누구에게든 한결같은 사랑과 관심을 가지고 대해주며 가진 능력을 힘껏 발휘하도록 격려해주던 사장신부의 모습은 오랜 세월 동안 이단원 씨의 삶을 지탱해주는 자양분이 되었다. 그러나 정작 김 추기경과 마주 인사를 나눈 것은 수십 년이 지나고 나서였다. 그녀는 자신의 삶에 대한 후회와 아쉬움 때문에 추기경 앞에 당당하게 나설 수 없었노라고 말했다. 그녀에게 추기경은 그리움이었고 마음의 빚을 진 존재였으며, 결코 지울 수 없는 한없는 사모였다.

○ **김영균 박사**

김수환 추기경의 주치의였던 그는 추기경의 죽음을 가장 가까이서 지켜본 사람이다. 또 그는 추기경에게 거침없이 지시하고 명령하는 사람이었다. '입 벌리세요', '눈 뜨세요', '싫어도 약 드셔야 합니다', '운동도 좀 하셔야 하고요!' 추기경도 그에게는 영락없는 환자였다. 그것도 투덜거리고 말 안 듣는 환자. '아이 참, 선생님은 왜 이렇게 저를 힘들고 귀찮게 하세요. 그런다고 별로 달라질 것도 없을 것 같은데…….' 그렇게 의사와 환자는 티격태격했다.

김영균 박사는 김 추기경을 돌아가실 때까지 하느님에 대한 지향을 결코 놓지 않았던 성직자로 기억한다. 끝까지 자신의 힘으로 화장실을 가려 했던 모습, 소리가 안 나오면 입 모양으로, 눈으로, 귀로 기도를 놓지 않으려 한 모습이 그러했다. 죽음으로 가는 그 길에서도 교황을 떠올리고 임종의 순간에는 모든 것을 하느님께 맡기고 편안하게 죽음에 응하는 모습도 그러했다.

그는 환자 김수환의 담당 의사였지만 그래도 추기경께 덕담 한 마디를 듣고 싶었다. '다른 사람에게 도움이 되는 사람이 되세요.' 추기경의 그 말은 그에게 곧장 인생의 큰 약속이며 강한 다짐이 되었다.

○ **김상진 신부**

그는 김 추기경을 모시고 등산도 다니고 재미있는 이야기도 나누며 격의 없이 지낸 후배 사제이다. 왜관 베네딕도수도회 소속이지만 김상진 신부는 자주 중국에 가 지낸다. 거의 살다시피 한다는 게 맞는 말이다. 그만의 선교 사업을 위해서다. 그는 중국에서 북한 주민을 위한 병원

짓기 사업을 위해 불철주야 일하고 있다. 이 사업은 그동안 알려지지는 않았지만 일찍이 김 추기경이 그에게 내준 숙제이며 둘이서 한 약속이 기도 하다. 1984년 요한 바오로 2세 교황의 한국 방문을 맞아 김 추기경이 김 신부에게 중국의 가톨릭 신자들이 서울 행사에 참석하는 일을 맡기면서 시작된 일이다. '그때 그 일을 위해 김 추기경과 둘이서 얼마나 머리를 맞대고 고민했던지!' 김 신부는 당시 기억을 떠올리며 아주 자랑스럽게 이야기해주었다. 또 연신 껄껄 웃으며 추기경과의 일화를 들려주었다. 김 추기경과 김 신부는 서로에게서 위로와 기쁨을 나눠받는 사이였다는 생각이 들었다. 위로와 기쁨을 주고받는 관계는 참으로 단단했으리라.

김 신부는 지금 혼자서 추기경이 내준 숙제를 풀고 있다. 일흔이 넘은 노수도자는 몸은 힘들지만 웃음과 긍정적인 마음을 잃지 않고 있다. 분명 하늘나라에 계신 추기경이 함께해주실 것임을 믿는다. 모두 함께 그 숙제를 나눌 수 있기를 바라는 마음이 간절해진다.

○ **신명자 이사장**

그는 빈민운동가 제정구 씨의 부인이며 예수회 정일우 신부의 친구다. 가난을 실천하는 삶에서 김 추기경이 유일하게 '열등감'을 느꼈을 두 사람은 『신부와 벽돌공』이라는 책의 주인공들이기도 하다.

사실 신명자 이사장은 이번 인터뷰 자체를 무척 망설였다. '추기경에 대한 기억은 공적인 것'이라고 설득했지만 자신이 너무 부끄럽다고 했다. 남편이 가고 없는 지금, 가난한 사람들을 위해 진정으로 가난하게 살고 있지 못하기 때문에, 이제는 예전처럼 그렇게 치열하게 가난을 살

자신이 없어졌기 때문에 면목이 없다고 했다. 그래서 가난한 이들과 함께 살며 김 추기경의 사랑을 받았던 시절을 이야기하는 게 크나큰 부담이라고 고백했다.

하지만 그는 이야기를 풀어내는 동안 쉽게 그 시절로 되돌아가는 것 같았다. 함께했던 사람들을 떠올리며, 그 시절의 이야기를 풀어내며 그때 그 감흥과 열정을 다시 느끼는 것 같았다. 그의 가슴 깊숙이 그날의 정신이 온전히 살아 있었다. 기억은 오늘의 우리를 자극하고 채찍질한다. 그래서 기억하는 한 어떤 것도 사라지지 않는 것이다. 떠나버린 사람도, 밀어내고 살았던 정신도 다시 우리 앞에 세울 수 있다. 역사는 그렇게 이어지며 존재한다.

○ **정하권 몬시뇰**

그는 김수환 추기경의 유일한 서품 동기이다. 그리고 천재다. 어려서 신학교에 들어간 이후로 한 번도 일등을 놓친 적이 없었고 유학생활 중에는 최단기간에 박사 학위를 받았으며 여섯 개 언어를 유창하게 구사할 수 있는 이다. 신학교 시절 그에게 김 추기경은 같은 교구(대구대교구) 출신의 자상한 형이었다. 김 추기경은 방학 때면 어린 그의 손을 잡고 함께 고향으로 가곤 하였다. 그때 대구 남산동 김 추기경의 집에 들러 하루 머물며 추기경의 어머니가 끓여주시는 개장국을 먹기도 했다. 김 추기경은 일본군 학병으로 끌려가 태평양 전쟁이 끝나서야 신학교로 돌아왔고 후배인 정 몬시뇰과 같은 학년이 되었다. 그리고 1951년 9월 한국전쟁 중 선후배 사이인 둘은 대구 계산성당에서 서품 동기가 되었다.

작지만 당당한 체구의 정 몬시뇰은 목소리를 높여 한국 교회의 미래에 대해 설파했다. 수많은 사제들을 길러내고 한국 교회 내 이론을 정립해온 정 몬시뇰은 학자 사제의 전형으로 기억될 것이다.

○ **장 익 주교**

춘천으로 들어가는 초입에 위치한 김유정 마을 앞, 공소(公所) 한쪽에 아담한 집을 짓고 홀로 사는 장 주교는 '공소지킴이'를 자처한다. 하지만 거기에는 또 다른 공소지킴이가 있다. 장 주교의 진돗개, '백수'다. 백수는 어찌나 임무에 충실한지, 공소에 들어온 손님이 떠날 때까지 쉬지 않고 짖어댄다.

장 주교와 김 추기경은 연결고리가 많다. 장 주교의 부친 장면 총리는 김 추기경의 동성고 은사이기도 하다. 김 추기경이 한국에서 가장 작은 마산교구의 주교에서 서울대교구장으로 임명받았을 때 첫 번째 비서신부를 장 주교가 맡았다. 이후 장 주교는 김 추기경의 교회 안팎 활동과 국제 활동에 있어서 가장 긴밀한 조력자였으며 핵심적인 참모였다. 1984년의 대한민국 최초의 교황 방한을 준비하면서 김 추기경이 그에게 내린 임무를 장 주교는 '청천벽력과 같은 특명'이었다고 술회한다. 온몸과 마음을 다해 순명하고 성실히 수행했다. 장 주교는 김 추기경이 가장 편하게 일을 맡길 수 있는 후배였고 동료 주교였다. 춘천교구장이되어서도 김 추기경이 부르면 한달음에 달려갔고, 평생 김 추기경의 말에 응하지 않은 적이 한 번도 없었다. 싫은 내색을 한 적도 없다. 그런 마음은 불경한 것이라고 생각했단다. 김 추기경에 대한 장 주교의 지극한 사랑과 엄청난 순명의 태도는 꼭 피를 나눈 동생 같다.

○ 이해인 수녀

그를 만나러 갈 때마다 언제나 워즈워드의 시 「무지개」의 첫 구절이 떠오르는 것은 왜일까? '하늘의 무지개 바라볼 때 내 마음은 뛰노니…….' 그가 영원한 소녀여서일 것이다. '노수녀', '할머니 수녀님'이라는 호칭은 전혀 어울리지 않는 그는 여전히 예쁘고 사랑스럽다.

아름다운 시로 우리에게 감동을 주어온 그는 요새 더욱 친근하게 느껴진다. 자신의 아픔과 상처를 승화시켜 남의 이야기인 양 툭툭 내뱉는 여유와 위트는 주변을 유쾌하고 생기 넘치게 만든다. 그리고 또 얼마나 솔직한지! '치. 그러면 그러라지, 뭐', '싫으면 말고…… 호호호!' 바람인 듯 체념인 듯 툭툭 던지는 말이 결코 밉지 않다. 오히려 정겹고 따스한 그의 마음이 느껴진다.

그 옛날 이해인 수녀는 종신 서원식에 김 추기경을 초대했었다. '추기경님, 저희에게 오셔서 강복해주세요!' 그 초대에 젊은 추기경은 기꺼이 가서 수녀들과 포크댄스를 추었다. 그리고 긴 세월이 지나고 둘은 같은 병동에 있게 되었다. 그때 김 추기경이 이해인 수녀를 초대했다. '와서 나와 재미있게 이야기 좀 나눠요.' 긴 인생에서 둘은 서로 한 번씩 초대했고 기꺼이 만났다. 두 번 모두 행복과 웃음이 가득한 시간이었다. 김 추기경과 나눈 대화를 떠올리며 소녀 이해인 수녀는 예쁘게 웃는다. 그 시간은 분명 하느님께서 마련해주신 것이었다는 사실을 그는 아주 잘 알고 있다.

* 이 책에 실린 인터뷰는 2013년 11월 ~ 2014년 1월에 이루어졌습니다.

강우일 주교

질문: 평화방송(전성우 피디, 권은정 작가)
답변: 강우일 주교

질　김수환 추기경님을 한 줄로 표현하라면 어떻게 하시겠는지요?

답　모두가 주시하는 그런 가운데서 사신 분, 언제나 무어라고 말씀
하시나 사회 각계에서 기대하였던 분, 그리고 어려운 상황에 빠
진 갈 곳 없는 사람들이 찾아갈 때마다 해답은 주지 못해도 늘
함께한다는 자세를 보여주신 분, 그런 모습이 가장 김수환 추기
경님다운 모습이 아니었는가, 그렇게 생각합니다.

질　추기경님이 서울교구장으로 오시고 처음 비서신부님으로 일하
시게 되면서 추기경님과의 인연이 시작된 것이지요?

답　네. 제가 보좌신부 생활을 이 년 하다 비서로 들어가서 일 년
간 일했지요. 그리고 경갑룡 주교님이 총대리로 오시면서 교구
청 조직을 새롭게 꾸미셔서, 제가 홍보교육을 맡게 되었고 비서
신부 일은 그만했어요. 그러나 교구청 멤버로 계속 일을 하니까
추기경님하고 항상 회의하고 의논하고 그랬지요. 그러다가 당
신이 답답하실 때는 개인적으로 말씀도 주시고 하셨지요.

질　추기경님과는 편하게 대하고 지내셨습니까?

답　예, 김 추기경님도 옛날에 도쿄 상지대학에서 공부를 하셨고, 또
저도 같은 데서 공부했으니까요. 도쿄에서 공부하실 때 은사셨
던 게페르트 신부님이 예수회 신부님이셨는데 한국 사람에 대
해서 각별한 정이 있으셨어요. 독일 사람이라면 굉장히 이성적
이고 규정을 존중하고 그럴 것 같은데, 이분은 아주 인간적인
정을 느끼게 하는 분이셨어요. 나중에 신부되고 가서 인사드릴
때마다 항상 하시는 말씀이, 한국은 요새 괜찮은지, 한국 교회

괜찮은지, 김 추기경님 괜찮으신지, 항상 기도 속에 두 사람 기억하고 있다, 그 말씀을 꼭 하셨어요. 그런 부분에 공통분모가 있었다고 할까요?

질 **추기경님이 어려운 처지 사람들 사목방문하실 때 주교님도 같이 다니셨나요?**

답 예, 저도 많이 따라 다녔죠. 다들 아시지만 김 추기경님은 소박한 삶을 좋아하셨고 그런 사람들과의 관계가 많으셨어요. 수도회 중에서도 굉장히 가난하게 사는 수도회, 빈민과 함께 사는 신부님들을 가까이 하시고, 격식 없이 방문하길 원하셨지요. 사실 저도 사제품 받기 전에 그런 수도회 사람들, 가난한 사람들, 노동 사목하는 분들과 동료의식이나 동질감, 그런 걸 많이 느끼고 있었어요. 저도 그렇게 살려고 나름대로 마음을 가져보기도 했는데 교구청에 붙들려 들어가는 바람에 완전히 수포로 돌아가고 말았지요. 그러나 기본적인 꿈, 생각, 취향이라고 할까요? 그런 부분에서는 추기경님하고 허물없이 대화를 나눌 수 있었습니다. 제가 로마에서 공부를 끝내고 다음 공부를 하든가 귀국을 하든가 해야 하는데 사제품을 받기에는 제 자신이 아직 마음의 준비가 부족하다고 느꼈어요. 신학에서 너무 오래 지적인 양성을 받아서인지 머리통만 잔뜩 커져 있었지요. 추기경님의 말씀을 빌리자면, 머릿속에서 생각하는 게 가슴으로 내려오는, 그 작업을 어느 정도 하고 나야 양심의 가책 없이 사제품을 받을 수 있을 것 같았어요. 그래서 일 년을 청했어요. 가난한 이들, 노동자들과 함께 사는 수도회에서 지내면서 머리로만 썼던 것을 몸으로 실천하는 복음적인 시간을 갖고 싶습니다, 일 년만 서품을 미루도록 허락해주십시오, 했더니 두 말 안 하시고 '그래, 마음대로 해' 하고 허락을 해주셨어요. 추기경님이 제 마음을 이해하시고 납득하셨기 때문에 가능했던 것이지요. 제가 주교가 되어보니 젊은 부제가 그런 요청을 했을 때 받아들이기 쉽지 않다는 것을 알게 되었거든요.

질 **서로 마음이 통하신 데가 있으셨던 거군요?**

답 예, 제 마음을 잘 읽어주셨던 것 같아요. 교구장이 되시고 추기경이 되신 분이 그처럼 소박하게 사실 수 있다는 점에 제가 마음으로 존경할 수 있었지요. 제가 그동안 교구청에 있으면서 발버둥 치거나 뛰쳐나가지 않을 수 있었던 것은 추기경님과 어떤 영혼의 일체감을 느낄 수 있었기 때문이었다는 생각이 듭니다.

질 **추기경님은 유머가 많으셨죠. 두 분, 유머 감각이 잘 통하셨습니까? 주교님도 유머 감각이 많으신지요?**

답 글쎄요. 제가 좀 고지식한 부분이 있거든요. 언젠가 추기경님이 '너무 그렇게 딱딱하게 굴지 마, 이제 자네도 나이 먹어가잖아' 그렇게 반 농담 반 진담으로 말씀하신 적도 있어요. 추기경님은 연세가 드실수록 사람들을 편하게 해주시고 웃기기도 잘하셨어요. 그전에 젊은 시절에는 안 그러셨거든요. 아, 연륜이 깊어가는 게 저런 거구나, 옆에서 지켜보면서 '참 잘 늙으신다' 그런 생각했었어요. 전에는 노래도 그렇게 잘하시는 편 아니셨고 별로 안 하셨는데, 육십 대 중반 지나서부터는 가요도 열심히 배

30
그 사람 추기경

화훼마을 화재 현장을 방문한 김수환 추기경.

우셨어요. 지금도 가끔씩 추기경님 허허 하고 웃으시던 푸근한
모습이 떠오릅니다. 세상을, 우리를 편하게 해주신 분이었구나,
하고 느낍니다.

질 **김수환 추기경님의 어떤 정신, 그게 강우일 주교님께 제일 잘
이어져 내려오고 있다고 많은 사람이 말합니다. 가톨릭 신자들
에게 추기경님의 정신을 이어가자고 말씀하신다면 어떻게 표현
해주실 수 있는지요?**

답 다른 분들도 다 인지하셨겠지만 김 추기경님 말씀에 항상 들어
가는 것이, 결국 인간에 대한 사랑, 인간 한 사람 한 사람의 고귀
함과 인격에 대한 당신의 특별한 애정이라고 할까요? 이런 게
늘 말씀에 묻어났습니다. 그분의 가장 밑바닥에 깔려 있는 게

사람에 대한 애정과 존경입니다. 어떤 사람이 다가와도 논리의 옳고 그름을 떠나서 일단 그들을 받아들이는 자세가 그런 데서 나오는 것이 아닌가 합니다. 의지할 데 없는, 하소연할 데 없는 사람들에게 더 큰 애정을 보여주셨는데 그게 결국 예수님의 길이 아닌가, 하고 생각합니다.

예수님은 사람에 대한 사랑, 하나부터 열까지 사람에 대한 사랑을 외치셨죠. 그 사람이 율법학자든, 고기 잡는 사람이든, 밭에서 씨 뿌리는 사람이든, 노동하는 사람이든, 언제나 사람에 대한 애정을 가지고 말씀하셨지요. 그 사람들이 예수님의 이야기를 저항 없이 받아들일 수 있었던 것은 예수님의 언어가 굉장히 단순했기 때문이에요. 추상적인 논리나 사상에 바탕을 두고 하신 말씀이 아니고, 자기 눈앞에 있는 사람이 바로 하느님 닮은 모습으로 창조된, 당신과 똑같이 고귀한 존재라는 것을 바탕으로 말씀하시는 거였으니까요. 김 추기경님도 그 부분을 당신 삶의 기본으로 삼고 사신 것이지요.

오늘 이 시대에 교회가 어느 때보다도 약한 사람, 작은 사람의 편이 되어줘야 공정한 교회의 자리를 찾을 수 있다고 생각합니다. 교회는 누구의 편을 들지 않고 초연한 자세로 남아 있어야 된다, 사회문제나 정치문제에 대해서 초연하게 있어라, 이거는 말이 안 된다고 봐요. 왜냐하면 그건 이 불공평한 상황에서 강한 사람, 많이 가진 사람, 힘이 센 사람의 현상(現狀)을 그대로 지지해준다는 얘기니까요. 교회가 그럴 수는 없다는 말입니다. 김 추기경님도 그런 시각에서 세상을 바라보고 말씀하셨고, 우리가 김 추기경님께 배운다면, 정말 하느님이 원하시는 하느님 나라를 위해서는, 추상적인 초연함은 언제든지 버릴 각오가 되어 있어야 한다는 거죠. 불의한 사회 속에서 내면적인 평온함, 이런 막연한 것은 의미가 없다고 봐요.

질 **70~80년대 당시에 김 추기경님께서 빈민촌에 힘을 많이 실어 주셨는데, 그때도 양상은 좀 달랐겠지만 그런 현실에 대해서 교회가 가만히 있을 수 없다 하셨던 것이겠지요?**

답 그때도 성직자들 중 상당수가, 지금보다 훨씬 더 많은 수가, 교회가 왜 사회문제에 개입을 하느냐, 주교들이 왜 정치문제에 앞장서서 그런 발언을 하느냐, 하면서 반대하고 저항이 심했었죠. 그런데 80년대 후반 지나고 나서 사회 전체가 민주화되고 과거의 군사정권과 긴 독재체제가 결코 바람직한 사회상이 아니었다는 것을 국민들이 깨닫게 되면서, 교회 안에서도 자연스럽게 '아, 김 추기경님이 하신 일이 옳았구나' 하는 생각들이 나왔어요. 처음부터 교회 내에서 '김 추기경이 옳습니다' 한 분들은 그리 많지 않았습니다.

질 **그런 상황이었으니 당시 추기경님께서 많이 힘드셨겠어요?**

답 힘드셨지요, 많이 힘드셨지요. 불면증이 언제부터 시작되셨는지 모르지만, 하여튼 밤잠을 못 주무셨는데 제가 비서할 때도 아침 식사에 나오신 적이 거의 없으셨지요. 아침 열 시나 되어야 눈을 부비시면서 억지로 나오시는 모습이었지요. 어떤 때는 약주를 드셔보시라고 권하면 한두 잔 하신 적 있지만, 오히려 술을 드시면 더 말똥말똥해지신대요. 하여튼 참 힘든 시간들을 보내셨습니다. 어떤 때는 저한테 그런 말씀을 하시더라고요. '앉으면 앉는다고 뭐라 그러고, 서면 선다고 뭐라 그러고, 앉지도 못하고 서지도 못하고 나는 어떡하란 말이냐.'

질 **젊은 나이에 주교가 되셨고, 추기경이 되셨고…… 한국 가톨릭의 심장으로서 김 추기경님 마음이 힘드셨을 것 같아요.**

답 예, 압박을 굉장히 많이 받으셨죠. 군사정권이 끝날 때까지 서울교구청에는 보안사나 안기부, 경찰에서 나온 분들이 상주했습니다. 비밀이 없었지요. 예를 들어 김 추기경님이 안동에 가신다고 결정을 하면, 주변에선 아무도 모르는데 안동 가는 고속도로에 벌써 경찰이나 마중을 나와 있다든가 했어요. 그러니 항상 감시당하고 있다는 느낌 속에서 살았지요.

질 **그런 상황에서 화를 내시거나, 그런 모습을 보이신 적은 없으세요?**

답 제가 직접 본 것은 아니지만 정부에서 누군가가 대표로 와서 무례한 요구를 했을 때는 아주 강하게 반발하고 받아들이지 않으셨다고 해요.

질 **기울어진 시소의 균형을 맞추는 일, 약자를 위해서 교회가 편을 들어주는 것이 좋다고 말씀하셨는데, 그것을 두고 교회의 사회 정치 참여라고 하는 이들이 있습니다. 예전에 김 추기경님께서 대사회 발언을 하실 때도 그런 의견들이 있지 않았나요?**

답 교회에서 발언할 때, 절대로 어느 정당 하나를 두둔하거나 또는 공격하는 시각에서 말이나 행동을 하지는 않지요. 우리는 정치적인 분야의 어떤 문제에 대해서 발언을 하더라도 그것이 사회 전체의 공동선, 가장 힘없는 사람들의 기본 권리가 박탈당하는 것과 연결될 때, 누군가가 나서서 그들을 대변해주거나 그들의 아픔을 사회에 알리는 역할을 하지 않으면 안 된다고 판단될 때 발언을 합니다. 우리가 어느 특정 정당의 이익을 위하거나 혹은 반대하기 위해서 나선 적은 없다는 사실, 그 점은 자신 있게 말할 수 있습니다.

성직자의 공직 참여, 노동조합 활동 같은 것은 교회법에서도 금하고 있습니다. 정치인으로서 행동하는 것은 금하지만, 정치적인 사안에 대해서는 얼마든지 얘기할 수 있는 거죠. 정치적인 사안, 국회에서 다루는 대부분의 법안이라는 게 결국 국민의 삶과 직결되는 것 아닙니까? 정치라는 게, 국민의 공동선을 위해서 존재하는 거고, 그 공동선에 큰 상처를 입히는 것에 대해서는 국민을 위해서 분명하게 그릇됐다, 라고 말할 수 있어야 교회의 존재 이유가 있다고 봅니다.

질 **김 추기경님도 당신이 아니고서는 이렇게 말할 수 있는 사람이 없다, 해서 하신 것인데요. 지금 신부님들도 그런 마음에서, 우리 말고는 이야기할 사람이 없다는 심정으로 나서신다는 것이지요.**

답 맞습니다. 김 추기경님도 당시에 정부 쪽 사람들을 만나시면 상황이 안 좋게 되어가니 대통령께 이건 아니라고 말씀을 드리라고 강하게 권고를 했는데, 그때마다 그분들이 보인 태도는 '우리는 말씀 못 드립니다'인 겁니다. 결국 아무도 얘기 못 하니 어떻게 하나, 그러면 나라도 해야지 하고 나서신 거지요. 나라 전체가 잘못된 방향으로 가는 것이 뻔히 보이는데, 교회마저 다른 이들처럼 침묵을 지켜서는 안 된다는 게 김 추기경님의 판단이었어요. 제2차 바티칸공의회 사목헌장에 교회가 나아가야 할 방향, 즉, 교회가 어떻게 세상일에 관여해야 하는가, 그리스도인이 어떻게 세상 속에서 복음을 선포해야 하는가, 또 정의를 어떻게 구현해야 하는가, 주로 그런 내용이 실려 있어요. 김 추기경님께서 독일에서 사회학을 공부하셨으니 사회문제를 다룬 사목헌장에 특별히 관심이 있으셨을 거라 봅니다. 독일에서 바티칸공의회의 진행 상황에 깊은 관심을 가지고 또 정보를 받으시고, 공의회가 끝나자마자, 대한민국 서울에 벌어지는 상황을 보면서 교회가 가야 할 길이 무엇인가, 깊이 고민하실 수밖에 없었던 거지요.

질 **그런데 민주화가 왜 복음화의 한 부분으로 받아들여지는가에 대해 의문을 가지는 사람들이 있는 것 같습니다.**

답 복음화를 외치는 사람이 왜 민주주의를 외치느냐, 그 말인데요. 아까 말씀드렸듯이 예수님의 복음 핵심은 '이 세상에서 가장 작은 이들 중 하나에게 해주는 것이 바로 나에게 해주는 것이다', 그것이거든요. 가장 작은 이들이 나와 똑같은 동등한 인간으로서의 품위와 삶을 즐기고 향유할 수 있는 세상으로 만드는 게 복음화입니다. 그러니까 민주주의는 그것을 위한 기본적인 구조지요. 가장 작은 이들도 힘 있는 이들과 동등한, 인간적인 처우를 받을 수 있는 그런 여건을 만드는 것, 그게 민주화라고 보고, 교회가 관심을 가지는 겁니다. 민주주의라는 정치체제 자체를 이념으로 받아들이자는 게 아니지요.

질 **사실 그런 부분은 김 추기경님께서 당신의 삶으로 저희에게 가르쳐주셨던 것 아닙니까? 가르침을 받았는데 실천이 잘 안 되는 것이라 생각합니다.**

답 예. 저부터도 그렇지만 세상이 갈수록 살기 편해져서 그런지, 어려운 사람들의 아픔을 공감하고 연민을 갖기가 점점 더 어려워진다는 생각이 듭니다. 교회가 교회에 찾아오는 사람들, 그냥 정상적인 신앙생활을 할 수 있는 분들만 돌보는 것이 아니라, 우리가 당연히 해야 하고, 어떤 의미로 그것보다 더 애를 써야 하는 부분은, 교회에 오지 못하는 분들, 올 형편이 못되는 분들, 그런 분들을 위해서 교회가 무엇을 할 수 있을지 깊이 성찰해야 한다는 것입니다. 교황께서도 그런 일을 우리에게 바라시는 게 아닌가 생각합니다. 지금 교황께서 전에 부에노스아이레스에 계셨을 때 저도 그곳에 가봤습니다만, 빈민촌에 가면 정말 형편없거든요. 하수 시설이 안 되어 있어서 동네에 들어가면 완전히 진흙 판이죠. 제가 방문했던 동네 빈민촌 한복판에 수녀님들이 살고 계셨는데, 수녀님들 사시는 조그마한 숙소 가장자리에도 늘 하수가 흘러들어 땅이 젖어 있었어요.

질 **김수환 추기경님과 2007년 인터뷰할 당시 가장 마음에 걸리는 게 무엇인지 여쭤보았더니 진심으로 말씀하시더라고요. '가난한 이들과 실제로 같이하지 못했던 것을 굉장히 큰 허물로 생각하고, 그것이 나의 죄'라고요.**

답 김 추기경님께서 옛날에 달동네에 많이 가셨어요. 목동, 사당동, 상계동, 난지도, 양평동 쪽으로 많이 가셨지요. 그런 지역으로 항상 당신 나름대로 관심을 가지고 찾아가셨어요. 판자촌에 쭈그려 앉아서 식사도 하시고 대화 나누시고 거기서 미사도 지내시고 그러셨습니다. 지금 교황님도 그런 부분에서 깨어 계신 분이 아닌가 생각됩니다.

질 **프란치스코 교황님과 추기경님, 두 분이 서로 굉장히 닮으신 것 같다는 생각도 듭니다. 추기경님이 고민하시던 게 뭐였을까, 늘 궁금했었는데요. 사제로서 어떻게 살아가야 하나, 이런 거 주교님과 말씀 많이 나누지 않으셨는지요?**

답 사제의 삶, 그런 거에 대해서는 의외로 대화를 나누지 않았고요. 우리 사회가 근본적으로 정직하지 못한 거, 우리나라가 언제서부터 그렇게 됐는지는 모르겠지만, 거짓에 대해서 관대하다고

'복음자리' 사목방문 때. 고 정일우 신부도 함께다(가운데).

할까, 하여튼 무감각해진 그런 부분에 대해서 굉장히 안타까워 하셨지요.

　제일 중요한 덕목으로 진실한 것, 정직한 것을 꼽으셨어요. 우리 사회가 잘 살아보고 싶어서, 너무 가난했기 때문에 배 좀 곯지 않고 살아보고 싶다는 데에서 새마을운동도 나오고 국가 적으로 '잘 살아보세' 하는 분위기가 만들어지게 되었는데, 그 런 가운데에서 적당한 거짓말, 어떤 편법 같은 것이 다 용서되 었다는 것이지요. 거기다가 오랜 세월동안 군사정권 지배하에 있으면서 상부의 명령이면 그게 옳든 그르든, 윤리적으로 맞든 아니든, 일체 가리지 않고 명령대로 하는 그런 문화가 60~70년 대부터 계속 축적되어왔고, 그래서 우리가 정직함을 잃어버렸 다고 생각하신 거죠. 그 점을 안타깝게 여기셨어요. 오늘날 국 제사회에서 다들 부러워 할 정도로 우리가 잘하는 부분도 많아 졌지만, 과연 정직하게 사는가 하는 부분에서는 국제적으로 순 위를 따진다면 꽤 난처한 입장에 들어가지 않을까, 그런 생각이 듭니다. 요새도 김 추기경님을 떠올리면서, 우리 사회에 거짓이 버젓이 통용되는 게 참 안타깝다는 생각을 합니다.

질　**선종 오 주년을 맞아 김 추기경님께서 살아오신 모습을 한 번 더 되새기고 우리가 쇄신할 수 있다면 어떤 식으로 해야 하는지 여쭙고 싶습니다. 추기경님 생전에 가까이 계셨던 분들 찾아뵙 고 말씀 들으며, 추기경님께서 우리에게 바라셨던 것이 무엇이 었는지, 우리는 그리스도인으로서 어떻게 살아야 하는지 알고 싶습니다.**

답   글쎄요. 같은 얘기의 반복이 될지도 모르겠습니다만, 정말 작은 사람, 힘들어하는 사람에 대한 연민, 함께 아파하고 딱한 사정을 느낄 줄 알고 함께하려는 노력, 가장 힘들어하는 사람들과 같은 눈높이에 서려고 하는 것이 오늘날 우리 사회가 되찾아야 할 가장 큰 부분이 아닌가 합니다. 우리 사회 전체가 능력 위주로 가고 있어서 순위에서 뒤처지면 인간으로서도 뒤처진다는 전제가 사회 모든 영역에 전제되어 있지요. 능력이 뒤떨어져도 우리는 존중받아야 할 인간입니다. 그리스도인으로서 우리는 하느님을 닮은 존재라는 사실, 하느님이 주신 필터를 통해 사람들을 보고 생각해야 하지 않겠는가 합니다.

　우리나라가 최근에 와서 북한의 견해와 가까운 사람은 국가의 적으로 생각하려는 경향이 있는데, 참 잘못된 사고방식이고 견해라고 생각하거든요. 북한이 6.25를 일으키면서 우리 민족에게 씻을 수 없는 상처를 입힌 것은 사실이고, 수많은 사람들의 재산을 빼앗고 생명을 빼앗고 인간으로서 할 수 없는 짓을 많이 했지만, 그것은 공산주의라는 시스템이 저지른 죄지요. 그런데 지금 이천오백만 이북 동포를 적과 동일시하고 북한과 조금이라도 연계된 사람들을 다 거기에다가 붙여놓고 단순화시켜서 우리의 적으로 생각한다는 것은 참으로 어리석은, 우리의 발등을 찧는 일입니다. 근본적으로 북한 동포를 바라보는 우리의 시선이 좀 더 대범해져야 한다고 생각합니다. 이천오백만을 역사 속에서 다 지워버릴 겁니까? 어떡할 겁니까? 다 우리 동포들이고 이산가족으로, 만나면 끌어안고 울 사람들입니다. 북한을 생각하는 발언을 하면 전부 종북이라고 몰아세운다는 건, 아직 우리 문화의 진화가 대단히 부족하다고 생각하게 되는 부분입니다. 설사 공산주의자들을 대할 때도, 특히 우리 그리스도인은 기본적으로 그 사람이 하느님의 자녀라는 것을 전제로 하고 그다음에 그 사람의 잘못을 논하는, 그런 태도를 잃지 말았으면 좋겠다는 겁니다. '공산주의자는 사탄이다.' 이거는 아니라는 거죠. 그리스도인으로서 영적인 자유라고 할까요, 우리는 그런 자유를 누리는 영혼이 되어야 하지 않겠는가, 생각합니다.

질 **주교님도 한 사람의 사제로서 살아가시지 않습니까. 사제로서 김 추기경님을 어떻게 말씀하실 수 있을까요?**

답 글쎄, 그 어떤 규정이나 격식에 별로 구애받지 않으시고 굉장히 자유롭게 사신 분이라고 저는 생각해요. 자기 자신을 규정에 맡기기보다는 예수님과 복음에 맡겼기 때문에, 더 큰 구도 속에서 세상을 바라보고 사셨기 때문에, 자잘한 것들에 일일이 얽매이지 않으셔도 되지 않았는가 생각이 듭니다. 그분의 영적인 자유, 대범함, 그런 면을 저는 늘 부럽게 여겼습니다. 다른 책들도 열심히 읽기는 하셨지만, 무엇보다 복음을 많이 묵상하셨고, 저녁때 되면 꼭 성당에 가서 한참을 쭈그리고 앉아서 기도하시고, 그러면서 당신 삶을 항상 복음과 하느님께 꽁꽁 묶어두셨기 때문에 다른 것으로부터는 자유롭게 휘적휘적 다니고 행동하실 수 있지 않았나 싶습니다.

질 **오늘 해주신 주교님 말씀은 늘 행동과 함께하는 것이라 더욱 감동적으로 들립니다. 감사드립니다.**

박신언 몬시뇰

질문: 평화방송(전성우 피디, 권은정 작가)
답변: 박신언 몬시뇰

질 **추기경님 보필하시면서 일하시는 모습을 많이 보셨지요? 회의 진행하실 때라든가, 일하실 때 어떠셨나요?**

답 길지 않게, 아주 간결하게 말씀하시는 분이지요. 아주 명료하고 요점만 딱딱 짚으세요. 그런데 1984년 한국 천주교 전래 이백 주년 기념행사 준비하실 때는 어떤 지침을 주신다기보다 의견을 많이 물어보셨어요. 지침을 주셔야 하는데 잘 안 하셔요. 못 하시는 게 아니고요. 그러니 심부름 맡아서 현장에 있는 사람은 어떤 측면에서 보면 굉장히 고달파요. 동서남북을 다 준비해야 되니까. 그리고 여러 대안을 준비해서 보고 드리면, '그럼 자네는 어디로 갔으면 좋겠어?' 하고 또 물어보세요. 그래서 그중에서 여기가 낫겠습니다, 하면 '그럼 그리로 가자' 그러세요. 그러면 다 잘 이루어져요. 그러면 어떻게 결론을 지으시느냐, '성령의 감도하심으로 좋은 결과를 냈다' 이러시는 거지.

질 **몬시뇰님의 능력을 믿고 일을 맡기신 것 같은데요.**

답 그렇지만 난 힘드니까 추기경님을 원망하게 되지요. 식당에서 추기경님이 바로 옆에 앉아서 식사를 하시는데, 얼굴을 바로 보려고 안 했다니까. 처음에는 진짜로 막 원망하고, 그냥 그렇게 싫은 거예요. 하필이면 그 많은 신부 중에서 왜 나인가! 너무 암담하고 막막했기 때문에, 그 큰 행사가 이 년 뒤인데 어디서 어떻게 시작해야 될지 몰랐기 때문에, 저녁밥만 먹으면 성당에서 계속 울기만 했어요. 한 보름 동안은 계속 울기만 했다니까요. 그렇게 저녁때 어두운 성당에 불도 안 켜고 울고 있으면 추기경님이 올라오셔서 그냥 당신도 이렇게 엎드려서 기도를 하세요.

그러다가 어느 날, 추기경님께서 '천주교회가 참 가혹하지?' 그렇게 물으셨어요. 그래서 얼결에 '아니요'라고 한 거예요. 어떻게 그 대답이 나왔는지 몰라. '왜?' 하고 다시 물으셔서 '하느님이 저를 굉장히 사랑하시는 것 같아요. 천주교회가 기도하지 않으면 안 될 자리에 불러주셨으니까요' 하고 대답했지요. 사실 내가 그렇게 열심히 하는 위인이 못 되는데, 하느님께 매달릴 수밖에 없는 일자리를 주신 것이 너무너무 고맙고 감사한 일이고 은총의 기회다, 그렇게 생각하고 있었어요. 그때 아주 흐뭇해하시고 기뻐하시는 모습이셨어요. 그래서 용기를 얻고 일을 시작했지요. 지금 생각해보면, 내가 뭔데, 나 같은 사람한테 그런 자릴 주셨을까, 한없이 감사하지만 그때 당시에는 말도 못 하게 추기경님을 원망했어요. 아마 다른 사람들은 상상도 못 할 거예요. 이백 주년 때에는 회의를 398번 주관했었는데 행사가 열아홉 개였어요.

즐겁게 이야기하던 한때.

질 그리고 1989년에 44차 서울 세계성체대회 행사도 맡아서 일하시게 되었잖아요?

답 1987년 5월엔가 로마회의에 다녀오셔서는 이렇게 말씀하시는 거예요. '내가 박 신부가 있어서 일 하나 저지르고 왔다.' 마침 아침 식사하던 중이었어요. '무슨 말씀이세요?' 그랬더니 이백 주년 행사는 교황님께서 천주교 전래 이백 주년이어서 한국 방문하신 거고, 성체대회는 올림픽처럼 유치하는 거래요. 그때 아시아에서 일본, 필리핀, 싱가포르 세 군데가 이미 성체대회를 했대요. 바티칸 국무성 장관이 한국에서 이백 주년 행사를 잘했기 때문에 성체대회 유치 신청하면 잘될 거라고 언질을 주길래 신청하셨노라고, 우리가 하게 되었다고 하시는 거예요. 내가 밥 먹다 말고 '저는 그만할 거예요' 하고 일어나서 나가버렸잖아요. 그런데 결국 또 일했지요. 행사분과장 맡아서 했는데, 자잘한 일들까지 행사가 많았어요. 그래도 회의가 250번 정도로 확 줄어들었죠. 두 번째니 나름대로 요령이 생겨서 그때는 잘해냈지요.

질 함께 일하면서 선배 사제로서 추기경님의 모습은 어떠셨나요?

답 추기경님은 행사에 대해서 보고 받는 위치니까요. 그런데 추기경님 생각하면 기도하시는 모습만 생각나지, 다른 모습은 생각안 나요. 성당에 오셔서 기도하시는 모습, 그런 거 생각나요. 그리고 무슨 말씀을 하시든 다 성경에 주안점을 두고 하시던 게 기억나요. 그리고 남을 배려하는 모습, 어렵고 힘든 사람들을 생각하고 찾아가서 다독거려주고 고통받는 사람들을 항상 생각해주는 모습이 떠오르지요.

질　**두 분이 오랫동안 함께 지내시면서 정이 많이 드신 것 같아요.**

답　가깝게 오랫동안 모셔서 정말 행복했어요. 처음엔 그분이 그렇게 훌륭한지 몰랐지요. 그리고 추기경님이 정말 착하신 분이에요. 열심히 하고, 사제로서의 자세가 아주 명확하게 서 있어서 자기 업무에 충실하신 분이에요. 기도 열심히 하시고.

질　**추기경님께서 어려운 결단을 하시기 전에 길게 기도하시고 그러셨나요?**

답　추기경님이 어려운 일이나 결단을 내리실 때 그 방법이, 첫째는 기도를 하시고, 둘째는 다니는 사람들한테 다 물어봐요. 메시지 같은 거 쓰실 때, 초안을 만들어서 다 나눠주시고 언제까지 읽어보고 모여서 한 마디씩 해달라고, 그런 과정을 꼭 거쳐요. 모니터를 꼭 받으시는 거지요. 굉장히 어려운 일이잖아요. 나도 추기경님께 그런 걸 배워가지고 늘 그렇게 하고 있는데, 그게 쉬운 일은 아니에요. 자기 자존심하고 결부되어 있는 거니까요. 어디 가시게 되면 '가서 무슨 말 했으면 좋겠어?' 하고 같이 지내는 신부님 열 명한테 물어봐요. 자기 혼자 생각만 있는 게 아니라 다른 사람들 마음은 어떤가, 무슨 이야기 하는 것이 좋은가, 혼자 결정을 내리시는 게 아닌 거지요. 참 아름다운 모습이잖아요. 아랫사람들하고 나누고 같이하는 그런 것들이 이제 내 생활에도 배어 있어요. 사람들이 나더러 '추기경님을 모시고 십칠 년 동안이나 살았다면서 무엇을 배웠어?'라고 물으면 내가 구체적으로 하나씩 짚어내지는 못하지만, 기도하는 모습이라든지, 다른 신부님 의견을 존중한다든지 하는 그런 모습이 내 안에 들어 있다고 대답할 수 있을 것 같아요.

질 **사람들은 추기경님을 너무 높게만 보고 어려워하는데 오히려 반대의 모습을 보여주셨네요.**

답 아, 추기경님하면 또 떠오르는 것은 생활 중에도 자기를 드러내는 것을 절대 싫어하시거든요. 아주 의도적으로 싫어하시는데, 예를 들어서 옹기장학회 만들 때를 보면 처음에 이름을 지을 때 우리가 추기경님 본명으로 하려고 했더니 아주 적극적으로 못하게 하셨어요. 1998년 6월 29일에 은퇴를 하셨잖아요. 은퇴하시고 사 년 후 2002년 봄에, 우리나라 첫 추기경이신데 기념사업이 하나 있으면 좋겠다 싶더라고요. 그래서 옹기장학회를 만들려고 위원들을 열 명 정도 선정하고 기금도 한 사람당 일 억씩 해서 조성해놓고, 장학회 명칭을 스테파노장학회로 하려 한다고 말씀드리니까, 하지 말라고 하시는 거예요. 결국 당신 이름으로 하시는 것보다 옹기라고 하는 것으로 결론이 났지요. 우리 신앙선조들 생각하면 옹기라는 의미가 또 깊으니까. 하여튼 생전에 추기경님이 직접 만드신 것은 옹기장학회밖에 없어요. 돌아가시고 나니까 뭐 다른 것이 생겨났지만.

질 **추기경님 선종하실 때 명동성당 주임신부로 계셨지요?**

답 내가 2004년 9월에 명동 주임으로 가서 인사드렸더니 너무 흐뭇해하시는 거예요. 내가 직감을 했어요. 그때 많이 편찮으셨으니까. '내가 너 있을 때 세상을 하직하면 명동성당에서 장례 미사를 할 때 전례 뒷바라지를 하겠구나.' 주례는 추기경님이 하시니까, 뒷바라지 심부름을 맡아줄 거라고 생각하신 거지요. 표현은 안 하셨지만 내가 그 뜻을 읽었어요.

질 **그때 다들 추기경님 돌아가신다고 생각했는데 깨어나셨잖아요.**

답 내가 그때 가서 주치의한테 추기경님 내일 저녁 여덟 시까지만 어떻게 연장을 시켜달라고 부탁을 했어요. 토요일인데 혼배가 여섯 대가 있고, 주일 미사가 열두 대가 있는데, 오늘 돌아가시면 어떻게 성전에 모시느냐고. 물론 사전에 준비를 해놨지만 될 수 있으면 월요일이 나을 것 같아서 막 요구를 했지요. 그때 주치의 정 박사가 '저는 할 수 있는 데까지 하겠습니다' 하더라고요. 결국 나머지는 하느님이 알아서 하시는 거였지요. 근데 깨어나셨어요. 12월 6일 아침에 갔더니 악수하자고 손을 이렇게 내미시며 '야, 내가 너 때문에 시간이 너무 오래 걸린다' 하시는 거예요. '왜요?' 하고 깜짝 놀라서, '토요일에 제가 주치의한테 얘기한 거 들으셨어요?' 하고 얼결에 말씀드린 거예요. 그랬더니 '뭐라 그랬는데?' 하셔서 말씀 못 드린다고 했더니 '그럼 나도 말 못해' 그러세요. 나중에 이래저래 맞춰보고 '제가 보약 같은 거 해드려서요?' 했더니, 고개를 끄덕끄덕 하세요. '나 휠체어 타고 밖에 좀 나가자.' '안 돼요. 그럼 의사들이 저 여기 못 오게 해요.' 그랬더니 '그전에는 말 잘 듣더니만 지금은 안 듣네' 그러세요. '그전에도 별로 안 들었는데요' 했더니 그냥 웃으셨어요.

질 **병자성사 주실 때 어떠셨나요?**

답　처음 병자성사는 혼수상태일 때였던 것 같아요. 수녀님 요청으로 갔거든요. 나중에 깨어나셔서 '네가 병자성사 봤다며?' 하고 물으시더라고요. 그다음 마지막 병자성사는 추기경님 의식 있을 때 나를 찾는다고 해서 갔는데 고백성사를 보시려는 거예요. 내가 어떻게 봐드리나 했지만…… 그동안 고백성사를 저한테 세 번 보셨어요. 처음 고백성사는 혜화동에 계실 때고, 마지막에 보실 때는 노트에 사인펜으로 죄를 쓰신 거예요. 일 번, 이 번 이렇게 순서대로 쓰셨어요. 그때 말씀을 잘 못 하셨으니까. 병자성사 후 보속을 드리고 나서 같이했어요. 못 하실까 봐. 못 하면 안 되잖아요. 수녀님 오라고 해서 '보속을 같이합시다' 하는데 그때 추기경님 고해성사 메모하신 것을 내가 주머니에 넣어놨었는데 자꾸 찾으시는 거예요. 그래서 꺼내서 이거 찾으시냐고 여쭸더니 끄덕끄덕 하셔요. '제가 이걸 길이 간직하려고 했는데요' 했더니 웃으시는 거야. 그리고 돌아가실 때, 2009년 2월 16일이었잖아요. 6시 12분. 거꾸로 하면 또 2월 16일. 그때 월요일에 돌아가신 거예요. 거봐요, 얼마나 나를 생각을 많이 해주셨어요. 오일장 해서 금요일에 모든 장례 일정이 마무리되었어요. 하느님이 다 주관하신 것이라고 생각하는 거지요.

질　**몬시뇰께서 추기경님을 제일 곤란하게 하신 것 아닙니까?**

답　나는 내가 하고 싶은 표현을 했을 뿐이지요. 내가 생각이 깊지 못하고 감정을 억제하지 못하니까 불쑥불쑥 그랬어요. 지나고 보면 죄송스러운 마음도 있지만…….

질 **막역한 사이라고 생각 드십니까?**

답 내가 웃기는 소리를 잘하는 편이라서 추기경님을 많이 웃게 해 드린 건 사실이에요. 추기경님도 재밌어하고 좋아하시면서 웃으셨지요. 다른 사람은 못 해도 나는 해요. 제일 기억에 남는 건 MBC TV에서 바티칸 르포를 한 적이 있는데 그때 바티칸 건물 외부에서 추기경님이 설명하시는 장면이 있어요. 이백 주년 기념행사에 오시는 교황님의 방한 의미와 여러 행사를 설명하는 건데 바람이 막 불어서 추기경님 머리가 흩날리고 코트가 펄럭거리고 그랬어요. 다음 날 아침 식탁에서 추기경님이 그 프로그램 봤느냐고 물으시길래 '예' 했지요. 그런데 추기경님이 '내가 봐도 내가 너무너무 못생겼더라' 그러시는 거예요. 초췌하게 나왔거든. 그때 내가 불쑥 '저는 그렇게 생각 안 하는데요' 했더니 추기경님이 그냥 수프를 잡수시더라고요. 아마 '내가 봐도 너무너무 못생겼더라' 하고 자수했으니까 나쁜 소리는 안 나오겠지, 생각하시는 것 같아. 그리고 불쑥 다시 물으셨어요. '그러면 너는 어떻게 생각하는데?' 그때 신부들 열 명 정도 있었는데, 내가 '실물보다 세 배는 잘 나왔던데요' 하니까 이분이 기겁을 하시는 거야. 막 웃음을 터뜨리며 이렇게 치시면서 웃으시는데, 저쪽에 있던 어떤 신부가 한 마디 덧붙여. '추기경님, 사진발은 잘 받습니다.' 그날 아침 식탁에서 다들 웃느라고 난리 났지. 그때 너무 재밌었어요.

질 **몬시뇰께서 추기경님 골려드린 거네요.**

답 골려드린 거죠. 다른 사람이 못 하는 소리를 내가 펑펑 한 거예요. 그게 추기경님이 나한테 어려운 일 시키셨다고 유세 부리는 거예요. 정말로 생각해보면, 추기경님께 어떻게 그런 소리를 해요? 어느 날은 기획분과 위원들, 성당에서 회의하기 전에 스무 명 정도 성당 꼭대기 육 층에서 기도를 하는데, 추기경님은 제대를 붙잡고 기도하시고 우리는 뒤에 털썩 주저 앉아서 하는데, 추기경님 양말이 빵꾸가 난 거야. 그런가 보다, 해야 되는데, 내가 가난하게 산다고 티내려고 일부러 골라서 신고 오셨다고 그랬지. 다 웃었어요. 빵꾸 난 거 신고 제대 앞에서 무릎 꿇고 기도하시는데, 내가 짓궂었지요. 그런 얘기를 하는 사람이 없으니까, 웃게 해드리려고 그런 거예요.

질 **옆에서 지켜보시면서 추기경님이 안쓰러웠던 적이 있다면 언제였나요?**

답 그분이 대가족이셨잖아요. 형제분이 많으셨어요. 형님도 가끔 오시고 그랬는데, 가족을 전혀 챙기질 않으셨어요. 형님이 오셨다가 돌아 나가시는 뒷모습을 나는 기억하고 있는데, 어떻게 보면 가족들에게 차갑게 대하셨다는 그런 이야기가 나왔었지요. 당신 계신 곳에 가족이 모습 보이는 것을 싫어하신 거지요. 내가 관리국에 있을 때, 추기경님 친척이라는 분이 와서 무슨 건축 관련된 일거리를 하나 달라고 저한테 그랬어요. 그래서 내가 '당신이 추기경님 친척이 맞느냐. 그러면 멀리 떨어져 있어야 한다. 잘못되면 추기경님께 누가 가지 않겠느냐'고 단호하게 잘랐어요. 그리고 추기경님한테 말씀드렸지요. 잘못되면 두고두고 욕 얻어먹을 일이니 못 하게 했다고. 마음이 안 좋으셨겠지요.

가만히 계시더라고요. 난 그때 처신을 잘했다고 생각해요. 다른 사람 같았으면 더 안 된다고 했을 거야.

질 **추기경님께서 몬시뇰께 따로 충고나 조언으로 남겨주신 말씀이 있었나요?**

답 그런 건 없어요. 성서 신구약 합본을 사서 추기경님께 한 말씀 써달라고 하니까, 써주셨죠. 뭐라고 쓰셨을 것 같아요? '서로 사랑하라.' 그 말씀이지요.

질 **젊은 사제 시절에 어쩔 수 없이 해야 한 일 많으시지요?**

답 우리가 1972년도에 수품받았는데 그때 군종을 넷이서 다 같이 간 거예요. 우리 말고 갈 사람이 없어서 지원해서 갔어요. 그때 생각했지요. '십자가를 어떻게 골라서 지겠느냐, 주시는 대로 받는 것이다' 해서 기꺼이 남들 안 가겠다는 군종을 자원해서 갔어요. 아마 그때부터 추기경님 눈에 띈 것 같아요. 네 사람이 훈련받고 강원도 원통, 양구, 화천으로 갔지. 지금 생각해보면 군대 생활 안 했으면 언제 내가 강원도 그런 데 가서 살아보겠어요? 잘 살았다, 그런 생각 들지요. 추기경님이 얼마나 좋아하셨는데요. 아주 좋아하셨어요. 다들 군종에 안 가려고 했거든요. 누가 가려고 하겠어요. 삼 년 동안 이미 군대 다녀왔는데.

질 **군종 계실 때 교통사고로 돌아가실 뻔한 적 있으시지요?**

답 네. 오토바이 사고로 큰일 날 뻔했지요. 추기경님이 독일에서 선물로 받으신 오토바이를 선배가 타다가 내가 물려받아서 탔는데, 큰 사고였지만 크게 깨달음을 얻은 계기가 되었어요.

질 **몬시뇰께선 자신이 가고 싶은 길보다 가야 하는 길을 걸어오신 것 같습니다.**

답 내 생활신조가 '주어진 삶에 최선을 다한다. 최선을 다하겠다' 예요. 내가 원했든지, 억지로 갔든지 간에 그런 자세로 살아요. 최선을 다하는 삶. 그렇기 때문에 달리 표현하면 농땡이를 못 쳐요. 그냥 그 자리를 지키는 스타일이지요. 처음엔 안 가겠다고 해놓고 일단 시작하면 끝까지 최선을 다하는 거예요.

질 **그러니까 추기경님 보시기에 일을 맡기기에 아주 최적임자죠.**

답 아니에요. 다른 사람이 더 잘할 수 있는데, 나 같은 사람이 와서 더 못한 거지요, 뭐.

질 **몬시뇰님, 신자들에게 '기도 통장' 말씀해주신다는데 그 얘기 좀 들려주세요.**

답 내가 옛날에 어떤 분 문병을 갔어요. 그분이 배에 복수가 차서 눈을 감은 채 누워 묵주를 잡고 있는데 십 분 동안 지켜봐도 묵주 한 알이 안 넘어가는 거예요. 그때 이런 생각이 들었어요. 아, 우리가 기도를 해야겠다고 절감할 때는 이미 정신이 혼미하고 기력이 핍진해서 묵주 한 알을 못 넘기는구나. 그 안타까운 모습을 지켜보면서, 평소에 늘 기도를 해야겠다고 생각했지요. 사람들이 젊었을 때 돈을 벌어서 저축을 하는 이유는 늙고 병들었을 때 쓰기 위해서인 것처럼, 기도도 평소에 기도 통장을 만들어놓고 저축을 해두자는 거예요. 나중에 혹시 기도할 수 없을 때 쓸 수 있도록 말이지요. '마음에 기도 통장을 만들어서 기도를 저축해놓자.' 내 주변 사람들에게 그 말을 하도 해서 다들 알아요. 얼마나 흐뭇하고 마음이 든든한지 몰라요. 내가 늘 이렇게 말해요. '천국은 누가 가는가?' 하느님이 천당, 지옥 이렇게 결정하시는 분일까요? 그보다는 우리 자신이 가지고 있는 지혜와 자유로 선택해서 가는 거예요. 지옥이 뭐냐 하면 하느님을 떠난 상태가 지옥입니다. 천당 가라고 해도 자기가 거절해버리면 그게 바로 지옥이지요. 하느님께 믿고 의지하고 바라고, 그렇게 할 때 바로 자기 발로 천국에 가는 거예요. 난 모두에게 말합니다. '하느님, 저 꼭 병자성사 받고 죽을 수 있게 해주십시오' 하는 기도는 빠뜨리지 말라고요. 병자성사 받고 죽는 것은 대단한 은총이고 은혜거든요. 우리가 장례미사를 드릴 때, 만약 돌아가신 분이 일어나서 한 마디 하라고 하면 무슨 이야기를 할까 물어봐요. 그러면 장관되어라, 부자되어라 그런 소리 할까요? 아니지요. 하느님 열심히 믿고 좋은 일 많이 하면서 착하게 살아라, 이런 말을 할 거란 말이에요. 착하게 살지 않으면서 부자 되려는 사람들은 노후대책은 세우면서 사후대책은 안 세우는 사람들이에요. 재산에는 관심 있으면서 자기 영혼에는 관심이 없는 거지요. 예수님은 그런 사람들을 책망하신 거예요. 항상 깨어 있으라는 말은 오늘이라도 부르면 예, 하고 갈 수 있는, 그런 삶을 살라는 말이지요.

질 '천국대학' 입시 문제를 미리 귀뜸해주신다면서요?

답　내가 신자들 만나면 천국대학 입시 문제 미리 가르쳐주겠다고 말하지요. 이미 다 나와 있잖아요. 굶주리고, 헐벗고, 불쌍한 사람 도와주는 게 문제예요. 한 문제당 이십 점. 그 사람들 도와주면 벌써 육십 점은 얻은 거예요. 이렇게 천국대학 입시 문제가 나왔는데 사람들은 풀려고 생각을 안 해요. 뭐, 나도 잘하는 건 아니에요. 그러나 부단히 노력합니다. 우리가 밥을 굶으면 육신이 죽어가지만, 남을 돕지 않으면 영혼이 죽어요. 남을 도와줄 수 있는 기회가 아무에게나 생기는 게 아니거든요. 좋은 마음을 갖고 있어야 좋은 일을 할 기회도 오는 거예요. 내가 지금 병원에 있으니까 그런 경우를 많이 보는데, 어떤 사람들은 평생 안 먹고 안 쓰고 다른 사람 돕는 그런 좋은 일 한 번도 못 해보고 돈을 막 모으면서 살았는데, 병이 났어요. 그리고 병원에 들어와서는 살아나려고 돈을 폭포수처럼 써요. 그래서 살아나면 뭐합니까? 좋은 일 한다고 살아나려고 하겠지만 지금까지 뭐한 건가요? 그렇게 묻고 싶고, 그래서 안타깝지요. 기회 있을 때 좋은 일을 많이 해야 합니다. 내 앞에 있는 저 사람이 어떻게 살았는지 알고 싶다면 지금 어떻게 사는가를 보면 돼요. 그럼 저 사람이 어떻게 살아왔는지 보이지요. 저 사람이 앞으로 어떻게 살지 궁금하다? 역시 지금 어떻게 사는가를 봐요. 지금이 제일 중요하고, 그리고 죽을 때가 중요한 거예요. 지금 잘못 사는 사람이 잘 죽을 리가 없고, 지금 잘 산 사람이 잘못 죽을 리가 없어요. 그래서 '저희가 죽을 때 저희를 위하여 빌어주소서'라고 기도하지 않느냔 말입니다.

박신언 몬시뇰

질 **우리가 기도를 왜 늘, 항상 해야 하는지 그 이유를 절실하게 깨닫게 되는 말씀 같아요.**

답 우리가 기도 안 하는 이유를 내가 알아요. 급할 때는 누구나 기도하지요. 늘 한결같이 기도를 안 하는 이유는 기도의 결과가 눈에 안 보이기 때문에 안 하는 거예요. 결과가 눈에 보여봐, 기도 안 할 사람이 누가 있겠어요. 그런데 예수님이 늘 기도하라고 하셨어요. 그러니 항상 기도해야 하는 거예요. 특히 나는 병자성사 주러 가면, 의식이 있는 사람에게는 꼭 이런 질문을 해요. '이 세상을 어떻게 살았다고 생각하십니까?' 그럼 백이면 백, 천이면 천, 말이 없어요. 나중에 내 손을 꼭 잡으면서 '신부님, 제가 인생을 너무 허무하게 살았습니다' 하는데, 인생이 그렇게 허무한 거 아니거든요. 그 많은 시간, 정력 소비하면서 무엇이 중요한지 분별 못 하고 인생의 끝까지 와버렸구나, 싶어서 안타깝지요. 그런 분께 다시 생명을 얻으면 어떻게 하겠느냐고 물어보면 정말 착한 일 하면서 살겠다고 다짐하는데, 왜 꼭 그렇게 생의 마지막에 가서야 그 깨달음을 얻게 되는 건지 묻고 싶어요. 오늘을 살고 있는 지금 이 시간에 그런 자세로 살면 얼마나 지혜로운 사람일까요. 평소에 죽음을 묵상하면서 사는 사람이 제일 지혜로운 사람이고, 죽음을 두려워하지 않는 사람이 가장 행복한 사람이에요.

질 **추기경님은 행복하게 사신 건가요?**

답 그렇지요. 죽음을 아주 많이 준비하셨어요. 평상시에도 '혹시 나 때문에 마음 상한 사람이 있을까?' 그렇게 자꾸 물어보시고, 그런 사람이 떠오르면 가서 다 풀어요. 옛날에 보좌신부할 때 '남이 나로 인하여 범한 죄 생기지 않도록 하느님 도와주세요'라는 기도를 드린 적이 있다고 말씀하신 적이 있어요.

질 **그게 무슨 뜻인지 얼른 와닿지 않는데요.**

답 나는 잘 산다고 사는데, 나 때문에 주변 사람들이 죄를 짓게 되는 거지요. 그런 경우가 얼마나 많아요? 내가 그들의 원망의 대상이 되고 그들의 평화를 깨는 대상이 되는 거예요. 원수를 사랑하라고 할 때 원수가 누구냐? 멀리 있는 사람은 원수가 아니에요. 원수가 될 수 없지요. 원수라는 것은 가깝게 있었던 사람이나, 가깝게 있어야 할 사람이 가깝게 있지 못하는 이들, 부모나 친척 그런 사람들이 원수지요. 그래서 원수를 사랑하라고 말하는 거예요. 남이 나로 인해 죄를 범하지 않게 해달라는 말은 바로 내가 그들의 원망의 대상이 되지 않게 해달라는 것이죠.

질 **몬시뇰님, 오늘 추기경님과 함께 지내신 귀한 말씀 재미있게 잘 들었고, 더불어 여러 가지 생각하게 해주는 좋은 말씀까지 들었습니다. 정말 감사합니다.**

AiR Mail
GLORIA IN EXCELSIS DEO
ET IN TERRA PAX HOMINIBVS
BONAE VOLVNTATIS

POSTE VATICANE

천여가슴 송신부
그 롱반이로 영육간에 안녕하기를
바라네. 나는 지난 5개월까의의
친선순인에 이화의 보성은 2라 Vatican
공의회겸선은 다시 속기 그리하는것이
네. 우리가 제교적 공의회 교리를신자들
에게 가르치려 뜻깊은받기 가스쳐인
것으로 생각되니. 터분비아빗자는
성숙이되니, 여기서 특별한취방을
주겠는보내라. 다시 그댓글 천가서미는
의미는 만명으로것같으미. 그댄
내니 안간하게로! 이세 곧보게
걸고리 미 1985. 11. 30. 김옥환

100
서울 중구 명동2가1
천주교 주교관
송광섭 신부님
SEOUL
COREA (남)

송광섭 신부

질문: 평화방송(전성우 피디, 권은정 작가)

답변: 송광섭 신부

질　신부님께서는 추기경님하고 아주 오랜 세월 알고 지내셨는데, 서울교구장으로 오셨을 때 처음 만나신 거죠? 그때 신부님 수품받은 지 얼마 안 되셨고 보좌신부로 계실 때였지요. 그리고 나중에 교구 사목국장으로 일하시며 가까이서 추기경님 모시게 된 거지요?

답　사목국장 할 때 그야말로 본격적으로 만 오 년을 모시게 된 건데, 제가 많은 사람들을 존경하고 좋아하고 그러지만, 김수환 추기경님을 아주 특별히 좋아했어요. 그리고 정말 존경했어요. 흔히 존경하던 사람도 오래 같이 가까이 지내면서 존경심이 차차 사라진다고 하더라고요. 어쩔 수 없이 약점이 자꾸 드러나니까요. 그런데 김수환 추기경님은 오히려 점점 더 존경스러워졌어요. 정말 이상한 일이죠? 모든 주교님들이 다 그렇지는 않았어요. 다른 주교님들은 그냥 별다른 느낌이 없는데, 김수환 추기경님은 점점 더 좋아지는 분이셨지요. 이분은 하느님이 특별히 우리 한국 교회, 한국 민족을 사랑하셔서 보내주신 분이다, 이런 생각까지 들었어요.

질　사목국장 끝내시고, 선종하실 즈음에도 계속 찾아뵙지 않으셨는지요?

답　선종하셨다는 뉴스를 보자마자 즉시 갔어요. 그런데 기자들로 꽉 차서 들어갈 수가 없었어요. 사람으로 꽉 찼을 뿐만 아니라, 장비나 사다리 같은 게 있어서 도저히 뚫고 가기 힘들었지요. 겨우 다른 길로 가서 들어가자마자 손을 잡았어요. 그때까진 손이 따뜻했어요. 제가 손을 만지는 걸 보더니 교황대사관 참사관이 오셔서 자기도 손을 잡아보더라고요. 거기서 첫 번째 연도를 제가 시작했어요. 돌아가신 다음에 첫 번째 연도와 첫 번째 미사를 제가 한 거죠.

질 **그 전에 병상에 계실 때 보니까 각 요일별로 병실에 가시는 분들이 계시는 것 같던데요.**

답 예. 저는 몇 번 못 갔어요. 그래도 어떨 때는 가서, 좀 멀리서 손을 뻗어서 안수하고 잠깐 기도해드리고 나왔죠.

질 **추기경님이 의식이 있으실 때 대화도 나누셨습니까?**

답 그냥 간단하게요. '어떠세요?' '음, 송 신부야, 나 괜찮아.' 이렇게 하는 정도였지요. 간단한 대화였고, 긴 대화는 못 했어요.

질 **보좌신부로 추기경님 처음 만나시고 상당히 긴 세월동안 존경하는 분으로 모시고 그랬으면 사제로서의 신부님 삶에 추기경님이 영향을 끼치신 게 많겠지요?**

서울대교구장 시절.

답　정말 많은 영향받았죠. 늘 말씀드리지만 그분은 정말 겸손하신 분이었어요. 그런 것은 강의를 들어서는 익힐 수 없죠. 곁에서 보고 배우는 것이지요. 오 년 동안 보고 배운 것이 저한테는 아주 컸어요.

질　**처음에 서울교구장 오셨을 때 바로 알아보셨다고요? 추기경님의 인사말 글을 보시고 '아, 괜찮은 분이신 것 같다'고 하셨다는데, 어떤 점들이 마음에 와닿았는지 혹시 기억에 남는 것 있으세요?**

답　느낌 전체가 겸손한 것이었어요. '제가 명을 받아서 봉사하러 왔습니다. 이제 우리 신부님들과 함께 살 것입니다. 제가 많이 부족한 사람이므로, 신부님들의 많은 도움이 필요합니다.' 주로 이런 내용이었는데 지금 정확한 건 기억할 수 없지만 그런 분위기의 말씀이었어요.

질　**그 전의 주교님들께 받으셨던 것과는 좀 다른 느낌이었나요?**

답　달랐지요. 그 전 주교님에게서는 개선장군 같다는, 그런 느낌을 좀 받았어요. 그때 여러 신부님들도 김수환 추기경님에 대해서는 좀 다르다는 느낌을 받았었죠.

질　**처음에 올라오실 때 굉장히 의외의 분이다, 라는 이야기를 많이 하지 않았습니까?**

답　그렇죠. 주교되신 지도 이 년밖에 안 됐고 여기 서울교구장으로 오시기 전에는 한 번인가 교황님 기념미사 그런 행사 때 뵈었어요. 전국의 주교님들 다 오셨는데 그야말로 촌스럽게 생기신 분, '어, 저분이 마산교구장이지' 그렇게 생각하고 있었는데 그분이 우리 교구장으로 오신다는 건 의외였죠. 그러나 정말 아주 잘된 일이었죠.

질 **신부님들 분위기가, 어, 이분 누구시지? 하는 것 아니었을까 싶은데요?**

답 아니에요. 그때 나는 보좌신부였는데, 우리 본당 주임신부님이 딱 보시더니 '이분은 오래하시겠어' 그러시더라고요. 우리 젊은 신부들은 모르지만 그분과 선후배로 같이 공부했던 분들은 추기경님에 대해서 잘 아실 것 아니에요. 근데 이분은 오래하겠다고 하셨어요.

질 **내부에서 좀 반대하시는 분들도 계셨다고 하던데요?**

답 오히려 처음에는 없었어요. 좀 지나고 신부님들이 자기 뜻에 맞지 않는다, 왜 너무 설치냐, 왜 반정부 발언만 하느냐, 그러면서 반대하시는 분들이 나타났어요. 처음에는 없었던 것 같고, 그래서 아주 순탄하게 시작하셨다고 할 수 있죠.

질 **추기경님이 서울교구장으로 오시고 나서 어느 날 청천벽력으로 신부님께 군종신부 가라는 명이 있지 않았습니까? 어떻게 보면 추기경님과의 본격적인 인연이었다고 할 수 있지요?**

답 그렇죠. 본격적인 인연이라고 볼 수 있죠.

질 **그때 이야기 좀 해주세요.**

답 예, 사실 사병으로 군복무를 다 필했단 말이에요. 그러니까 '난 떳떳하게 대한민국의 병역 임무를 치룬 사람이다' 이러고 있는데, 군종신부로 갈 신부를 꼽을 때 제 앞에 일곱 사람 있었는데 다들 각각의 이유로 못 가게 되었다는 거예요.

질 **8순위셨네요?**

답 그렇죠. 8순위. 이상하게 1순위 떨어져 나가지, 2순위 떨어져 나가지. 그래서 신체검사만 갔다 오면 떨어져 나오는 거예요. 나한테 순서가 왔는데, 그때 신체검사 미리 하라고 해서 했어요. 제 치아가 많이 나빴는데 군의관이 제 치아를 아주 잘 살펴보더니, '이 상태로는 합격시킬 수도 있고, 불합격시킬 수도 있습니다' 하더라고요. 딱 그 지점이래요. 그러면서 '신부님 마음대로 정하세요' 하는 거예요. 그러니까 내가 못 가겠다면 안 가는 거예요. 못 가겠다 하더라도 정정당당하게 신체검사에 의해서 못 가는 거예요. 그때 관련된 신부님들이 얼마나 애가 타셨는지, 내가 한마디 무슨 말을 할까, 그걸 기다린 거예요. '그래, 송 신부 어떻게 하겠어?' 하는데 제가 '데오 그라시아스, 하느님께 감사드린다. 하겠습니다' 그랬지요. 근데 이 양반들이 눈물을 흘리며 막 우시는 거예요. 왜냐하면 자꾸자꾸 떨어져 나가고 마지막 송 신부 하나 남았는데, 송 신부 마저 안 가겠다고 하면 이게 무슨 창피인가, 무슨 신부들이 군대도 못 갈 정도로 다 건강이 안 좋은 사람들인가, 그렇다는 거였지요. 그런 데다 다시 정해야 된단 말이에요. 그럼 다시 또 신체검사 받으러 보내고 해야 하는데, 그러니까 내가 마지노선이었지요.

질 **아, 그러니까 신부님이 마지막으로 결정적인 순간에 서 계신 분이었군요?**

답 네. 그때 후보자로는 마지막 사람이었어요. 그러니까 이 양반들이 그냥 너무 긴장하셨다가 내가 그렇게 하니까 막 우셔요. 그래서 제가 약속을 지켰지요. 사실은 나중에 어떤 원로 신부님이 '송 신부, 그 치아 가지고 군종 가려고 그래? 영웅심으로 그러는 거 아니야?' 하셔서 좀 찔렸어요. 그러나 사람 마음이 백 가지가 있다면 영웅 심리도 있겠지요. 일 퍼센트쯤 있었겠지만 그보다는 어떤 사명감이랄까 그런 거, 나는 군대 생활 했지만 이렇게 필요하다니까 가야 되겠다, 그런 것도 있었죠. 그리고 논산 훈련소 가서 또 한 번 그런 일이 있었어요. 그 군의관이 한 번 더 묻더라고요. 그때도 안 하겠다고 하면 되는 기회, 그런 고비가 있었는데, 그냥 갔고 무사히 사 년 삼 개월의 군종신부 생활을 마치고 나왔지요. 마음이 얼마나 뿌듯하고 당당하던지! 그래서 그 뒤로 저한테 주어지는 일들이 항상 제 능력에 넘치게 주어져요. 제가 많이 부족한데도 말이지요. 추기경님하고 결정적으로 가까워진 건 사목국장으로 있으면서, 오 년 동안 같은 밥상에서 대각선으로 마주 보고 앉아서 아침, 점심, 저녁 같이 식사하면서예요.

질 **군종으로 가시겠다고 했을 때 추기경님께서 고맙다는 인사를 하셨나요?**

답   그게 제가 서류를 제출하려고 갔는데, 명동성당 마당에서 추기경님을 만났어요. 인사를 꾸벅 했더니 악수를 이렇게 딱 곧게 하시면서, '송 신부, 얘기 다 들었어. 정말 고마워. 내가 법원리 한번 갈게' 하셨어요.

질   **그럼 가시기 전에 한 번 직접 오신 거지요?**

답   그렇죠, 그렇죠. 진짜로 말씀하신 대로 오신 거죠. 그냥 헛말씀하신 것이 아니라 '한번 갈게' 하신 것을 지키신 거죠.

질   **신부님은 직접 오시리라고는 생각을 못 하신 거죠?**

답   못 했죠. 흔히들 그러잖아요. 지금도 그래요. 지금도 내가 삼성산에 있다고 하면, '아, 삼성산 갈게, 한번 갈게.' 그런데 그렇게 말한 사람 열 명 중에 한 명 올까 말까예요.

질   **근데 그때 추기경님이 그렇게 말씀하시고 오신 거네요?**

답   네. 며칠 만에 오셨어요. 한 삼 일쯤 후인가? 그렇게 오셨어요.

질   **추기경님은 약속이라는 것을 굉장히 크게 생각하신 것 같아요. 누군가 편지 보내오면, 반드시 답장을 주시지요?**

답   예, 그거 철저해요. 누가 편지를 하잖아요? 그러면 아주 답장을 절대적으로 해야 하는 걸로 알고 계신 것 같아요. 제가 마닐라에 잠깐 있었는데, 마닐라 수녀회의 청원자로 있었던 손 세실리아 자매가 있었어요. 그분이 마닐라에서 김수환 추기경님께 카드를 보냈는데, 아주 명랑한 투로 보냈어요. '저는 마닐라에 있는 손 세실리아입니다. 추기경님, 건강하시죠? 저도 추기경님 덕분에 건강합니다. 새해 복 많이 받으세요. 안녕히 계세요.' 그랬더니 완전히 모르는 사람인데 추기경님이 답장을 하셨어요. '세실리아가 누구냐? 그런데 마닐라 덥지? 건강하게 잘 지내라.' 모르는 사람 편지에 답을 하기가 힘들잖아요. 얼마나 감동했는지요. 그 자매가 저한테 알려주더라고요. 그렇게 추기경님 답장이 왔다고요.

질 **정말 깜짝 놀라셨겠네요. 보내신 분이 더 놀라셨겠어요.**

답 그렇죠. 보낸 사람은 그냥 인사차 보낸 건데요.

질 **추기경님과 함께 사목방문 하시면서 기억에 남는 사목방문은 어떤 건지요?**

답 그분이 머리가 탁월하시다는 걸 느낀 적이 여러 번 있는데요. 사목방문을 하게 되면 본당 쪽에서 정성껏 준비해서 브리핑을 하잖아요. 그리고 사목국, 관리국, 교육국 담당자들이 각각 말씀을 드리는데 추기경님 가만히 다 들으시고서 나중에 종합하시는데, 아주 놀라워요. 우리의 모든 것을 머리에 다 종합하고 계세요. 미리 준비해가지고 집약한 것처럼 그렇게 말씀하세요. 어떻게 그 짧은 시간에 다 종합해서 그렇게 표현이 될까. 우리는 스스로 한 것도 서류 들여다보면서 해야 하는데, 그분은 메모지 한장 없이 그렇게 하세요. 아주 뛰어난 분이지요. 그건 정말 노력해서 되는 게 아니라고 생각해요. 타고난 능력이 있으신 분이죠.

서울대교구장 시절, 사람들 편지에 답장 쓰는 모습.

질 **강론하시는 것도 보면 글도 잘 쓰시고 말씀도 잘하시는 분이다**
싶잖아요.

답 강론을 어떻게 준비하시는가, 그걸 잘 몰랐죠. 근데 어쩌다가 우
리가 개인적으로 성체조배하러 가면, 성당 안에서 성경하고 백
지만 가지고서 뭘 끄적끄적 하세요. 우리는 강론 준비하려면 책
이 몇 권이 되어야 되고, 왔다 갔다 하면서 정신없이 준비해서
적고 그러는데 오로지 성경 하나뿐이고, 백지예요. 그렇게 메모
하신 것을 우리한테 주세요. 고칠 게 있으면 좀 알려달라고요.
저희가 보면 전체 중에서 맞춤법 한두 가지밖에 고칠 게 없어
요. 나머지는 백 퍼센트 우리가 공감하는 내용이에요. 그렇게 인
쇄로 들어가기 전에 우리한테 보여주셨죠.

질 **본인이 직접 쓰시고, 말하자면 참모들한테도 모니터를 받으셨네요?**

답 그렇죠. 매번 그러시지는 않았고, 몇 번 그러셨는데 그때마다 우리가 손댈 게 하나도 없었어요. 그래서 추기경님 강론을 누가 써주는 거 아니냐? 하는 사람들이 있는데, 제가 그러죠. '아, 강론을 추기경님 본인이 쓰시는 거지, 써주는 사람이 누가 있어? 써주는 사람이 있으면 그 사람이 추기경이 됐지.'

질 **사실 강론 준비만도 쉽지 않은 일일 텐데요.**

답 엄청나죠. 우리 사제들에게 강론 준비가 얼마나 큰 부담인데요. 참 큰 부담이거든요. 아무렇게나 막 할 수는 없는 거죠. 강론으로 신자들에게 하느님의 말씀이 정말 잘 전달되도록 해야 되는데, 그게 쉽진 않죠.

질 **추기경님이 굉장히 철두철미하셨던 것 같아요. 준비하실 때나 일을 하실 때 보면 그렇게 느껴지거든요.**

답 아주 짜임새가 있어요. 철저해요.

질 **옆에서 보시기에 추기경님의 취미가 무엇이었던 것 같아요? '내 취미가 뭔지 모르겠다, 내가 취미로 유일하게 말할 수 있는 건 사람들과 대화 나누기'라고 하신 적이 있다고 하는데요.**

답 그렇죠. 사람과의 만남을 좋아하시고, 또 사람을 위해주는 활동 하시고 책을 많이 읽으시고 또 항상 묵상하시고 하니까, 그런 게 대부분의 시간을 차지했지요.

질 **독일 유학을 가셨는데 결국 학위를 못 마치고 오셨잖아요. 가끔 공부를 더 했으면 좋았을 텐데, 그런 말씀 안 하셨습니까?**

답 내가 딱 한 번 들은 적이 있는데, 당신이 육 년 동안 계셨는데 누군가 박사 학위 받으려면 아주 한참 더 있어야 한다고 해서, 이 정도에서 멈춰야 되겠다, 그러고 돌아왔다고 그러시데요. 그런데 박사 학위는 안 하셨지만 사회학을 굉장히 깊이 연구하셨고, 독일에 계셨기 때문에 제2차 바티칸공의회를 가까이서 보시면서 그 정신을 많이 보셨을 거라고 저는 생각해요. 들어오셔서 「가톨릭시보」사 사장 하면서 본격적으로 번역을 하셨죠. 그만한 실력 있는 분이 드물죠. 아주 본격적으로 빨리빨리 번역해내서 우리 국민들에게, 우리 신자들에게 공의회 소식을 알렸죠.

질 **신부님이 사목국장 하실 때가 일도 많았던 때이지 않습니까? 늘 고민하시는 모습을 옆에서 지켜보셨을 것 같은데요.**

답 네, 아주 많이 보고 느꼈죠.

질 **어떤 부분을 제일 고민하셨나요? 혹시 신부님께 이러면 어떠냐, 상의하신 적이 있으셨나요?**

답 그때는 군사정권이었기 때문에, 인권이 침해당하는, 그런 일들이 많았는데, 그런 것을 못 견뎌 하셨죠. 그에 대한 말씀을 간간히 하셨고, 큰 고민이셨죠. 그리고 1989년에 세계성체대회가 있지 않았습니까? 그 행사를 삼 년 전부터 준비했어요. 준비회합이 아주 자주 있잖아요. 그 회합을 한 번 들어가면 꼼짝 못 하고 한 시간, 두 시간 이렇게 있는데 매번 추기경님이 꼬박 다 함께

하시죠. '여러분들끼리만 회합하라'는 적이 없어요. 항상 꼬박 나와서 지켜주시고, 말씀하시고, 결론을 꼭 맺어주시고 하시는 걸 보고 감탄했죠.

질 **신부님도 사제의 길을 가시고, 추기경님도 사제의 길을 가셨잖아요? 같은 길을 걷는 사제로서 이런 부분은 내가 본받았으면 하는, 하지만 참 본받기 어렵다고 생각되는 예가 있는지요?**

답 우선 우리로서는 도저히 따를 수 없는 그런 높은 수준의 실력을 가지고 계셨어요. 특히 어학 실력이 그랬고요. 또 강론하시는 것도 그래요. 추기경님 머리에서 나온 강론은 도저히 우리가 따라갈 수 없는 수준이었죠. 우리는 늘 한계를 느끼는데, 저분은 어떻게 저렇게 쉽게 쉽게 하실까……. 그런 생각이 들었어요. 참 많이 존경하면서도 내가 따를 수 없는, 내가 도저히 추월할 수 없는 그런 수준이다, 늘 이렇게 생각했어요.

질 **목자로서의 길에 굉장히 충실하셨던 분인데, 목자의 길을 구체적으로 설명해주신다면 어떤 것인가요?**

답 교구장으로서의 사명감, 이건 늘 가지고 계셨던 것 같아요. 그분이 아주 좋은 건강도 아니고, 상황이 자꾸 변하고 힘들 때도 많지만 당신의 위치를 잘 지키시고, 또 그분이 여러 사람의 이야기를 듣지만 당신의 기준은 딱 완벽하게 서 있어요. 그래서 이리저리 치우치지 않으셨지요. 그래서 저는 '그분은 마치 위성에 올라가 계신 것 같다, 멀리서 다 내려다보니까 이렇게 종합적으로 보실 수 있는 거다, 그래서 개인 위성을 가지고 계신 분이다'

라는 생각이 들어요. 아주 공평하게, 또 정말 예리하게 잘 보시는 분이다, 그렇게 생각해요.

질 **신부님 보시기에는 김 추기경님께서 가장 행복했던 시절이 언제였던 것 같으세요?**

답 글쎄요, 제 기억에는 세계성체대회가 성공적으로 끝났을 때, 그때 홀가분해하시고 기뻐하시는 그런 모습 있었고요. 그 외에는 특별히 기뻐하시던 모습은 잘 생각이 안 나요.

질 **은퇴하시기 전과 은퇴하신 후가 좀 다르시지 않았나요? 은퇴하신 후에 표정이 좀 더 편안해 보이셨는데, 그렇지 않나요?**

답 편해지셨죠. 시원섭섭이 아니라 정말 시원하다, 그렇게 느끼셨어요.

질 **추기경님 표현으로 '브라보'라고 하시더라고요. 브라보, 이렇게 하셨다고 그러시던데.**

답 예, 맞아요.

질 **은퇴하시고 나서 아마 제일 행복한 시기가 아니었을까요?**

답 그랬을 거예요, 아마. 그때 아주 홀가분해하셨어요. 그리고 운전도 좀 배워볼까, 하시면서 대신학교 운동장을 빙빙빙 도시곤 했는데……

질 **결국 운전 못 배우셨죠?**

답 네, 면허 시험은 한 번도 못 보셨죠.

질 **2005년 말부터 조금씩 건강이 쇠약해지셨는데 그 모습 보면서는 어떠셨는지요?**

답 연세가 드시는구나, 하는 생각이 들었지요. 그분이 은퇴하시고서 일흔일곱되는 해에 우리 서울교구 사제들을 위한 피정을 지도하신 적이 있어요. 그때 피정 중에 그분의 생신을 맞이했거든요. 그래서 일흔일곱, 희수를 축하드리려고 아주 조촐하게 요만한 꽃 하나 해드리고 박수치고 이렇게 했어요. 추기경님이 마이크를 잡고 답변하시는데, '여러분들, 제가 일흔일곱까지 살았으면 굉장히 오래 산 것처럼 생각하시죠? 그런데 눈 깜짝할 사이에, 어느 틈에 일흔일곱이 되어 있었어요' 그런 말씀하시더라고요. '눈 깜짝할 사이에, 눈 깜짝할 사이에'를 두 번, 세 번 하시더라고요. 그때까지만 해도 정정하셨죠. 근데 팔순이 넘으시면서부터는 신체가 쇠약해지시고…… 병환이 드신 거죠.

질 **혹시 추기경님이 눈물을 보이신 적이 있나요?**

답 저는 못 봤지만, 성령 세미나에서 그분이 눈물을 흘리셨는데, 눈물을 좀 많이 흘리셨대요. 그러면서 돌아오셔서 하신 말씀이 내가 이번에 성령 세미나에서 눈물의 은혜를 받았다고, 눈물의 은사를 받았다고 그러셨는데, 눈물의 은혜죠. 추기경님이 김창렬 주교님하고 봉사를 다녀오셨는데 같이 차를 타고 서울로 오시는 동안 손수건을 내내 눈에 대시더래요. 많이 우셨는데, 왜 그렇게 눈물을 흘리시느냐고 했더니 눈물의 은혜받았다고, 그러셨다고 해요. 제가 직접 우시는 모습을 본 적은 없어요.

질 **신부님께서 추기경님 때문에 눈물을 흘리신 적은 있으신가요?**

답 저는 돌아가신 다음에 뉴스 보면서, 신문 보면서 눈물을 열 번 이상 흘렸어요. 근데 저는 부모님 돌아가셨을 때도 눈물 한 번 흘린 적이 없거든요. 근데 추기경님 돌아가신 다음에는 이상하게 눈물이 그냥 나요. 뉴스 보다가도 눈물이 나오고, 신문 보다가도 눈물이 막 나오고……. 하여튼 추기경님께 대해서 내가 품었던 애틋한 마음이 눈물로 표현되었다는 생각이 들었어요.

질 **추기경님이랑 함께하신 시간이 길다면 길고, 짧으면 짧다고도 할 수 있는 시간이었는데요. 아까 77년이 한순간이라고 하셨으니……. 신부님께 김수환 추기경님은 어떤 분이십니까?**

답 개인적으로 내가 만날 수 있는 가장 훌륭한 분이었고, 같은 시대에 살았다는 것은 실로 큰 축복이었다는 생각이 들어요. 먼 옛날에 살았던 어떤 존경하는 분이 아니고, '오 년간 같이 산 김 추기경님은 이 세상에서 가장 훌륭한 분이다. 그리고 정말 내가 끝까지 사제 생활하는 데 있어서 큰 힘을 보태주시는 분이다' 그런 생각이 들어요.

질 **그리고 수도회 하실 때 말씀 주셨던 것 없으세요? 당부라든지?**

답 이렇게 말씀드렸지요. '제가 이렇게 부족한 사람인데, 여러 사람이 와서 저한테 수도회를 만들어달라고 해서 제가 맡게 됐습니다. 고민 많이 했고, 그리고 여러 신부님들하고 의논했습니다.'

추기경님이 다 들으시더니 '내가 서울교구장으로 오게 된 다음에는, 외국에서 수도원들은 많이 들어왔는데, 한국에서 새로 세우는 수도회는 허락한 적이 한 번도 없다. 그래서 하도 허락을 안 하니까 어떤 신부님은 교구를 바꿔가지고 다른 데 가서 수도원을 세웠다' 하셨어요. 그리고 '내가 송 신부한테 처음으로 허락하네' 하셨지요. 그러니까 제가 처음으로 수도원 허락을 받은 사람이에요. 저 다음으로는, 박성구 신부님의 '작은 예수회'가 있어요. 딱 두 군데만 허락하시고 돌아가신 거죠.

질 **허락을 하신 데 어떤 특별한 이유가 있었다고 생각하세요?**

답 저는 참 부족한 사람이라고 생각하는데 이렇게 된 것은 정말 하느님의 뜻인가 생각하게 됩니다. 추기경님이 허락해주신 데는, 평상시에 그 무슨 생각이 있으셨는지…… 아니면 부족한 사람인데 하도 하겠다고 그러니까 허락하신 건지도 모르겠어요.

질 **이제 선종하신 지 오 년 지나면서 추기경님을 계속 기억하는 분들도 있지만 좀 잊어가는 부분도 있는 것 같아서 안타까운데요. 앞으로 우리가 추기경님에 대한 기억을 어떻게 계승해 나가는 게 좋을까요?**

답 예, 하여튼 여러 가지 행사하는 게 참 좋다고 생각하고요. 『내가 만난 추기경』, 그런 책도 나왔습니다만, 여러 책이나 글이 나오면 좋겠어요. 매스컴에서 열심히 해서, 관심이 자꾸 되살아나도록 해야 할 것 같아요. 인간이란 어쩔 수 없이 잊어버리게 되어 있어요. 차차 조금씩은 사라지게 되어 있지요.

질 **신부님 보시기에 김수환 추기경님의 영성이라고 할까요? 그런 점이 무엇 같으세요?**

답 가난의 영성, 겸손의 영성, 그런 것이죠.

질 **신부님은 대단히 추기경님의 팬이셨던 것 같아요.**

답 아주, 아주 열렬한 팬이었어요. 솔직한 고백이지요. 아마 나처럼 추기경님을 존경한 사람도 그리 많지는 않았을 거다…… 그렇게 생각해요. 정말로.

질 **추기경님께 사랑을 많이 받으셨는가 봅니다.**

답 저희한테 참 잘해주셨어요. 끝까지. 제가 당돌하게 말씀드린 적도 있지만, 한 번도 저에게 언짢은 표정, 언짢은 말씀 하신 적이 없어요. 딴 사람한테 혹시 그런 게 있었는지 모르지만, 저희한테는 안 그러셨어요.

질 **무엇이 추기경님을 그렇게 만들었을까, 늘 궁금한데요. 우리 안에 있는 좋은 마음을 굉장히 잘 키우셨던 분이 아닌가 싶어요.**

답 네, '좋은 마음'과 비슷하게 말할 수 있을 텐데, 그게 참 넓은 마음이에요. 그분에 대해 적대감을 가지고 온 사람들도 적지 않아 있었단 말이에요. 그런데 그 사람들 다 따뜻하게 대해주시지요. 이런 말씀도 하셨거든요. '나는 우리 신부님들이 다 사랑스럽고 좋아.' 신부님 중에서 추기경님 속 썩이는 신부들이 적지 않게 있었다고요. 어느 때나 자꾸 반대하고, 정말 어처구니없는 일을 한 그런 사람들을 보시면 '너희는 못됐어' 이래야 될 텐데, 다 받아주신다고요. 정말 어색한 표정 없이 아주 따뜻하게 다 받아주시는데 그건 나는 죽었다 깨어나도 못 할 거예요. 그렇게 넓은 마음은 참 그분만의 큰 장점이죠. 지금은 그렇게 해줄 만한 인물이 없죠.

질 긴 시간 고맙습니다, 신부님.

김정남

질문: 평화방송(전성우 피디, 권은정 작가)
답변: 김정남

질 **선생님은 추기경님을 언제 처음 만나셨고, 어떻게 같이 활동하게 되셨나요?**

답 1974년쯤 되었을 거예요. 지학순 주교가 구속되었을 때인데, 그때까지 천주교는 '우리가 쌓아놓은 성 밖으로는 안 나가겠다, 밖에서도 들어오지 마라' 이런 게 일반적인 분위기 아니었나 싶어요. 추기경님이 그 무렵에 주교대의원회의에서 천주교는 교회 안에서 문제되는 것들에는 나서지만, 밖에서 일어나는 일에는 관여하지 않는다, 라고 하신 거죠. 근데 지학순 주교가 소위 교회 담을 넘어서 잡혀가니까 천주교는 일대 충격에 빠진 거죠. 이런 일이 있으리라고 상상도 못 했으니까요. 그래서 변론 대책이다, 하는 그 여러 가지 일들이 다 처음인 거죠. 심지어는 감옥 안으로 기도서라든가 교회 서적은 어떻게 넣는가, 영치금은 어떻게 넣는가, 그런 것도 전혀 모르니 제가 나서서 좀 알아보고 했지요. 그러다 보니 그 중간에 서 있게 된 거죠.

질 **초반부터 대책회의 멤버가 되신 거네요?**

답 그때 여럿이 같이 있었죠. 지 주교님 동생 지학섭 씨, 지오세(JOC, 가톨릭 노동청년회) 총재, 사무국장, 그리고 김지하 시인 어머니, 박경자 마리아 수녀, 이렇게 다 같이 매일 만나서 상황을 서로 의논하는 거죠. 그러는 중에 추기경님께서도 나를 알게 되셨지요. 그리고 세상 밖, 교회 밖 소식에 대해서 굉장히 궁금해하셨어요. 그때는 계성학교 운동장을 가로질러 전진상교육관이라는 데서 만났어요. 제가 먼저 가 있으면 추기경님이 그리 가로질러 오셔서 대개 저녁을 같이하면서 세상 돌아가는 이야기를 했어요. 어떻게 대처할 것인가 의논도 하고, 주로 추기경님은 궁금한 거 물으시고 나는 아는 대로 말씀드리고 그런 관계가 오랫동안 지속이 됐죠. 그다음 해 1975년에는 김지하 반공법 위반 사건, 이어서 양심선언 사건이 있었고, 그다음 해 1976년에는 민주선언 사건이 있었고, 1979년에는 오원춘 사건, 1982년에는 부산미문화원 방화사건 등등이 있었어요. 그런 가운데 가톨릭은 어떻게 해야 하는지, 추기경님께는 고뇌의 연속이었죠.

질 **추기경님께서 선생님에 대해서 절대적인 신뢰를 갖고 계신 것 아니었나요?**

답 아마, 네, 그렇지요. 추기경님이 워낙 넘치거나 하시는 분이 아니니까요. 저도 과격하다고 보시진 않은 것 같아요. 저에 대해서도 상당히 걱정을 많이 하셨죠.

질 **선생님이 추기경님께 조언을 드리는 쪽이 아니었습니까? 말씀 드리면 그것에 대해서 반영을 잘하시는 편인지, 아니면 다 들으시고 당신 생각대로 나가신 건지요?**

답 대개 당신 생각하신 대로 하셨는데, 참고로 하셨지요. 당시에 일본 교회 내에 '정의평화협의회'라는 게 있었는데, 그 안에 한국위원회를 둬서 한국으로부터 오는 정보를 받아가지고 일본 교회 쪽에서 기자회견도 하고, 다른 외국으로 알리기도 하고 그랬어요. 그때는 한국 교회 소식이나 한국 인권 소식이 외부 세상 사람들에게 좀처럼 알려지지 않을 때였으니까요. 그때 일본 '정의평화협의회'가 우리의 창구였어요. 세상 밖을 향해 나 있는.

저는 그쪽과 다른 외부에서 오는 자료들을 받으면서 추기경님께 '외국에서도 지금 이렇게 한국 인권 운동에 대한 관심이 높아지고 있다' 이렇게 말씀드렸지요.

질 **한국 사회의 문제에 대해서 일본 교회가 한국 교회와 연대를 이룬 것이네요?**

답 그 연대가 상당히 오랫동안 이어졌죠. 그때 한국에서 민주화운동을 한 자료들이 영어로 나온 것은 거의 없을 겁니다. 오직 일본 가톨릭교회에서 미국 쪽하고 협력해가지고 다섯 권으로 나왔지요. 그 책들이 우리 민주화운동과 관련돼서 나온 번역본으로 아마 유일한 것일 거예요. 양심선언, 추기경 강론, 김지하 변론 등등이 다 있지요.

질 **일본 교회 쪽으로 당시 우리 사회 소식이 굉장히 자주 전해졌다고 봐야겠네요?**

답 그렇죠. 유럽 쪽에서는 독일에서 한국 민주화운동을 많이 보도했잖아요. 이 창구를 통해서 나갔습니다.

질 **당시 한국 상황에 대해서 세계 사람들이 알게 된 것도 그런 경로를 통해서였나요?**

답 그렇죠. 예컨대 김지하 양심선언서를 내보낼 때는, 당시 왜관 분도수도원 원장이 독일 신부인 오도 하스였어요. 젊어서 원장을 하셨는데, 나중에는 자기가 오래 수도원장을 하면 한국의 토착화가 멀어진다 해서 일찍 사퇴를 하고 필리핀에 가서 활동하셨어요. 상당히 똑똑하고 영리한 분이셨지요. 아빠스(abbas, 수도원장)로서 주교회의 참석하면서 추기경님과 관계가 있으셨으니 중요한 자료 같은 건 오도 하스 아빠스 편에 일본으로 보냈어요. 대외적으로는 우리가 미국인 시노트 신부한테 바로 보냈다고 얘기했지만, 실제로는 그렇게 했지요. 추기경님도 대충 그런 움직임은 다 아시지요. 다만 추기경님한테 너무 자세하게 보고를 하면 추기경님에게 누가 될지 모르니까 조심스러웠고, 추기경님도 아시면서 모르는 척하고 그랬지요.

질 **저희가 김수환 추기경님을 2003년부터 쭉 인터뷰를 했었는데 재밌었던 것은 지학순 주교님에 대해서 말씀하실 때 한편으로는 굉장히 동조하시면서도 한편으로는 굉장히 골치 아파하셨던 것 같다는 느낌을 받았습니다.**

답 그래요, 그런 게 있어요. 그 대표적인 경우로 지학순 주교가 7월 4일에 중앙정보국에 연행이 됐는데, 그다음 날 아침에 중앙정보부 차장 김재규란 사람이 찾아와서 '우리가 모시고 있다'고 했어요. 그래서 추기경님이 가서 면회를 하고 대통령 면담 요청을 해서 그다음 날 오후에 대통령과 면담을 해요. 장시간 이야기를 하고 그날 밤늦게 지 주교가 일단 풀려나죠. 풀려나서 성모병원에 주거 제한을 해서 계시는데, 추기경님은 그 상태로까지 하기도 힘든 거예요. 그날 그대로 다른 일이 없었더라면 불구속상태로 재판이 진행됐을 겁니다. 그런데 지 주교가 7월 24일에 양심선언을 해버렸어요. 그것 때문에 지 주교나 우리 교회가 상당히 평판이 높아지고, 반정부, 특히 반유신 투쟁에 있어서 중요한 위치를 차지해나가는 길목이 되긴 합니다만, 추기경으로서는 애써 박정희 대통령하고 담판을 해서 빼냈는데 또 이렇게 하니까 참 골치다 싶으셨던 거지요. 그러면서도 또 지학선 주교를 끝까지 옹호해야 하고 엄호해야 되는 거지요. 또 두 분 사이가 가까워요. 그런 걸 보면 교회에서 지학순 주교, 윤공희 대주교, 김수환 추기경님 세 분이 트로이카라고 할 수 있지요. 말하자면 지학순 주교는 일을 벌이는 쪽이고, 추기경님은 해결하는 쪽이고, 윤공희 대주교는 조정하는 편이고요. 정의평화위원회 안에서 그 조화가 상당히 아름다웠어요. 그러니까 뭐, 삐걱삐걱하기도 했지만 '아, 저렇게 해서 교회가 나아가는구나' 그랬지요.

질 **그때 그 상황을 이야기하시는데, 성모병원에 계실 때 지 주교님이 양심선언을 하겠다고 해서 추기경님께서 말리셨대요. 그러니 알겠다고, 안 하겠다고 하시고서는 다음 날 아침이면 또 하겠다고 그러신대요. 만약에 지학순 주교님 같은 분이 없으셨다면, 그리고 윤 대주교님이 안 계셨다면, 추기경님의 위상, 그게 조금 다르지 않았을까 하는 생각도 해봤습니다.**

답 저도 비슷한 생각인데요. 만약에 지 주교님이 없으셨으면 그 당시 어땠을까 생각되는 거죠. 추기경님이 능동적으로 나가시는 분이 아니라 수동적으로 가시는 분이니까요. 그러나 1971년, 그때 성탄 강론은 추기경님께서 아주 능동적으로 하신 건데요. 저는 그 사건으로 보면 그럴 수 있지만, 추기경님이 독일 유학 가셔서 율리우스 되프너 주교 밑에서 배우셨는데 그때가 제2차 바티칸공의회가 시작될 때였잖아요. 바티칸공의회에 대해서 상

사목방문 중인 김수환 추기경.

당히 열광하시는 입장이었고 우리 교회가 이제 상당히 변화하겠다는 열망을 안고 오셔서 「가톨릭시보」사 사장하실 때 매일 밤을 새우면서 바티칸의 소식을 전하셨어요. 당신이 가장 행복했던 시절이 「가톨릭시보」사 사장으로 일하면서 그런 문서를 번역해서 기사로 실을 때였다고 하셨어요.

질 **말 그대로 '기쁜 소식'을 전하는 기쁨이셨네요.**

답 마산교구장으로 계시면서 1967년에 가톨릭 노동청년회 총주교를 맡으셨지요. 그리고 1968년에 우리 교회로서는 최초의 사목교서라고 할 수 있는, 노동문제에 대해서 성명을 발표하셨죠. 추기경님이 주도해서 하신 건데, 제일 중요한 것 중에 하나는 추기경님이 제2차 바티칸공의회를 직접 체험하고 또 대의원으로서 참여하시고 나서 그것을 구현하려고 하셨다는 거죠. 당시 그런 사건과 맞닥뜨려서 나타났지만 그때가 아니었다 하더라도 어떤 방향으로든 나갔을 거예요.

질 **그때 사회적으로 그런 사건이 없었더라면 교회 안에서부터 변화를 시도했을 거라는 말씀이신지요?**

답 그렇죠.

질 **추기경님 말씀을 들으면서 느낀 것은, 이분은 절대로 스스로 나서기 좋아하는 분은 아니시다는 것이었습니다. 선생님과 이런 부분에서 맥이 닿아 있는 게 아닌가요? 선생님도 한 번도 자기 주장을 내보이지 않으신 분으로 아주 유명하시잖아요.**

답 아, 그것은 제가 굳이 드러내지 않으려고 해서가 아니라 그때는 참 엄혹한 시기였습니다. 추기경님도 마찬가지지만, 신부님들이 세상과 담을 쌓고 있다가, 지 주교님이 잡혀 들어가자 정치가 어떤 것이라는 것을 새삼스럽게 아시게 되고 아주 놀란 거죠. 사회가 이렇게 썩어 돌아가고 있다는 것에 대해서 말이죠. 평소 사회에 오염이 안 되어 있다가 더 이상 용납할 수 없다고 나선 거죠. 최종길 교수 고문치사 사건 나고 일 년이 지나도록 아무도 얘기하는 사람이 없었어요. 그 사건을 들고 나온 게 사제단입니다. 그 전까지 사회와 관련된 마찰이나 그런 게 없었기 때문에 용감할 수 있었던 거죠. 이런 세상에 우리가 가만히 있었구나, 하고 깨달은 거죠. 그다음에 인혁당 사건, 사람이 여덟 명이나 죽었잖아요. 당시로서는 엄청 무섭죠. 제가 그런 정보를 제공하고, 또 신자들의 기도나 성명서를 쓰는데, 신부들이 저를 보호해주지 않으면 저는 언제 어떻게 될지 모르는 거예요. 추기경님뿐만이 아니고 사제단 분들이 저를 보호해줬기 때문에 제가 드러나지 않을 수 있었지요. 나를 내세운다고 하면 그건 감옥에 가겠다는 말이지요.

질 **추기경님께서 공식적으로 발언하신 것도 있지만, 선생님에 대해서 특히 마음을 표시하셨습니까?**

답 글쎄요. 추기경님이 말씀은 잘 안 하시죠. 저를 '남 선생'이라고 부르셨어요. 주로 만나서 말씀을 들으시는 편인데, 우리 집에도 한 번 오셨어요. 제가 1987년에 다른 일로 수배돼서 일 년 동안 도망을 다닌 일이 있는데, 그때도 물론 편지로 추기경님께 바깥 소식을 전하고 그랬죠. 그때 만나 뵙는 것도 힘들지만 또 하나, 나중에 그게 증거가 되면 그분께 부담이 되니까 조심해야 했지요. 추기경님한테 왜 도망자를 신고하지 않았냐고 할 것이니까 저도 피했지요. 대개는 전진상교육관 아피(AFI, 국제가톨릭형제회)를 통해서 편지로 연락하셨는데, 제 수배가 해제되고 나서 우리 집에 한 번 오셨어요. 그날 저녁을 같이했는데 우리 딸애들하고 등대지기 노래를 불러주셨어요. 그때 추기경님의 그런 마음 표시는 아주 엄청난 지원이자 힘이 되었죠.

질 **그때 추기경님께서 돈을 주셨다는 이야기를 하신 적이 있으시지요?**

답 아, 네. 그때 이십만 원이면 큰돈인데 아피 편에 전해주셨어요. 도망 다니는 데 쓰라고요. 상당히 부담되는 돈이죠. 그 돈을 가지고 있다가 잡혀서 추기경님한테서 받았다고 하면, 추기경님도 조사를 받아야 되는 상황이 되니까요. 근데 차마 추기경님이 주신 돈을 쓸 수가 없더라고요. 이돈명 변호사님께 제가 살아오면서 배운 인생의 지혜랄까요, 이분이 변호사를 하니까 돈도 잘 버셨는데, 또 가난한 사람들에게 무료 변호를 많이 하셨어요. 그 사람들이 고맙다는 인사로 십만 원이나 이십만 원을 가져온 걸 따로 모아뒀다가 애들 학비로 쓰신다는 거예요. 당신이 잘 버는 돈은 생활비나 그런 걸로 쓰고요. 그런 얘기를 제가 여러 번 들어서 '나도 이 돈은 애들한테 학비로 줘야겠다' 생각하고 끝까지 가지고 다니다가 그 돈을 통째로 애들한테 줬죠. 그때 다행히 안 잡혔으니까요. 애들한테 그런 의미를 가진 돈이라고 얘기해주었지요.

질 **그때 돈 봉투만 왔습니까? 몇 줄 글을 적어 보내시지는 않으셨나요?**

답 아, 아니요. 증거가 되니까요. 하하하…….

질 **추기경님께서 선생님에 대한 마음이 굉장히 각별하셨던 것 같습니다.**

답 네, 또 아주 좋은 기억을 주셨는데요. 아마 80년대였던 것 같은데, 당신이 아주 좋아하시는 신자가 있는데, 그 사람이 만드는 잡지에 그 달 권두문을 써주기로 하셨다고 해요. 그런데 외국에 급히 나가게 되어 못 써주게 되었으니, 저보고 대신 좀 써줬으면 좋겠다 하셨어요. 근데 그냥 쓰라고 하시는 게 아니라, 아우트라인을 정해주시는 거예요. 굉장히 섬세하신 분이세요.

질 **그냥 막 맡기시는 게 아니고요?**

답 제목을 '새벽은 어떻게 오는가'로 해서 쓰면 좋겠다, 하셨어요.
그 내용은 이래요. 인도에 한 성자가 있었는데 그 사람을 따르
는 제자들이 굉장히 많았대요. 어느 날 그 성자가 제자들한테
너희들은 새벽이 오는 걸 어떻게 아느냐, 물으니 제자들이 각자
대답하기를, 어둠이 가시고 먼동이 터오면 새벽이 오는 것이다,
긴 침묵 속에 지나가는 사람들의 발자국 소리가 들리기 시작하
면 새벽이 오는 걸 안다, 이렇게 별의별 대답이 다 나왔어요. 그
런데 스승이, 아니다, 하신 거죠. 제자들이 스승님은 새벽이 오
는 것을 어떻게 아십니까, 하고 물으니 '지나가는 사람들이 다

사람들과 함께 달동네를 오르는 김수환 추기경.

내 형제로 보일 때 비로소 새벽이 온다' 하셨답니다. 이 내용을 가지고 글을 만들어보라고 하시는 거예요.

질 **와, 그러셨어요! 그냥 맡기시는 것보다 더 부담을 느끼셨겠습니다.**

답 그렇게 자상하시고 하여튼 글에는 더 민감하시죠. 문장 하나하나, 글귀 하나 이런 거에 신경을 많이 쓰시는 분이에요.

질 **글을 쓰시는 분으로서 선생님은 추기경님의 언어는 어떻다, 라고 표현하실 수 있으신지요?**

답 오랜 신앙생활에서 나오는 목소리지만 그냥 들려주기 위한 것은 아닙니다. 쓰신 글에도 인간화, 인간에 대한 성찰과 사랑, 이런 어휘가 많이 나왔죠. 단지 글을 쓰기 위해서, 말하기 위한 말이 아니고, 진짜 있는 힘을 다해서 나오는 글들이지요.

질 **추기경님의 말과 글은 진심이라는 말씀이시지요?**

답 진심이지요! 온몸을 다 바쳐서 쓴다는 거죠. 저 깊은 데서 우러나오는 인간의 목소리라고 할까요? 신의 목소리라고 할까요. 인간의 입을 빌린 신의 목소리, 그런 것이기 때문에 설득력이 있고, 힘이 있고, 감히 다른 사람들이 그것에 대해서 아니다, 라고 차마 할 수가 없는 거죠.

질 **추기경님께서 민주화운동을 왜 지원해주셨다고 생각하십니까?**

답 추기경님은 종교적인 입장에서 인간에 대한 애정이 참 많으셨던 분입니다. 개별 인간, 또 인간 전체에 대한 애정이 누구보다 깊으셨죠.

질 **독재 시대에 추기경님이 시대를 뚫고 오신 힘은 바로 인간에 대한 애정을 구체적으로 실천하고, 그걸 드러내시고자 한 것이라는 말씀이십니까?**

답 그렇죠. 저는 그런 질문을 해요. 가령 우리가 사랑이라는 것을 얘기할 때, 완전한 인간에게만 사랑이 가야 되느냐? 그러면 불구나 장애아는 사람이 아니냐, 오히려 그런 장애 때문에 우리가 사랑을 더 쏟아야 된다고 생각하는 거죠. '너희가 내 형제들인 가장 작은 이들 가운데 한 사람에게 해준 것이 바로 나에게 해준 것이다.'(마태 25, 40) 추기경님이 이 구절을 제일 좋아하셨던 것으로 알고 있어요. 또 제일 많이 인용하셨고요. 추기경님한테는 그 마음이 가장 컸던 게 아닌가 싶어요.

질 **영원한 화두라고 할까요? 그것을 위해서 내가 산다, 라고 할 만큼 그런 것인가요?**

답 그렇게 사셨죠. 동일방직 여공들이 똥물을 뒤집어쓰고 명동성당에 왔을 때 끌어안고 같이 우시면서 정권을 향해 이럴 수 없다고 하신 건 정말 이분만이 할 수 있는 거죠. 그럼에도 추기경님이 제일 괴로워한 것이, 정일우 신부님 같은 분들이 빈민촌에 가서 같이 먹고 자고 했잖아요. 당신도 물론 거기 가서 그 사람들과 악수하고 위로하고 격려해주셨지만, '나는 그 사람들과 같이 먹고 자고, 더구나 화장실을 같이 쓰는 생활은 할 수 없다. 나는 그런 한계가 있는 사람이다. 매일 사랑, 사랑 달고 살지만 가짜다' 하셨어요. 그것을 아주 뼈저리게 느끼고 괴로워하시고, 부끄러움을 고백하신다는 게 추기경님의 진정이고 또 인간적인 내면이기도 하죠.

질 **추기경님께 민족이란 어떤 의미였을까요? 요즘 세대 사람들에게서는 잘 찾아볼 수 없는 게 아닌가 싶은데요. 어느 정도로 큰 비중을 지닌 것이었나요?**

답 추기경님이 일제시대에 태어나신 것도 연관이 있겠지만, 민족의식이 상당히 강하셨던 것 같아요. 일본에서 상지대를 다닐 때 스승이셨던 신부님한테 그러셨다고 합니다. '조국을 위해서라면 나는 정치라도 하겠다.' 그런 말씀을 하셨다고요. 그런 측면에서 볼 때 추기경님은 우리 민족을 위해서 하늘이 일찍부터 예비해두신 목자가 아닌가 하는 생각이 들어요. 베드로 성당에서 느끼는 종교적 향심보다는 석굴암 본존불상 앞에 서 있을 때 종교적 향심이나 사랑을 느낀다, 하신 적이 있는데 그 말씀을 가지고 누가 글을 써서 '그런 말을 하는 신부는 크리스천이 아니고 사탄이다'고 공개적으로 공격했지요. 그리고 이런 말씀을 인용해서 하신 적도 있습니다. '우리 어머니가 비록 다른 어머니보다 훌륭하진 않지만, 그러나 내 어머니이기 때문에, 하나밖에 없는 어머니이기 때문에 내가 사랑하고 존경할 수밖에 없는 것처럼 나에게 내 조국은 바로 그렇다.' 항상 추기경님은 그런 생각을 하신 거죠. 국수주의적인 게 아니고, 가장 민족적이고 한국적인 게 가장 세계적인 것이라고 생각하신 거지요. 추기경님이 생각하신 인간화, 세계화라는 것은 한 가지 색깔로만 칠해진 꽃이 아니고, 여러 색깔로 된 아름다운 꽃들이 모여 한 민족, 한 공동체가 되는 것, 각기 가장 빛나는 색깔로 뭉쳐서 하나가 되는 그런 게 아니었을까 생각됩니다.

질 **나중에 김수환 추기경님이 정치적으로 보수적인 성향의 말씀을 하셨던 것에 대해서는 어떻게 생각하시는지요?**

답 저는 우리가 너무 많이 바라기 때문이 아닌가 싶어요. 물론 정의를 부르짖어야 할 때는 정의를 얘기해야 되지만 우리가 서로 뒤편에서 싸우고 할 때는 화해의 사제가 돼야 되지 않나요? 양쪽으로부터 '아, 저 사람 우리 편인 줄 알았는데, 아니다' 하는 그 돌을 맞고, 피를 철철 흘리면서 '아니다. 우리는 그래도 이 길로 가야 한다' 하는 사제요. 추기경님이 그런 사제, 그런 목자였다고 생각합니다. 우리가 가야 할 길을 당신의 언어로, 당신의 걸음걸이로 보여주고 가신 분이 아니신가 합니다.

질 **어떤 사람들은 연세가 드시면서 총명함이 좀 떨어지고 가까이 계신 분들이 한쪽 이야기만 전해주는 면이 있어서 그렇게 된 것이 아닌가 이야기하고 있습니다만.**

답 저는 혜화동 주교관에 계실 때도 가서 여러 번 뵀어요. 더러 인권변호사들 여러 분과 만났기 때문에 그분이 한쪽 의견에만 둘러싸여서 그릇된 판단을 하거나 할 일도 없으려니와, 그럴 분도 아니십니다. 그때도 늘 공동체를 놓고 고뇌하시는 모습이셨습니다.

질 **그분의 고뇌 속에서 나온 말을 사람들이 각자 자기 쪽에서 편한 대로 해석하지 않았나 하는 생각이 듭니다.**

답 그리고 명동성당에 대한 기대가 높았으니까요. 너무 많은 사람들이, 서로 의견이 상충하는 사람들이 이거 해달라, 저거 해달라 하면서 너무 많은 요구를 했죠. 교회가 줄 수 없는 일을 요구하면서요.

질 **어떤 의미에서 보자면 김 추기경님은 완충지대 아니었나요? 중간지대 혹은 누구나 찾아가서 하소연도 할 수 있는, 그런 영역에 계시는 분이지요.**

답 그렇죠. 가난하고 짓밟혀도 호소할 데 없는 사람들, 그들에게 항상 울타리가 돼주고 들어주는, 그 사람들이 와서 하는 이야기 다 들어주고 그리고 고뇌 끝에 당신 말씀을 하시는 거죠. 어머니와 교사로서 교회를 지지하시는 분이라고 저는 생각해요. 저는 지금도 추기경님같이 그 정의 방향에 서되, 그 한가운데 서서 이 길로 가야 된다고, 설사 비난이 있고, 양쪽에서 돌을 맞더라도 그렇게 말하는 지도자가 있었으면 참 좋겠다는 바람이 있어요. 아니, 꼭 있어야 되지 않나 하는 생각입니다. 추기경님이 없어서 아쉬운 점이 그런 거죠. 길을 물어야 되는데, 길을 알려줄 목자가 없는 거죠. 추기경님의 말씀엔 진심이 담겨 있기 때문에 자기들과 반대되는 말이라도 그 말씀이 진심이고 공명정대하고 사심이 없기 때문에 감히 거역할 수 없는 힘이 있었죠.

　추기경님의 경우에는 말씀해야 할 때 말씀을 하셨고, 이때쯤 아주 중요한 말씀이 있어야 된다고 많은 사람들이 생각할 때는 언제나 꼭 말씀을 하셨어요. 그런데 지금 우리에게는 그런 어른도 없고, 시대의 징표를 알고 얘기해주는 사람도 없는 게 큰 불행이죠.

질 **이제 추기경님을 보냈기 때문에, 다시는 그런 방법을 찾을 수 없는 건가요? 그걸 우리 안에서 찾으려면 우리는 어떻게 해야 할까요? 추기경님께서 가지셨던 그런 정신을 한 개인이 살아가면서 구체적으로 실천하고, 그런 마음을 가지려면 어떤 태도를 가져야 할까요?**

답 추기경님 걸어가셨던 모습으로, 가장 보잘것없는 사람에게 해주셨던 그런 측은지심을 갖는 게, 나는 그게 제일 일차적인 과제가 아닌가 싶어요. 그리고 추기경님에게 기대했던 마음이 너무 커서 그 빈자리가 더 크게 보이는 것이겠지요.

질 **추기경님은 굉장히 고민하시고 말씀하시잖아요. 그럼 언제 말씀을 하시느냐, 그 타이밍을 찾는 게 쉽지는 않을 것 같은데요. 옆에서 조언하시고 할 때 보면 어떠하셨는지요?**

답 아마 그분이 항상 기도 속에서 시기를 선택한 게 아닌가 생각이 들어요. 고뇌와 기도는 그분이 늘 끊임없이 반복하시는 거죠. 하나하나의 삶이 그랬지 않았나 싶어요. 내가 지금 어느 방향으로 가야 하느냐, 지금이냐 아니냐, 이런 것을 하느님께 항상 물으시면서 답을 구하고 사셨던 거라고, 어디 글에도 그렇게 말씀하신 게 있어요.

김정남

질 **우리 사회에서 추기경님은 어떤 존재였을까요?**

답 저도 그렇지만 많은 사람들이 추기경님 그분이 계시다는 것만
으로도 힘이 되고 위안이 되었던 게 아닌가 싶어요. 그리고 이
어둠의 시대에 모든 억울한 사람들이 찾아가 말하고 싶은 분,
유일하게 소통이 되는 그런 분이셨죠. 우리에게 큰 벽이 되어주
었던 분이시지요. 이제 우리한테 그런 분이 없다는, 그 상실감이
너무 큽니다.

질 **저희가 어떻게 해야 할까요.**

답 우리 자신의 삶에서 각자 잘 따라가는 수밖에 없지 않겠어요?

김형태 변호사

질문: 평화방송(전성우 피디, 권은정 작가)
답변: 김형태 변호사

질　인권위원회 일 하시면서 김수환 추기경님을 아시게 됐나요? 언 제부터지요?

답　정확히 기억은 안 나는데, 제가 그 일을 한 게 1989년이거든요? 아마 1990년대 초 같은데요.

질　**약간 긴장하고 만나셨어요?**

답　그렇죠. 그때 추기경님께선 우리나라에서 종교인으로서뿐만 아니라 사회 전체에서 어른 역할을 하셨기 때문에 많이 긴장했죠. 처음 만나 뵈었을 때는 아마 인권위원회 일로 만났을 거예요. 추기경님한테 민원이 많아요. 우리 사회 힘든 사람들이 전부 추기경님한테 말을 하고 싶어 하는데 추기경님이 그걸 처리할 수가 없잖아요. 그러니까 저더러 '이 문제는 당신이 좀 해야겠다' 하고 부르셨던 거예요.

질　**그럼 법률자문이셨네요?**

답　그렇죠. '법무참모'가 더 정확한 표현이지요. 한번 오라고 해서 가면 편지받으신 것이나, 처리해보라고 주시는 일이 주로 법과 관계되는 일이었죠. 그때는 지금처럼 노동조합이나 그런 게 발언권을 가지고 있을 때가 아니었으니까, 그쪽 관련 일이 많았어요. 지금 천주교인권위원회가 들어가 있는 그 자리에 천주교노동상담소가 있었어요. 그러다가 파키스탄 노동자들 문제가 나온 거죠. 사형수들인데 감옥에서 추기경님께 계속 편지를 보낸 거예요. 비교적 많이 알려진 큰 사건이죠. 추기경님께서 한번 알아보라고 하셔서 그분들 면회 가서 만나보니까 사형수들이 한국말도 제대로 못하는 데다가 정말 억울한 형편이었어요.

질 **그 일이 꽤 힘드셨을 텐데, 추기경님이 하라고 하셔서 맡으신 건가요?**

답 아, 시작은 그렇게 했죠. 그런데 만나보니까 이 사람들 사정이 정말 억울하잖아요. 그러니까 어떻게든 해결해야 되겠다 싶어서 시작을 한 거죠.

질 **그 일을 하면서 추기경님하고 사이가 가까워진다는 느낌 받으셨겠습니다.**

답 그게 보통 일이 아니잖아요. 사실 그 사람들이 대한변협에 진정도 냈는데 변협에서도 할 일 없다고 하니까 추기경님한테 마지막으로 온 거거든요. 추기경님이 해보라고 하는 사건은 거의 다 안 되는 사건들이에요. 그런데 사형이 집행될 수도 있으니까 추기경님이 상당히 걱정이 되시는 거죠. 제가 억울하니 이것은 도와줘야 된다고 말씀드리니, 적극적으로 돕자, 하셨어요. 이렇게 시작해서 재심 들어가고 그다음에 추기경님이 계속 정치권 쪽, 청와대 쪽에 얘기를 하시고 했지요. 김영삼 대통령 때 시작해서 김대중 대통령 때 또 직접 얘기를 하셨어요. 외국인 사형선고는 처음이니 정부에서도 집행을 두고 고심했지요. 김대중 대통령 때 재심 시작하던 중에 추기경님이 직접 나서서 사형수들이 풀려났죠. 그리고 추방됐죠.

질 **그때 추기경님께서 변호사님 만나서 수고하셨다고 말씀해주셨**

나요?

답 아, 그렇게까지 얘기는 안 하시지요. 원래 추기경님이 법조계에서는 이돈명 변호사님, 유현석 변호사님하고 젊은 신부 때부터 아주 친한 사이였어요. 이돈명 변호사님하고는 아마 같은 나이실 거예요. 추기경님 혜화동 계실 때 이돈명 변호사님, 유현석 변호사님, 저, 김정남 수석 이렇게 같이 만나시곤 했지요. 사실 황인철 변호사님이 한동안 역할을 하셨어야 됐는데, 오십 대 초반 나이에 돌아가셨지요. 그때 저는 삼십 대 후반이니까 참모 노릇하기엔 너무 어리고 하수였는데, 할 수 없이 덜컥 추기경님한테 연결이 됐고, 그 후로는 추기경님이 많이 도와주셨죠. 저도 추기경님 참모로 열심히 일했고요.

질 **추기경님께서 지금까지의 변호사님 활동에 영향을 끼쳤다고 말씀하실 수 있는지요?**

답 여러 가지 일들을 도와주셨거든요. 그런 일을 하는 것이 결국엔 추기경님 일이자, 제 일이 되어버려서 추기경님이 나서시면 저를 도와주는 게 되는 거예요. 서로 도와주는 거죠. 저는 제 능력껏 돕고, 추기경님은 당신의 영향력으로 도와주시고요.

질 **변호사님은 천주교인권위원장으로는 꽤 이른 나이에 취임이 되신 거지요?**

답 일찍 취임했죠. 천주교인권위원회는 평신도들이 만든 기구죠. '정의평화위원회'라는 게 원래 주교회의의 큰 기구 중에 하나거든요. 전국기구인데, 평신도가 유일하게 위원장을 두 번 하셨어요. 그러다가 민주화되고 나서 주교님들이 도로 가져갔죠. 천주교인권위원회는 1989년에 만들어진 평신도 비공인기구인데, 이 명칭을 쓰려면 꼭 공인을 받아야 돼요. 그런데 사실상 1993년엔가 독립했거든요. '천주교인권위원회'라고 하려면 교회 안으로 들어오든지, 아니면 그런 이름 쓰면 안 된다, 근데 우리는 들어가면 활동에 제약을 받기 때문에 들어가고 싶지 않지요. 그리고 거꾸로 교회에서는 공식적으로 할 수 없는 말들 우리가 대신하자, 그런 마음이었고 굉장히 긴장이 많았어요. 근데 그때마다 추기경님이 천주교인권위원회한테 힘을 주시니까 더 이상 다른 분들도 얘기를 안 하신 거예요. 그렇지 않았으면 아마 어떻게 됐을지 모르죠. 지금은 교회에 뿌리를 박고 같이 가고 있거든요. 그리고 저도 천주교인권위원회 이사장이지만 주교회의 '정의평화위원회' 소위원장, 산업체소위원장을 맡고 있고요. 그렇게 자연스럽게 겹쳐졌어요. '정의평화위원회'의 신부님들이 행하

천주교인권위원회 현판 앞에 선 김수환 추기경과 김형태 변호사.

는 행사를 저희가 적극 돕고 있고, 거의 손발 노릇을 하고 있어요. 추기경님이 제일 크게 도우신 게 사실은 그거예요. 평신도의 '천주교인권위원회'를 자리 잡게 만드시는 데 핵심 역할을 하셨지요. 저희한테 일을 자꾸 주시니까 다른 분들이 더 얘기를 할 수가 없잖아요. 저희한테는 큰 힘이 되는 거죠. 그리고 그걸 통해서 사형 폐지 활동을 했는데, 추기경님이 여러 차례 도와주셨어요. 이제 사형 폐지 활동이 큰 교회 공식 활동이 됐고, 아예 위원회까지 있잖아요.

질 **추기경님 돌아가신 지 오 주년이 다가오는데, 그동안 '이때 추기경님 계셨으면' 하는 그런 느낌 받으신 적 있으세요?**

답 많아요. 예를 들면 지난번 서울교구 시노드(Synod, 회의)를 했는데, 그때 남북화해위원회가 있었거든요. 제가 간사 역할을 맡았어요. 신부, 평신도, 수도자들 다 들어와서 매주 모여서 토의를 계속하고, 초안을 만들어서 나중에 시노드에서 문서로 확정하는 건데, 남북 화해에 관한 건 다른 종교보다 천주교회가 상당히 앞서 있잖아요? 근데 교회 상층부 몇몇 분은 교회기구 활동인데도 그걸 부정적으로 보셔서 상당히 힘들었지요. 그런 때 추기경님 계셨으면 훨씬 더 많이, 좋은 쪽으로 시노드를 잘 끌고 갔을 텐데 싶어서…… 그때 많이 아쉬웠습니다. 사실은 추기경님 말년에, 사형제도 폐지 활동 때문에 말씀드리러 갔다가 얘기 끝나고 나오는데 절 부르시더라고요. '김 변호사, 북한에 대한 햇볕정책, 그게 좀 이상한 거 아니냐?' 추기경님이 은퇴하시고 연세 들고 그러면서 현장에서 물러나시고 구체적인 상황들에서 멀어지신 거예요. 그리고 주변에 굉장히 보수적인 시각을 가지신 분들이 계속 감싸고 있었어요. 그러니까 젊었을 때하고 는 전혀 다른 정보만 계속 들으시니까, 당신 생각에도 그 정보대로라면 좀 이상한데, 하는 그런 궁금증이 있으셨던 거예요. 그래서 내 생각은 어떤지 물으시더라고요. 햇볕정책이 이솝우화에 나오는 따뜻하게 하면 옷 벗는 건데, 추기경님 다 아시는 얘기인데 왜 그러십니까, 하고 제가 여러 가지 얘기를 했더니 추기경님이 웃으셨어요. 그러면서 '듣고 보니까 그 말이 맞네' 하셨지요. 그게 공적으로 추기경님과 말씀 나눴던 마지막 때인 것 같아요.

질 **그게 2007년인가요?**

답 정확하게 기억이 안 나네요. 그때 하여튼 불편하셨을 때였어요. 특히 약자들을 위해서 활동하는 천주교 단체들이 추기경님 빈자리 때문에 많이 힘들어했죠. 추기경님이 도와주시다가 은퇴하시고, 영향력도 없어지고, 또 당신이 의도적으로 일체 후임자들을 위해서 나서시지를 않았잖아요. 후임자들 활동하시라고 절대 안 나서시고 하니까 우리 쪽에서 보면, 그분이 계셨으면 여러 가지 해결되었을 일들이 참 많아요. 사람들이 천주교인권위원회에 찾아와서 막 매달리는데, 우리는 그 정도 힘은 없어서 중간에서 힘들지요. 예를 들어서, 그럴 때 추기경님이 현역이셨다면 아마 상당 부분에서 교회에서의 다른 대응이 나오지 않았을까 하는 생각이 드는 거죠. 그분의 빈자리로 여러 활동이 많이 위축됐었죠.

질 그런 상황일 때 추기경님께서 중재 역할을 해주시는 그런 말씀이 전혀 없었나요?

답 은퇴하시고 나서는 그런 역할을 잘 안 하려고 하셨어요. 실질적으로 잘 안 하셨지요. 그러니까 당신도 보수적인 사람들한테 둘러싸여 계신다는 그런 비판을 받으셨잖아요. 그건 좀 아쉬워요, 사실은. 우리가 좀 더 자주 찾아가 뵙고, 자꾸만 말씀도 드리고 견인을 해드렸어야 됐는데, 참모 구실을 잘하지 못했다는 아쉬움이 좀 있어요.

질 변호사님 개인적으로 김수환 추기경님하고의 관계에서, 나한테 어떤 영향을 끼쳤다든가, 참 좋았다든가 그런 기억들이 있으신가요?

답 제가 변호사로서 중요하게 생각하고 참여했던 몇 가지 재판들, 사형 폐지 운동, 천주교인권위원회 활동에 있어서는 특히 추기경님의 영향이 있지요. 사실 인권위원회 활동은 저로서는 몇 십년간 몸담은 것인데 거의 전폭적으로 지지를 해주셨어요. 추기경님 안 계셨으면 사실 인권위원회 활동이 상당히 삐걱거렸을 거예요.

질 추기경님을 일로 만나 뵙게 됐지만, 인간적으로는 어떤 느낌을 받으셨는지요?

답 대부분 다 알고 있는데, 추기경님 성품 자체가 엄청 밝고 푸근하세요. 보통 신부님들, 특히 더 위쪽으로 올라가면 주교님들은 대개 엄하고 접근하기가 쉽지 않은데 추기경님은 그런 측면에서는 상대방을 편안하게, 푸근하게 배려해주시지요. 그런 면에서는 아주 뛰어나신 것 같아요. 꼭 추기경이나 신부로서가 아니라 타고난 본성 자체가 그러신 분 같아요. 사람들하고 소통 잘하고 푸근하고, 그런 점은 다른 데 가 계셨어도 아마 그랬을 것 같아요.

질 **추기경님 보니까, 어느 쪽에 대해서도 아주 나쁘게는 얘기를 안하신 것 같아요. 상대에 대해서 좋은 부분을 꼭 보시려는 게 있었던 것 같습니다.**

답 타고나신 품성도 있겠지만 아마 종교인으로서 수련을 쌓으셔서 그렇게 된 게 아닐까 그런 생각도 들어요. 성서에 나온 얘기를 매일 보시면서 강론을 하시니까요. 자기 따로, 성서 따로인 성직자들도 없지 않아 있지만, 가능하면 일치시키려고 하면, 자기 품성이 자꾸만 바뀌어서 그렇게 되지 않을까요?

어려운 처지에 놓인 이들을 자주 찾아 격려하던 김수환 추기경의 모습.

질 **지금 생각해도 추기경님에 대해서 이해가 안 됐다, 혹은 약간 실망했다는 점이 있다면요?**

답 혜화동에 계시면서 거의 외부 접촉 안 하시고, 사실 현장을 떠나신 것인데요. 저는 사람이 현장을 떠나면 현장에 대해서 발언을 하면 안 된다는 생각이 들어요. 왜냐면 판단을 제대로 못 한 상태에서 발언을 하면 실수할 수도 있거든요. 추기경님도 말년에 한쪽으로 치우친 정보만 받으신 게 아닌가 싶어요. 그 정보에 의해서 판단하시고, 그 전과는 다른 발언도 가끔 하셨잖아요. 그래서 전 현장에서 떠났을 때 어떤 발언이나 판단을 할 때의 위험, 그런 걸 추기경님이 보여주신 면이 조금 있지 않았나, 생각합니다.

질 **추기경님이 선종하시고 조문하시면서 어떤 생각이 드셨습니까?**

답 그때 많은 사람들이 왔잖아요. 서로 반대편에 섰던 사람들도 다 같이 왔지요. 전 이런 생각이 들었어요. 사람이라는 게 어차피 일정 시간의 역할을 하고 가는 건데 추기경님이 열심히 했던 훌륭한 선업들, 좋은 업들 이런 것들로 충분하다는 것이지요. 그분이 어려운 사람들을 위해서 애쓰셨고, 그런 생애 자체가 또 남아 있는 사람들한테 영향을 미치잖아요. 본보기로 삼아 따라가려는 거죠. 아, 추기경님의 저런 점은 내가 본받아야겠다, 이런 생각이 들면 추기경님의 선업이 나한테 와서 쌓여가는 게 아닌가, 어떻게 보면 추기경님이 부활하신 거라고 볼 수도 있는 게 아닌가 싶어요. 그러면 저도 추기경님 대신에 그런 역할을 하기 위해 노력하는 거죠. 그런 것들이 추기경님이 뿌려놓은 아름다

동두천성당 봉헌 및 축하식에서 소탈한 모습으로 신자들과 풍악을 즐기는 모습.

운 씨앗이지요. 그분이 아름다운 업을 충분히 많이 남기셨기 때
문에 그것들만 생각하고 우리가 따라가면 훌륭한 거죠. 돌아가
시고 여러 가지 복잡한 평가도 나오고 말이 많았지만 그런 건
별로 생각하지 않아도 되는 게 아닌가 싶어요.

질 **추기경님의 이런 점은 우리가 기억해야 되겠다, 변호사님께서
추기경님에 대해서 어떤 증언을 한다고 하면 후대 사람들에게
어떤 말씀을 해주시겠는지요?**

답 추기경님도 완전 스타셨거든요. 박정희 대통령 시대에는 저항
하는 대표선수로서 스타가 되셨고, 그 후에는 국민적 스타가 되
셔서 돌아가실 때 수많은 사람들이 줄을 서서 몇 날 며칠 조문

을 했을 정도잖아요. 대개 스타가 되면 사람들은 자기가 진짜 훌륭한 사람인 줄 알고 좀 이상해져요. 자기 분별 제대로 못 하고. 그 점은 종교인도 마찬가지라고 생각해요. 그런데 추기경님은 그걸 극복하셨어요. 본인 스스로에 대해서 겸손하려고, 하느님 앞에서 겸손하려고, 무진장 속으로 노력을 하시지 않았을까 싶어요. 티를 안 내고 소탈한 걸 계속 유지하신다는 것은 자신이 별 볼 일 없다는 인식을 철저히 하고 노력을 하신 게 아닌가 하는 거죠. 제일 중요한 건, 자기 자신에 대한 한계를 알고 반성하고, 사람들이 몰려들어서 환호하고 난리를 떨어도 그 선을 절대 안 넘는다는 거죠. 정말 쉽지 않아요. 조금만 유명해져도 벌써 사람이 달라지거든요. 추기경님은 거의 스타, 스타 중에서도 신의 반열로 사람들이 떠받들거든요. 그건 정말 뿌리칠 수 없는 유혹인데 그걸 뛰어넘으신 것은 정말 대단한 분이라는 거죠.

서울 베들레헴의 집에서의 미사 중.

질 **추기경님이 그렇게 할 수 있으셨던 힘이 뭐였을까요?**

답 내부적으로 끊임없이 자기에 대한 성찰을 하신 게 아닐까 생각합니다. 그러지 않고서는 그렇게 되기 어렵거든요. 저 사람들이 과연 나에게서 무엇을 보고 그러는 것일까, 또 그런 게 어떤 가치나 의미가 있기나 한 건가, 그런 것에 대한 끊임없는 반성이나 성찰이 계속 있지 않았을까 생각합니다.

질 **그분과 우리가 다른 점은 부단하게 성찰하는 점이라는 거지요?**

답 부단한 노력입니다. 우리도 따라서 해야지요.

질 **그분은 어떻게, 무엇 때문에 그렇게 부단하게 성찰하셨을까요?**

답 그건 신앙의 힘이겠죠. 신앙이라는 게 해석에 따라서 여러 가지가 있을 수 있는데 예를 들어, 제가 해석하기로는, '구원이냐 사랑이냐' 이런 화두가 저 개인적으로 있어요. 예수님이 보여주시는 것은 구원이라는 데 중점을 두기보다는 사랑에 중점을 둔 거라고 저는 해석하고 있습니다. 구원에 중점을 두면 그냥 자기가 구원받았다는 오만이 생길 수도 있고요. 자기가 구원받을 만큼 그렇게 훌륭한 사람인가, 하느님 앞에서 감히 내가 구원을 받아야 되겠다고 큰소리칠 수 있는 것인지는 의문이거든요. 우리 삶동안에 사랑을 하라고 했잖아요. 우리 그리스도교식으로 하면 사랑이고 자비일 수도 있고, 울타리를 허무는 것일 수도 있는 것인데 그런 것에 더 관심을 가지면 추기경님처럼 되지 않을까 싶어요. 저를 빗대어 생각하면 추기경님이 그렇게 생각하셨기 때문에 그리 사셨다고 생각이 되거든요. 굳이 성서로 얘기하자면, '나를 따르려는 사람은 누구든지 자기를 버리고 매일 제 십자가를 지고 따라야 한다.' 그러니까 자기를 버리는 연습을 끊임없이 하셨기 때문에 그런 '스타병'에서 자유로울 수 있었다는 것이죠.

질 **추기경님의 삶에서 가장 중요했던 것은 예수님의 삶을 따르는 것, 그것이 가장 중요한 것이 아니었을까요?**

답 그렇게 하려면, 추기경의 자리를 버려야 되거든요. 껍데기로는 못 버리지만, 내면으로 버리지 못한다면 예수님을 못 따라가니까 추기경님은 자신의 자리를 버리는 연습을 계속하셨기 때문에 소탈해지셨던 게 아닐까, 저는 그렇게 해석해요.

질 **추기경님이 나를 버리는 삶의 모습을 보여주셨다고 하면, 추기경님은 어떻게 당신을 그렇게 버릴 수 있었을까요?**

답 그러니까 추기경님이 그냥 골방 안에서 기도만, 세상에서 제일 순수한 기도만 열심히 하시고 그랬더라면 그런 많은 선업을 하셨을까요? 그렇지 않았을 것 같거든요. 추기경님이 현장에 다 뛰어다니셨잖아요. 철거 현장에도 가시고, 온갖 곳을 다. 그러니까 영성과 세속 이런 거를 구분을 안 하고 일치시키는 분, 영성이라는 게 세속에서부터 출발하는 거지, 분리되어 있는 게 아니라는 걸 추기경님이 확실하게 보여주셨다고 생각이 들고요. 그거를 분리해 가지지 않고 이 땅에서부터 출발하는 하늘이라고 생각하셨기 때문에 성공하신 거지요. 수많은 추기경이 있었고, 앞으로도 있겠지만 실패한 추기경, 잊힌 추기경으로 되기 쉬운

데, 성공한 추기경이 되신 이유는, 이 땅에서부터, 이 지저분하고 싸움질하고 욕심 많은 세속에서부터 어떻게 고쳐보고 어떻게 화해시키고 울타리를 허무는 쪽으로 갈까, 어떻게 약자들을 도와줄까…… 이런 것들을 생각하시며 열심히 현장에서 뛰어다니셨기 때문에 성공하신 거라고 생각해요.

질 **변호사님께서 김수환 추기경님과의 만남을 못 가졌더라면 어땠을까요?**

답 글쎄요, 만남이 없었으면 많이 힘들었겠죠. 이것저것 잘 안 풀렸겠지요. 제가 어느덧 변호사들 중에서는 많이 고참이 됐는데요. 제가 변호사를 한 삼십 년 해서 이룬 중요한 기둥들이 몇 개 있어요. 인권, 인권위원회, 사형 폐지, 약자들을 돕는 단체 등등 이런 것들이 제 삶에서 굉장히 큰 기둥인데 그런 일을 할 때 든든한 힘이 되어주셨으니까요. 일할 것들을 많이 주셨어요. 주시는 일을 열심히 해온 덕분에 오늘날 여기까지 오게 되었다고 생각합니다.

질 **이제 우리는 김 추기경님을 어떻게 기억하면서 살아가야 할지 조언을 부탁드리겠습니다.**

답 그분은 돌아가셨지만 생전에 하신 활동이나 펼쳤던 생각이 남아 있기 때문에 우리가 그걸 되새겨보면서 자기반성도 하고, 희망도 되살려보고 할 수 있잖아요. 우리에게 어떤 역할을 계속 주시는 것이라고 생각해요. 추기경님 개인에 대한 우상화 내지는 신격화, 그런 것과는 전혀 좀 다른 얘기일 것 같아요. 추기경님은 교회와 현실을 분리시키지 않고 출발하셨기 때문에 우리 앞에 서시게 되었죠. 그러면서 거기서 엄청난 고민도 많이 하셨을 테고, 또 실패도 많이 하셨잖아요. 옛날에도 실패하셨고, 말년에는 많이 실패하셨지만, 그 모습이 우리에게 어떤 의미가 있는가? 현재 어떤 의미가 있는가? 이렇게 조명하면 추기경님 삶의 의미가 더 잘 다가오지 않을까 싶어요. 우리는 인간으로서 다 실패하고 살잖아요. 우리 인생에서 실패라는 게 사실 큰 의미가 있는 것인지, 그런 생각도 하면서요.

질 **변호사님, 오늘 좋은 말씀 감사드립니다.**

두봉 주교

질문: 평화방송(전성우 피디, 권은정 작가)
답변: 두봉 주교

질 **파리 외방전교회와 한국의 인연은 오래되었는데요. 주교님과 김수환 추기경님의 인연은 언제 시작되었습니까?**

답 추기경님하고의 첫 번째 만남이 언제 이루어졌나……. 아, 제가 주교되기 훨씬 전이었습니다. 그분이 프랑스 갈 때마다 파리 외방전교회 본부에 머물러 계셨고, 제가 파리 외방 한국지부장이 었기 때문에 여러 번 추기경님을 만나 뵙고 얘기를 나누고 그랬 지요. 그리고 그 뒤에 제가 주교가 되었기 때문에 인연이 더 깊 어졌죠. 아주 사이좋게.

질 **주교 수품 받으실 때 김수환 추기경님이 미사 집전해주셨죠?**

답 그럼요. 친했죠. 옛날 안동에 주임신부님으로 안동과도 인연 있 으시고 개인적으로도 잘 아는 분이고. 그리고 추기경님 되시고, 바로 제가 주교가 되었기 때문에 당연히 해달라고 부탁하게 되 었어요.

질 **'인간적으로 잘 통한다, 아주 좋은 사람이다'라는 걸 한눈에 알 아보셨습니까?**

답 아, 그렇죠. 마음으로 통했죠. 구체적으로는 제가 주교가 되고 바 로 김수환 추기경님이 한국 주교회의 의장이 되셨습니다. 저도 주교품을 받고, 즉시 상임위원이 되었고요. 그래서 제가 기억하 기로는 한 달에 한 번씩 모임을 가졌습니다. 그래서 자주 만났 죠. 그런데 그때가 제2회 바티칸공의회가 끝났을 땐데, 추기경 님은 공의회에서 제시해준 교회의 모습을 새롭게 만들어야 되 겠다는 그런 생각을 가지고 계셨어요. 그래서 교계 제도라든가,

안동교구 25주년 기념 신앙 대회에서의 즐거운 시간.

전례라든가, 새롭게 빛나는 것에 대해서는 분명한 지침을 내리셨지요. 토착화라고 말씀하셨어요. 교회가 한국 사람들에게 맞게, 한국 사람들의 생각, 한국 사람들의 정서, 거기에 맞도록 해야 되겠다는 생각을 추기경님이나 다른 상임위원들 모두가 했었습니다. 만날 때마다 우리가 어떻게 조금 더 한국다운 교회로 만들 수 있을까, 그 이야기를 많이 했습니다.

　제가 육십 년 전에 한국에 들어왔을 때, 이런 이야기를 들은 적이 있어요. '왜 왔느냐? 우리 동양은 유교, 불교라는 종교가 있는데, 그리스도교는 서양 종교다. 서로 존중하면 되지 않겠는가? 당신 나라로 돌아갔으면 좋겠다.' 그때는 천주교회뿐만 아니라 개신교를 포함해서 그리스도를 믿는 사람들이 서양 사람들이고 하니, 굉장히 많은 한국 사람들이 이질적으로 느꼈거든요. 그런데 지금은 완전히 없어졌어요. 그렇게 된 이유가 어디 있냐 하면은, 추기경님 비롯해서 우리가 한국 교회에서 서양적인 것을 버리고 정말 동양 사람들에게, 한국 사람들에게 맞게끔 예절이라든지 무슨 문서를 번역하는 거라든지 늘 맞도록, '맞춤형' 교회가 돼야 되겠다는 그런 생각을 한 거죠.

사실 제가 주교 임명을 받고 일단 거절을 했었어요. 그게 왜 그러냐 하면, 토착화 때문에 그런 거예요. 한국에서 주교는 한국 사람이 해야 된다, 서양 사람이 한국에서 주교 책임을 진다는 건 말이 안 된다, 해서 제가 거절을 했었지요. 결국 받아들이게 된 것은 그 결정을 한국 주교들이 하셨기 때문이에요. 안동에도 새 교구를 만들면서 선교사에게 맡겨야 되겠다고 결정했기 때문에 제가 두 손 들어버렸죠. 그래서 주교품을 받게 되었어요. 토착화, 우리 추기경님이 외국에서도 토착화를 부르짖는 분으로 알려져 있었어요.

질 **예. 그러면 토착화라는 생각을 갖고 하나씩 하나씩 실천을 해 나가신 건데, 그때 추기경님께서 특히 '어렵다, 힘들다' 이렇게 고민을 이야기하시기도 했습니까? 상임위원 때요.**

답 글쎄요, 뭐. 특별한 고민이라기보다…… 거의 십 년 동안이었습니다. 참 오랫동안 의장 책임을 지고 계셨고, 제가 오랫동안 상임위원이었지요. 계속해서 참 맞는 교회, 맞는 말, 맞는 강론. 그걸 말씀하셨지요. 그 옛날에 교회를 삼각형으로 해서 맨 위 꼭대기에 교황 계시면 그다음에 주교, 신부 그리고 평신도. 그래서 평신도들이 밑에 있다는 생각을 했었는데, 공의회에서 이렇게 설명했습니다. 위에는 우리 신자들 그리고 신자들을 봉사하고 뒷받침하는 신부, 수도사 같으면 수사·수녀, 그리고 그 밑에 주교, 또 가장 밑에 교황. 교황 당신을 종의 종이라고 한 거죠. 그건 맞는 말이었습니다. 그러나 우리 한국 교회는 처음에 받아들이기가 어려운 그런 때가 있었어요. 신부님들 중에 그것 잘 못 받아들이겠다, 그러면서 사제직을 떠난 신부가 많았습니다. 그리고 제가 안동교구를 담당하게 되었을 때는 한국 신부님이 딱 한 명뿐이었거든요. 나머지는 전부 다 외국 선교사들이었는데, 외국 선교사들이 '이제 우리가 설 자리가 없다. 우리가 외국 사람이기 때문에, 어떻게 한국에 맞게 한국 사람들에게 기쁜 소식을 전할 수 있겠는가' 하면서 제 나라로 그냥 떠나는 상황이었기 때문에 어려움도 있었지요. 그러나 결국 극복했고 교리서를 완전히 새롭게 만들었고, 그러면서 아주 신나게 일을 했어요. 아주 재미있었어요. 그때 그 주교들이 평균 나이가 참 젊었어요. 저도 마흔 살에 주교가 되었습니다만, 상당히 많은 주교들이 사오십 대였거든요.

질 **정말 신이 나셨겠네요.**

답 그랬지요. 아주 적극적으로 나서는 그런 분위기였기 때문에 재밌게 계획을 짜고 그랬어요. 재밌었어요. 아주.

질 **어려움이 있었더라도 그게 어려움으로 느껴지지 않으셨겠습니다.**

답 제가 안동교구장으로 임명받았을 때 본당이 열아홉 개였습니

다. 그런데 외국 선교사들이 많이 있었기 때문에 열아홉 개 본
당에 주임신부를 다 임명할 수가 있었어요. 그런데 일이 년 지
난 다음에 하나 가버리고, 또 하나 가버리고, 그래서 주임신부가
없었기 때문에 빈 본당이 하나, 둘, 셋…… 심지어 일곱 본당이
비었어요.

질 **열아홉 개 중에서요?**

답 열아홉 개 중에. 그래서 이거 큰일 났다, 이거 내가 잘못돼서 그
렇다, 생각하고 조용히 피정을 해야 되겠다 싶어서 한 신부님에
게 교구를 맡기고 외국에 나가서 개인 피정을 했습니다. 어느
베네딕도 수도원에 들어가서 한 일주일 있었지요. 그런데 결론
은 단순한 것이었습니다. 아, 내가 무슨 힘이 있겠는가. 뭐든지
주님의 축복으로 이루어지는 것이니까, 내가 신경 쓰는 것 자체
가 하느님 앞에 떳떳하지 않다. 순수하게 당신께 만사를 맡기면
되겠다. 그래서 새로운 용기를 얻어서 돌아왔고 그다음부터는
안동교구가 많이 좋아졌습니다.

질 **주교님과 김 추기경님은 한국 교회의 토착화에 대해서는 생각
이 같으셨지요. 그 뒤 70~80년대를 지내면서, 사회적으로나
정치적으로 문제가 많이 힘들어졌잖아요? 그럴 때도 주교님의
생각과 추기경님께서 발언하는 것이 같았습니까?**

답 사회문제에 대해서 교회에서 관심을 가질 뿐만 아니라, 제안할
것을 다 제안하자는 것이 제2차 바티칸공의회의 결정 중 하나예
요. 그 전까지 우리 한국 교회의 역사를 생각해보면 정치나 경제

나 문화에 대해서 말하지 말자, 그것이 옛날 태도였거든요. 종교는 종교고 다른 것에 대해서는 손대지 말자, 그래야 순수한 교회로서의 할 일을 할 수 있겠다, 그런 거였지요. 그런데 제2차 바티칸공의회에서 생각을 달리 하기로 했고 발표한 것을 보니까 뭐니 뭐니 해도 교회는 세상의 일부라는 거예요. 우리 사회에 어려움이 있다면 그것도 교회의 어려움이고, 좋은 일이 있을 때는 그것이 교회의 좋은 일이라는 것이지요. 그래서 교회는 사회 안에서 함께 살아야 된다는 것이지요. 우리는 정치나 경제 전문가가 아닙니다. 그러나 방향을 잡는 데는, 마땅히 우리가 해야 할 역할이 있거든요. 인권문제, 양심문제, 이런 것에 우리가 더 생각을 해야 되지 않겠느냐. 그래서 사회문제, 경제문제에 대해서 교회에서 분명한 방편을 제시하지 않았습니까? 너무 지나치게 관여하면 안 되지만 방향을 제시하자는 것이 제2차 바티칸공의회 토착화 문제 중 하나예요.

질 **함께하기 위해서! 그들의 아픔도 같이 느끼고, 함께하자는 말씀이지요.**

답 네. 남의 아픔은 교회의 아픔이고, 남의 기쁨은 교회의 기쁨이지요. 함께 호흡을 하자. 옛날에는 우리 한국 교회가 불교, 유교하고는 전혀 관계가 없었죠. 만나지도 않았습니다. 만날 필요가 없다고 생각했습니다. 우리하고는 다르다, 대화를 해봐야 소용없다, 라는 거죠. 근데 제2차 바티칸공의회에서, '아니다, 다른 종교 믿는 사람들도 사람이고 제 생각이 있고 제 주장이 있고, 기쁨도 있고 슬픔도 있다. 그럼 우리도 같이 호흡을 해보자. 대화를 하자, 함께할 수 있는 분야에서 하자' 이렇게 얘기가 나온 거예요. 제2차 바티칸공의회 이전에는 전혀 그런 생각을 안 했거든요. 그래서 안동은 유교 지방인데 추기경님이나 저나 유림들하고 사이가 아주 좋았어요. 난 전에는 유교에 대해서 별로 생각이 없었지만, 여기 와보니까 '아, 유교도 정말 바르게 살아보자는 것, 정직하게 살아보자는 것이구나' 하고 알게 됐어요. 손해를 보더라도 할 이야기는 한다, 이게 유교의 바탕이거든요. 그래서 유교와 만났고, 불교하고도 만났고요. 추기경님이 제2차 바티칸공의회 정신을 잘 알아들으신 분이고, 그것을 실천에 옮기신 분입니다. 제가 마침 보필하게 되는 입장이 되었기 때문에 아주 좋았어요.

질 **추기경님과 주교님의 생각이 여러 면에서 아주 잘 맞으셨던 것이네요.**

답 잘 맞았죠. 잘 맞았어요. 그런데 다시 말씀드리지만 추기경님과 저만 그런 것이 아니었습니다. 당시 모든 주교님들이 그렇게 생각하고 있었어요.

질 **그런데 사실은 추기경님께서 대사회 발언을 하시거나 하실 때, 교회 밖도 교회 밖이지만 교회 안에서부터 추기경님 말씀 좀 삼가시라, 이런 이야기도 많았지 않습니까?**

답 그게 지금까지도 어려운 점입니다. 사회문제에 대해서는 각 분야 전문가들이 마땅히 할 일을 해야 된다고 생각합니다. 아까 말씀드린 것처럼 우리는 방향을 제시하자는 것이지요. 그렇게 하면서도 신자든 비신자든 다른 사람들하고 호흡을 함께하는 삶을 살아야 된다고 생각합니다. 미사 중에 강론할 때 신자들의 생각을 존중하는 의미에서 너무 일방적으로만 얘기하면 안 된다고 봅니다. 그래서 그 문제가 많았어요. 지 주교님 문제가 대표적인 문제죠. 그런 것에 대해서 마땅히 해야 할 것, 하지 말아야 할 것, 늘 그 문제에 대해서 함께 상의를 했었어요.

질 **그때 지 주교님 생각과 추기경님 생각이 좀 다른 부분도 있었을 것 같거든요.**

답 조금 다른 부분이 있었지요. 문제를 해결하는 데는 같은 방향이라 하더라도 경우에 따라서는 방법에 차이가 있을 수도 있습니다. 교회라는 것이 우리 공동체를 말하는 것이니까, 공동체 안에서 여러 가지 의견이 있는 것이 바람직하지 않겠습니까. 우리 각자가 생각이 있으면 말할 수 있어야 되는 것이고, 교회가 딱 한 가지 똑같은 생각을 해야 된다든가, 하는 것은 교회 모습이 아니에요. 중요한 방향에 대해서는 일치하고, 구체적인 문제에 대해서는 다양한 의견 차이가 있는 것이 바람직한 교회 모습이 아니겠는가 싶어요.

질 **아까 주교님께서, 안동 유림들이 추기경님을 좋아하셨던 이유 중에 하나가 할 말은 하는 사람이라고 인정해서라고 하셨잖아요? 그리고 또 교황님께서도 함부로 싸우진 말아야 하지만 말해야 될 때, 꼭 할 수 있는 그런 것은 가지고 있으라고 하셨고요. 즉, 추기경님께서는, 아주 필요할 때 할 말을 꼭 하셨던 분**

이셨군요?

답 그렇죠. 그분은 대사회 문제에 있어 생각하는 것을 말하시는 거예요. 그러나 결정권은 없지요. 정부에서 해야 될 일은 정부에서 해야죠. 그러나 교회는 방향을 말할 수 있다고 분명하게 말씀하셨어요. 그건 교회에서 해야 한다고요. 저도 그렇게 생각했죠.

질 **늘 그렇게 활동하고 말씀해오신 거죠.**

답 저는 추기경님을 모시고 살았다고, 넓은 의미에서 그렇게 볼 수가 있는데요. 김수환 추기경님은 참 위대하신 분이다, 오늘을 사는 예수님의 모습이다, 그렇게 생각을 했습니다. 지금까지도 그렇게 생각하고 있어요. 이분만큼 아주 뚜렷하게, 분명하게, 자유롭게, 사랑스럽게 행동하신 분이 없어요. 제가 한국에서 육십 년 살았습니다만, 내가 만난 사람 중에 가장 위대한 인물이 김수환 추기경님이셨습니다. 그분만큼 사람다운 사람, 사제다운 사제, 주교다운 주교, 그런 사람은 보지 못했습니다. 그래서 저에게는 본보기라고 할까요. 나도 그렇게 살아야 되겠다 생각하게 만든 분이시지요. 다 따라가지는 못합니다만, 그래도 그런 방향으로 가려고 하는 거죠. 그분은 굉장히 기쁘게 사셨잖아요. 강론할 적에도 추기경님이 나서기만 해도 사람들은 무슨 웃기는 이야기를 하실까, 기대를 할 정도였지요. 물론 중요한 이야기를 말씀하실 때는 그에 맞게 하시지요. 참 웃기고 울리기를 잘하신 분이셨거든요. 평상시에 재밌었어요. 참 기쁘게 사시는 분이셨지요. 그 모습이 아주 아름다웠어요.

질   **금방 말씀하신 것처럼 우리도 누군가 훌륭한 사람을 만나면, 나도 저 사람을 다는 본받을 수 없다 하더라도 조금이라도 본받고 싶다, 그런 생각을 하게 됩니다. 어떻게 하면 실천으로 옮길 수 있을까요? 어떻게 배우고, 어떻게 노력해야 할까요?**

답   글쎄요. 우리가 일상생활에는 그렇잖아요. 스승이라고 부를까요, 모범이라고 부를까요? 하여튼 제 눈에 참 잘 사는 사람이면 따라가고 싶죠. 하지만 따라간다는 것이 뭐 상황이 다르고, 몸이 다르기 때문에, 모든 면에서 똑같은 삶을 산다는 건 어렵지 않습니까. 그래도 그 정신은 받아들이고 나도 그 정신, 그 마음을 갖고 산다는 거죠. 저도 추기경님에 대해서 마찬가지입니다. 추기경님은 서울대교구장이셨고, 난 작은 교구의 교구장이었지요. 지금도 이렇게 제 좁은 환경 속에서 살고 있지만, 바르게 살고, 떳떳하게 살고, 기쁘게 살고 있거든요. 나도 모르는 사이에 닮아 있는 것 아닌가 생각합니다.

질   **이미 추기경님의 정신 안에 녹아들어 계시다는 말씀이신가요?**

답   늘 추기경님 생각을 하지는 않습니다. 그러나 제 생활에 가장 큰 영향을 주신 분이 김수환 추기경님이십니다.

질   **가장 사람다운 사람이고 가장 사제다운 사제였고, 주교다운 주교였다고 하셨는데 무엇이 그분을 그렇게 만들었는지 정말 궁금합니다.**

질   말뿐만이 아니라 생각이나 느낌을 실천하는 데 그 힘이 있지요. 사람다운 사람이라는 것은 이웃을 생각하는 사람이지요. 그러면서 자기 할 일을 분명하게 하는 것이고요. 어떤 책임이든지 다하는 거죠. 누구든지 그렇지 않겠습니까? 가정생활 하시는 분들이 자기 가정 안에서 아빠라면 아빠로서, 엄마라면 엄마로서, 마땅히 해야 할 일이 있지 않습니까? 아버지답게, 어머니답게 하는 거죠. 그게 사람다운 것이라고 말씀드리는 겁니다. 사제다운 것이란, 예수님 닮은 바오로 사도가 그렇게 말씀하신 적이 있어요. 예수님 닮으십시오. 그리고 나를 뽑아주십시오. 이두 가지 말씀을 하신 적이 있거든요. 근본적으로는 예수님을 닮은 삶이고 구체적으로는 상황에 따라서 다를 수가 있지요. 바오로 사도는 예수님다운 삶을 산다는 데 자부심이 있었던 것 같습니다. 추기경님은 그렇게 생각하셨는지 모르겠습니다만, 개인생활이나 사회생활에서 '오늘 나는 예수님의 모습이다' 하는 마음으로 사셨거든요. 그리고 주교다운 주교는 책임자를 말하는 거예요. 교회 안에서 주교가 책임을 지게 되어 있는 겁니다. 책임질 것은 책임지는 거죠. 또 추기경님에 대해 아주 좋게 생각되는 것은 남의 의견을 많이 물어보셨습니다. 아주 놀라울 정도로요. 어디에서 강론하실 경우, 무슨 내용을 했으면 좋겠느냐 물으시고, 어떻게 했으면 좋겠느냐고 이 사람 저 사람한테 물어보셨지요. 어린아이처럼요. 문서로 발표하실 때도 하나하나 물으신다는 거예요. 아주 멋지세요. 과정에서는 다른 이들의 얘기를 다들으시고 결정적일 때는 당신 뜻대로 밀고 나가는, 그것이 참책임자다운 거죠. 그래서 저는 주교다운 주교, 추기경님다운 추기경님이라고 말하는 거예요.

질 **추기경님께서 주교복을 주셨다고 들었습니다. 언제 받으신 건가요?**

답 오십 년 전이네요. 추기경님이 주교였다가 추기경으로 임명받으셨잖습니까? 주교들이 입는 예복, 정식 복장은 색깔이 자색이고 추기경 복장은 빨간색이지요. 마산교구장으로 계실 때 입으시던 옷이거든요. 서울 대주교로 임명받고, 그다음에 추기경이 되셨잖아요. 그래서 쓰던 옷을 버릴 수밖에 없었는데, 그때 제가 주교품 받기 얼마 전이었던 것 같아요. '두봉 주교하고 나하고 키가 똑같고, 몸체도 똑같은데 혹시 내가 쓰던 옷을 줄까?' 하시는 거예요. '주십시오!' 그랬지요.

질 **추기경님께서 주교님에게 각별한 애정이 있으셨던 것 같습니다.**

답 요새는 잘 안 입습니다만, 추기경님이 주신 옷을 지금도 갖고 있습니다. 저는 그것을 나름대로 어떻게 해석했느냐면, 성경을 보면 바오로 사도가 '그리스도를 입으십시오'라는 말을 종종 했다는 기록이 있어요. 이 말이 '그리스도 닮으십시오' 그 뜻이거든요. 갈라티아서에서는 세례에 대해서 이렇게 설명합니다. '세례를 받는 것이 그리스도를 입는 것이다.' 그래서 세례자는 '그리스도를 입은 사람'이라고 하지요. 그러나 우리는 옷에 대해서는 그렇게 생각 안 하거든요. 옷이란 쉽게 입고 벗고 하는 것으로 보고, 옷과 자기 자신을 직접적으로 연결하지 않지요. 그런데 저는 옷에 의미가 있다고 생각하고 싶어요. '입으십시오. 그래서 그리스도를 닮으십시오.' 제가 추기경님의 옷을 받아 입은 것은 그분 닮은 삶을 살아야겠다, 그런 생각에서였어요.

질 아주, 제일 정확하게 잘 해석하신 거네요. 주교님은 그 옷을 받기에 마땅한 분이십니다.

답 그 옷을 입는 것은 그분을 따라간다는 뜻이거든요.

질 주교님 처음 오셨을 때와 비교해볼 때 한국 교회가 많이 변했습니다. 오늘날 한국 교회에 바라시는 점이 있다면 어떤 것입니까?

답 교회가 좀 더 가난해져야 되지 않겠는가, 그런 생각을 많이 가집니다. 그리고 교회를 다스리는 데 있어서 우리 성직자들이 좀 더 겸손했으면 하는 생각도 갖고 있습니다. 근데 그런 생각을 가지는 것이 제가 외국 사람이기 때문에 그렇게 생각하는 건지, 아니면 추기경님 닮은 삶을 살아야겠다고 다짐해서 그렇게 생각하는 건지 잘 모르겠어요.

질 한국 교회가 정신적으로, 물질적으로 가난한 쪽으로 지향점을 둬야 한다는 말씀이시지요?

답 네. 조금 더 그렇게 했으면 좋겠어요. 그리고 평범하게 살았으면 좋겠어요. 그리고 뭐니 뭐니 해도 우리 신부들이나 주교들이 사회적으로 인정을 받고 있기 때문에, 모르는 사이에 거만해지는 경향이 있지 않은가, 그래서 좀 더 평범해지면 좋겠다는 생각을 하게 됩니다. 예수님이 늘 당신을 비우시는 분이었더라는 기록이 있거든요. 낮추시는 분. 우리 한국 교회가 성공을 생각하는 것보다는, 조금 더 평범해지고 조금 더 낮아지면, 조금 더 남들과 잘 소통하는 그런 교회가 되었으면 하는 생각이 있습니다. 추기경님도 그렇게 생각하셨어요. 특히 가난 문제에 대해서 추

기경님은, 예수님께서 누구든지 사랑한다는 것을 보여주기 위해서, 특히 가난한 사람을 생각해주신 분이셨거든요. 농민, 근로자, 특히 어려운 처지에서 살아가는 이들에게 추기경님이 관심 많이 가지셨어요. 없는 사람들을 우선적으로 생각하시는 모습이었는데, 우리도 지금 그런 이들에 대한 관심을 살려야 하지 않나 싶습니다.

질 **사실 주교님께서도 그런 정신을 실천해오신 거잖아요. 안동교구를 맡아서 여러 가지 많은 일들을 해오시고 많은 발전을 이루어놓으셨어요.**

답 글쎄요. 그건 잘 모르겠습니다. 저는 여기 좋은 집에서 이렇게 살고 있습니다. 무조건 돈 없이 살아야겠다고 생각하는 것은 아닙니다만, 평범하게 살고 싶습니다. 저는 가능하면 직접 운전하고 걸어갈 수 있는 데는 걸어가고, 무엇이든지 받으면 얼른 나눠 가지고, 그렇게 살고 싶어요. 추기경님으로부터 늘 들은 것이 바로 그겁니다.

질 **그 안에서 기쁨을 발견하십니까?**

답 네, 기쁨이 있어요! 아, 그건 정말 확실히 달라요. 참기쁨이라는 것은 '아, 내가 기쁘게 살아야 되겠다'는 그런 것과는 차원이 달라요. 참기쁨이라는 것은 자기도 모르는 사이에 주님으로부터 받는 거예요. 그래서 전 자주 그렇게 이야기를 해요. 추기경님도 그렇게 말씀하셨지만, '남에게 복을 주십시오. 나에게 조금 주십시오. 그럼 두고 보십시오. 아주 묘한 기쁨을 느끼게 됩니다'라고요. 남에게 주고 베풀고 자기를 생각하지 않을 때 묘하게 자기도 얻게 되는 것이 있어요. 그건 신앙인이 아니더라도, 안 믿는 사람이라도 체험할 수 있거든요. 평화의 네 가지 기둥이라고 요한 23세 교황님께서 설명하신 바가 있는데, '진리, 정의, 사랑, 자유'거든요. 남을 생각해주고, 남에게 필요한 것을 찾아보고, 나보다 낮은 사람을 생각해주고. 하여튼 남에게 도움을 주면 기분이 만족스럽죠. 반대로 나만 생각하고 남을 몰라라 하고 멀리하면 양심의 가책을 느끼게 되지요. 참, 하느님께서 사람을 묘하게 만들어주셨어요.

질 **저희는 아직 그런 참기쁨을 못 느끼고 사는 것 같습니다.**

답 아이고, 별 말씀을 다 하십니다. 이렇게 책임지는 일을 하시는데. 무조건 그렇게 해보세요. 식구들을 위해서, 이웃 사람을 위해서, 아주 적극적으로 남에게 도움을 주세요. 제가 약속합니다. 그렇게 하면 분명 보답이 옵니다. 참기쁨을 느끼실 거예요.

질 **파리 외방전교회가 한국에 들어와 한 역할이 큰데요. 한국 교회의 기반을 다졌다고 해도 과언이 아닐까 합니다.**

답 그렇게 말씀해주시니 고맙습니다. 저도 사실이라고 생각을 합니다. 우리 선배들이 가장 어려운 나라로 지원을 했지요. 제가 파리 외방전교회 소속입니다만, 우리 103위 순교 성인 중에 열 명이 전교회의 선배들이거든요. 국적으로 보자면 프랑스인인데 한국 성인이에요. 한국 성인이라는 것이, 한국 사람이라는 거지요. 그분들이 아주 잘했어요. 목숨까지 내놓고, 욕심 부리지 않고 한국 교회를 만들어야 되겠다는 그 뜻이 이뤄진 것 같습니다. 주님의 섭리에서 그렇게 된 거지요. 그리고 추기경님께서 파리 외방전교회의 명예회원이십니다. 한국의 첫 번째 추기경님을 우리 회의 명예회원으로 모셨지요.

질 **추기경님께서 우리 선교사분들에 대한 고마움을 표현하신 적이 있으신지요?**

답 예, 몇 번 표현을 하셨어요. 여기서 만날 때도 그랬고 프랑스로 가시면 파리 외방전교회 본부에서 머무르셨기 때문에 거기에 여러 번 말씀하셨어요. 우리 회의 명예회원이라는 말도 특별히 드러나게 말씀하지는 않으셨어요. 다른 단체도 있고 다른 수도회도 있고 하니까 자기가 어디 명예회원이라는 그런 이야기를 하면 다른 사람들에게 부담을 줄 수가 있기 때문에 그 말씀은 잘 안 하셨어요.

질 **저희가 김수환 추기경님을 기억하는 의미가 어디에 있을까요?**

답 과연 이런 인물이 한 세기에 하나 나올 수 있을까 싶습니다. 저는 김수환 추기경님 같은 분을 처음 봤고 이후에도 그만한 인물이 또 없으니 우리의 보물이라고 생각합니다. 우리가 꼭 추기경님을 생각해야 된다는 것보다, 그 정신을 계속해서 이어받자는 거죠. 그분이 가신 지 어느새 몇 년이 지났지만, 또다시 소중하게 생각하게 됩니다. 그분이 본보기가 되셨기 때문에 우리는 그 길을 마땅히 따라가야 한다고 생각합니다.

질 **요즘 어디에 지향을 두고 기도하시는지 궁금합니다.**

답 나이가 들면 무슨 뜻을 두고, 누구를 위해서 기도를 한다는 것보다 이제 만사를 주님께 맡깁니다. 제가 이 사람 저 사람에게 기도를 해주겠다고 자주 인사를 합니다. 고해성사를 줄 때에도 딱한 사정이 있는 사람들에게 기도를 해주겠다고 말하는데, 하나하나 기억한다는 것보다 기도 보따리에 넣지요. 내가 기도를 해주겠다고 한 사람들의 일을 다 보따리 속에 넣고 그 보따리를 주님께 드립니다. '주님 알아서 하십시오. 주님께 맡깁니다' 하지요. 그러나 맡긴다는 것이 제가 두 손 번쩍 들고 항복한다는 뜻이 아닙니다. 난 한계가 있는 사람이고, 주님은 능력에 한계가 없으신 분이니 알아서 하십시오, 그런 뜻이지요. 저는 아주 기쁘게 뭐든지 다 주님께 내맡기는 그런 삶을 사는 게 참 편해요. 고맙고, 기쁘고, 떳떳하고요!

질 **그러면 저희도 주교님 기도 보따리에 좀 넣어주십시오.**

답 그러지요. 그러면 저를 위해서도 기도를 좀 해주세요.

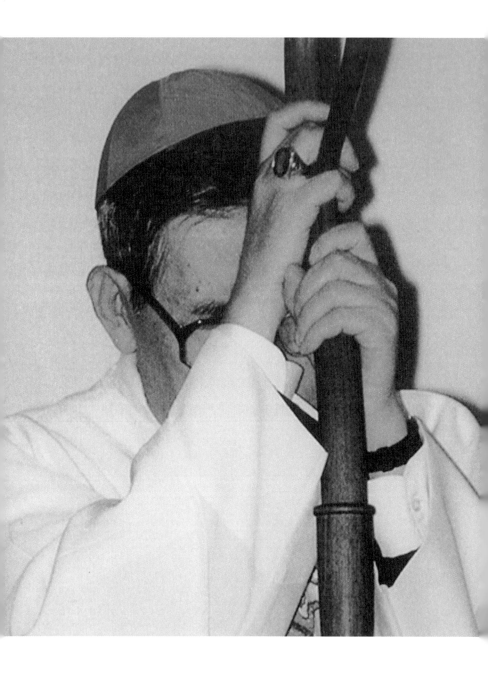

고찬근 신부

질문: 평화방송(전성우 피디, 권은정 작가)
답변: 고찬근 신부

질 **신부님께서는 추기경님을 마지막으로 옆에서 간호하셨던 분들 중에 한 분이신데요. 어떤 마음으로 곁을 지키셨는지요?**

답 제가 성격상 어르신들한테 좀 잘하는 편이에요. 어르신들도 연세 드시면 다 똑같잖아요. 대화하다 보면 '다 똑같은 분들이구나', 이해하려고 노력을 하죠. 아파서 짜증내시는 거, 돌아가시기 전에 두려운 거, 이런 것들……

질 **2003년에 처음 추기경님과 인터뷰할 때, 저희는 추기경님은 아주 높으신 분이라는 벽을 가지고 만났던 것 같아요.**

답 그렇지요. 그런데 사실 똑같은 신부님이거든요. 추기경님도 신부님이시지요. 예수님 중심으로 인생을 살았던 선밴데, 선배로서 대하질 않고 추기경이라고 해야 하니까 어려운 느낌이 있지요. 사실 우리와 같은 길을 걸었고 같은 걸 고민하며 사셨던 분이시거든요. 그분의 고민을 우리가 들어드리고 나눠드리는 건 참 좋은 일이고, 배울 것도 많습니다. 예전 화려한 생활에 비해서 외로운 시간이 많으니 좀 달래드리는 게 후배의 도리인 것 같아요. 꼭 추기경님만이 아니라, 연로하신 분들께 후배 신부들이 많이 찾아갔으면 좋겠어요. 그분들은 고마워하시지만, 사실은 우리가 배울 게 훨씬 더 많지요. 몇 십 년 동안 축적된 지혜를 배울 수 있으니까요. 저도 추기경님 마지막에 모시면서 많이 배웠어요. 정말 감사하지요.

질 **그 위 세대, 이백 년 전부터 이어온 세대, 그러니까 한국 가톨릭이 어느 날 그냥 있게 된 게 아니라는 말씀이지요? 우리는 신**

앙 선조들을 자료로만 아는 경향이 있는데, 예수를 닮으려고 살아온 바로 위 세대 분들의 도움을 받는 게 가장 좋은 것이 아닌가…… 이런 말씀으로 이해가 됩니다.

답 한국 가톨릭이 이백 년 전 선배들로부터 연연히 이어져온다는 점이 좋지요. 우리 위 세대한테 배우면 바로 위 선배들한테 배우는 것이고 결국 그 안에 정체성이 들어 있다고 봅니다. 그 정체성이란 우리가 따로 사는 것 같지만, 다 같이 살고 있는 것, 신부라는 공동체 안에 있는 어떤 힘, 그 힘을 받아서 사는 것 같아요. 그리고 무엇보다 추기경님은 모든 면에서 대표되는 분이 아니겠습니까?

질 신부님은 추기경님을 언제 처음 만나 뵈셨는지요?

답 교구장이실 때지요. 저희가 사제 수품 받기 전 최후 면담을 하거든요. 제가 정확히 기억은 안 나는데, 피정하는 데 오셔서 저한테 '자네 순교할 수 있나', 이렇게 물어보셨어요. 못 한다고 하면 신부 못 될까 봐, '네, 할 수 있습니다' 했지요. '그래. 그런 각오로 신부돼야 하는 거네' 하셨어요. 당신 본명이 스테파노 성인이잖아요. 예수 제자 중 첫 번째 순교자, 평생 그런 자세로 사셨던 것 같아요. 얼마나 힘들었겠어요. 예수를 사랑하면 좋을 줄 알았더니 돌을 맞았잖아요. 순교에 대한 생각을 많이 하면서 사셨던 것 같아요. 그런 질문을 하셨던 걸 보면요. 제가 학생 때 추기경님은 되게 무서우신 분이라 생각했고 실제로 무서우셨어요. 사회에 큰일 하시는 분이시니 저희는 어려워서 옆에도 못 갔죠.

질 **편하게 느끼게 된 계기가 있으셨는지요?**

답 글쎄요. 저는 계속 어려워했어요. 나중에 1990년 중반, 제가 명동성당에서 근무하게 되면서, 가끔 일도 시키고 그러시더라고요. 추기경님이 정말 좋으신 분이라는 사실을 제가 확신하게 된 것은, 1990년 중반에 사형선고 받은 파키스탄 노동자 두 명의 탄원서를 받으시고, 누명 쓴 것 같으니까 가서 좀 알아보라 하셨을 때였어요. 그때 추기경님께서 하시는 구명 운동을 함께 몇 년 했지요. 그때 추기경님을 진짜로 봤죠. '추기경님은 정말 작은 사람들, 잊힌 사람들까지 도와주시는 분이구나.' 그래서 존경하고 따르게 됐죠. 그 일로 라파엘 클리닉을 만들게 되었는데 추기경님이 너무 좋아하셨어요. 이주 노동자들을 위해서 뭘 하고 싶으셨는데, 서울 지역 의사들이 자발적으로 이걸 만든다고 굉장히 좋아하시고 자주 오셔서 격려해주셨어요. 그때부터 많이 가까워졌지요.

질 **파키스탄 노동자 구명 운동은 쉽지 않았던 일이지요?**

답 형 집행정지로 풀려나게 한 것이지요. 두 사람은 이슬람 신자들

살인 혐의로 누명을 쓰고 사형집행을 기다리던 모하메드 아지즈와 아미르 자밀.
김수환 추기경과 천주교인권위원회가 나서서 이들을 구명했다.

인데 개종하고 싶다고, 추기경 본명인 스테파노로 개종하겠다
고 울면서 그랬어요. 너무 고맙다고, 추기경님이 자기들 목숨 살
려주셨다고요.

질 **추기경님은 이게 정의다, 진리다 생각하시면 무슨 일이든 해야**
한다는 마음을 가지신 분이지요.

답 네. 우리 같은 사람들은 못 하는 일인데, 당신은 능력이 있잖아
요. 능력에 대한 책임을 가지고 계셨던 것 같아요. 이건 내가 안
하면 내 책임을 못 하는 거다, 나밖에 할 수가 없는 것이라는 생
각으로 많은 일을 하신 거지요. 그리고 무슨 일이든 대충하지
않으신 것 같아요. 한번 시작하시면 끝까지 '그거 어떻게 됐어?'
하고 계속 물어보시지요. 덮어두고 흐지부지하지 않으세요. 그
래서 성과를, 결과를 보셨던 것 같아요.

질 **그 일로 많이 가까워지셨습니까? 신부님께서 일을 잘 수행하셨**
는가 봅니다.

답 잘하기는요. 추기경님이 시키시는 일인데 잘해야죠. 능력이 안
돼도 잘하려고 노력했죠.

질 **라파엘 클리닉에 추기경님이 자주 오셨나요?**

답 매년 명절에 오셨어요. 구정, 추석 때 오셔서 막 어깨 두드려주
시고 외국인 노동자들과 같이 노래도 하시고, 춤도 추시고 노래
자랑 사회도 보셨어요. 각 나라별로 해서, 어느 공동체 나와라
하시고 나중에 또 후원금 보내주시고 선물 주시고 그러셨지요.

고찬근 신부

저희로선 너무 고마웠지요. 이주 노동자들이 불안정한 환경에 있었는데 추기경님이 다녀가시면 다른 사람들이 뭐라고 못 하니까 방패막이가 되었지요. 그때 진료할 장소가 없었는데, 신학교도 개방해주셨잖아요. 그게 교육에 더 좋다고 당신이 판단하셨어요. 사회를 안 보고 침묵하면서 기도하는 것도 좋지만, 또 사회의 이런 부분도 보는 게 신학생들 교육에 좋다고 생각하셔서 과감하게 신학교 안에 있는 건물을 병원으로 쓰라고 내주셨죠.

질 **신부님도 그 일을 하시면서 뜻하지 않게 이주 노동자 문제에 관심을 가지게 되셨잖아요.**

답 네. 전혀 뜻하지 않게, 전혀 모르고 지내다가 추기경님 하시는 일을 통해서 그 사람들이 너무 불쌍하다는 걸 알게 됐죠. 음식이나 환경도 안 맞고 사회 인식도 안 좋고, 불법체류 신분으로 어려운 일을 하다가 병이 나도 병원에 못 갔으니 가장 간절한 일이 의료 혜택이었을 거예요. 저희가 라파엘 클리닉 시작하니까 막 몰려왔거든요. 그 전에는 그런 시설이 없었으니까요. 교회에서 보호해주니까 든든하지요.

질 **추기경님께서 가난한 이들에 대한 관심이 많으셨지요?**

답 뭐, 체질화되어 있으셨던 것 같아요. 함께해야 된다는 것, 예수님이 하셨던 것, 당신이 하셔야 된다는 생각이 투철하셨던 것 같아요. 다른 일이 아무리 많아도 다 제치고 그런 이들이 있는 곳으로 가셨죠. '막달레나의 집'(성매매 피해 여성 지원 단체) 거기도 가셔서 정말 사랑 많이 주시고, 격려해주시고 그러셨죠. 못 가시게 되면 편지라도 쓰셔서 제게 전달하라고 보내셨지요.

질 **신부님이 한 축을 맡아주시니 든든하게 여기셨겠습니다.**

답 저뿐만이 아니라 그런 일 하는 신부님들이 많았지요. 여러 사람에게 일을 시키셨죠.

질 **신부님은 추기경님 말년에 아주 가깝게 지내시게 되었지요?**

답 교구장 은퇴하시고 혜화동 주교관으로 오셨는데, 그때 비서는 없지만 일은 아직 조금 있으셔서 제가 모시면서 은퇴 생활에 적응하시도록 해드렸지요. 혼자 지내시면서 하실 수 있는 것들 중에서, 제일 급한 게 컴퓨터였으니까요. 당신 은퇴하시고 교구에서 추기경님 홈페이지를 만들었는데, 추기경님께 이메일 편지들이 많이 왔어요. 답변을 하셔야 되는데, 타자를 못 치시니까 답답해하셨지요. 컴퓨터를 가르쳐드렸더니 처음에는 더듬더듬 쓰셨어요. 한참 동안 독수리 타법으로 쓰시는데 답장이 너무 밀리니까, '내가 말로 할 테니까 와서 좀 받아 적어달라' 하셨지요. 한동안 컴퓨터 가르쳐드리고 또 산책 같이해드리고, 또 강연 가시게 되면 수행해드렸죠. 은퇴하시고 바로 육 개월 동안은 제가 가까이서 모셨어요.

질 **그때가 추기경님께서 제일 행복하셨던 시간이 아니었을까요?**

답 아, 좋아하셨죠. 되게 좋아하셨어요. 특히 운전 배우고 싶어 하셨죠. 자유롭게 다닐 수 있는 거, 그런 것에 대해서 굉장히 좋아하셨어요.

질 **짐을 벗었다는 건가요. 좀 더 자유로워지셨다는 것인가요?**

답 둘 다 있겠죠. 이제 스트레스에서 좀 풀려났으니 새로운 일들을
해보는 것 아니셨겠어요. 처음으로 자유롭게 그런 일을 할 수
있다는 것에 대해서 즐거워하셨던 것 같아요.

질 **은퇴하신 추기경님을 가까이서 뵈면서 어떤 생각이 드셨나요?**

답 비교적 많은 분들이 찾아오시고 위로해주시고 했지만, 그래도
현직에 계실 때만은 못하니까 그런 부분에서 제가 좀 안쓰럽다
는 생각도 했죠. 잘해드리고 싶었지만 마음만큼 못 해드렸죠. 가
끔 찾아뵙고 인사드렸는데 제가 성소국장할 때인 2007년쯤, 신
학교 행사 갔다가 인사드리고 '추기경님 운동 좀 하시겠어요?'
하고 모시고 나왔더니 혜화동 주교관 앞을 몇 바퀴 돌자세요.
그러면서 옛날이야기 해주시는데, 제가 '추기경님 오 년만 더
사세요.' 했더니, '뭐? 오 년만? 오 년만 살라고?' 하셔서 웃었지
요. 그런데 사실은 오 년 못 사셨거든요. 2009년에 가셨잖아요.
마지막에 참 힘들어하셨죠. 추기경이라는 신분에서 은퇴해서 사
제의 신분으로 내려오시고, 그다음에 돌아가실 때는 인간 본연
의 한계로 내려오신 것 같아요. 추기경 되실 때까진 이렇게 죽
올라가셨다가, 은퇴하시고 보통 사제로 됐다가, 마지막에는 죽
음 앞에 너무나 고통스럽고 나약한…… 그런 인간의 길을 다 겪
으셨죠.

질 **병상에 있으면 육체적으로나 정신적으로 많이 약해지게 되는데, 신부님 보시기에 추기경님은 어느 게 더 힘드셨던 것 같나요?**

답 어떤 한계점이 있었던 것 같아요. 투병 하실 때는 '이 병을 이겨 내야 되겠다' 하시며 운동도 하시고, 주사도 잘 맞으시다가, 어느 한계가 되니까 포기하신 것 같아요. 건강에 대해서 포기하고 '이제 준비해야 되겠다' 하신 거죠. 그래서 약도 잘 안 드시고. 약 드시는 것을 굉장히 힘들어하셨어요. 주사 맞는 것도 힘들어 하시고 웬만하면 하지 말자 하시고. 그러면서 조금 인간적으로 울적하신 적도 있으셨죠. 더 고독해하시고 외로워하셨지요.

질 **식사를 너무 못 하셨다고요.**

답 식사는 전쟁이에요, 전쟁! 씹고 넘기기가 너무 힘드셔서 대개 한 시간 정도 식사하셨어요. 다른 신부들하고 식탁에 같이 앉아서 하면 너무 오래 걸리시니까, 언제부턴가 그냥 당신 방에서, 식사가 오면 딱 책상에 앉으셔서 거의 전쟁에 임하는 자세로 드셨지요. 먹긴 먹어야 되는데, 이 힘든 일을 내가 어떻게 하나 그런 심정이셨지요. 그러면 옆에서 응원을 하는 거예요. '이거 드십시오', '이건 맛이 괜찮습니다', '오늘은 질기지 않습니다'……. 조금이라도 더 드시게 하려고 옆에서 응원하고 주물러 드리고 그랬지요. 또 소화시키기도 힘드셨지요. 운동량도 부족하고 소화기관도 안 좋으셨고, 정말 마지막에 고생 많이 하셨는데…… 나중에 관장 계속해야 되니까 굉장히 힘들어하셨어요.

질 **원래 추기경님이 흐트러지는 걸 싫어하셨잖아요.**

답   맞아요. 항상 딱 갖추시고요. 잠옷도 단정하게 입으시고요. 특히 성무일도 하실 때는 그러셨지요. 머리도 잘 빗으시고, 흐트러진 자세를 되도록 안 보이려고 하셨어요.

질   **어쩔 수 없이 그런 모습을 보여야 할 땐 싫어하셨겠어요.**

답   간병인을 쓰기 싫어하셨어요. 계속 그러셨지요. 사실 우리가 스물네 시간 옆에 못 있으니까 공백은 간병인이 채워야 했는데, 좋은 간병인 모셨다고 말씀드리면 끝까지 안 쓰신다고 하셨어요. 병원에서 돌아가실 때까지, '간병인 안 된다. 니가 해라' 하셔서 '네' 했지요. 추기경으로서의 품위, 당신의 품위가 아니라, 교회의 어른으로서의 품위를 지켜내고 싶으셨던 거겠죠. 그러면서 또 인간적인 한계도 받아들이려고 하셨고요.

질   **옆에서 지켜보시면서 참 힘드셨겠습니다.**

답   사실 오래 사셔야 된다는 생각보다도 좀 덜 고통받으시고 세상 소풍 잘 끝내고 가셨으면 좋겠다, 이런 생각 많이 했죠. 힘들어하시니까. 그리고 사실 너무 외로워하셨어요. 마지막에 아프니까 사람을 만날 수도 없고, 외로움을 견디기 힘드셨던 것 같아요. 찾아오려는 이들은 많았는데, 다 만날 수가 없으니까 아주 편한 분들하고만 면회하시고, 나머지는 될 수 있으면 안 보셨죠. 그래도 어쩌다가 누가 들어오면 하나하나 다 챙기시니까 그 사람들 가고 나면 너무 힘들어하셨어요. 우리가 좀 선별해드렸는데도 많이 힘드셨죠.

질 **한 인간으로서 죽음을 받아들이는 과정이 쉽지 않은 거잖습니까? 추기경님은 무엇을 가장 힘들어하셨을까요?**

답 글쎄, 죽음은 이론이 아니잖아요. 우리가 알고 있었던 거, 몸이 어떻게 되고, 영양이 어떻게 되고, 그 사람이 이제 숨이 끊어지고, 머리로는 이런 걸 아는데……. 당신이 교리적으로도 다 알고 계시고, 하느님께 늘 기도하시는 분이면서도 막상 닥치는 죽음…… 거기에 대한 두려움은 있으셨던 것 같아요. 한 자연인이 죽는 거잖아요. '하느님이 나를 부르시니까, 하느님 안에 편안한 삶으로 넘어간다.' 이렇게 쉽게 말씀하신 적 없어요. 항상 죽음에 대해서는 '어, 쉽지 않아', 그러셨어요. 교황 요한 바오로 2세가 죽음 앞에 고통받으셨던 책자가 있었어요. 그거 굉장히 열심히 보시면서 '아, 요한 바오로 2세도 굉장히 힘들어하셨구나' 하셨어요. 그러면서 당신 죽음도 만만치 않은 거다, 생각하시는 그런 느낌을 제가 받았지요. 아, 죽음을 굉장히 두려워하고 계시구나, 죽음은 정말 힘든 거구나, 추기경님도 저렇게 힘들어하시는데 우리 같은 사람은 정말 힘들겠다, 그런 생각 많이 했죠.

질 **2007년 인터뷰하실 때, 죽음 앞에서 하느님을 배반하지 않게 기도하신다고 말씀하셨어요. 추기경님이 그렇게 말씀하시니까 새로웠는데, 그런 과정일 수도 있겠네요.**

답 죽음을 받아들이는 단계, 바닥을 치고 거부하고 그런 과정을 다 겪으신 것 같아요. 이게 뭐야, 이런 허무가 있나, 내가 이런 무지의 세계로 가야 하나. 이론으로 알고 있었던 그런 인식들이 다

무너지는 거지요. 몸이 죽어가면서 그걸 다 겪으신 것 같아요. 그것을 겪을 때는 '정말로 하느님 없으신 것 같아, 배반하게 될 것 같아', 이런 말씀을 하시는 거죠. 그런데 완전히 바닥까지 친 다음에, 다시 하느님께 의지하면서 돌아오시는 것 같았어요. 그렇게 생각이 돼요. 바닥을 칠 때까지는 하느님이 다 없어지는 과정, 의지할 데 없는, 어떤 끈도 없이 우주에 왔다고 그러셨거든요. 그러다가 이제 다시 기도하시고, 하느님 이야기하시고 하셨어요. 어떤 끝, 그 끝까지 다 가보신 것 같아요.

질 **예수님께서 죽음 그 밑에까지 가셨던 것처럼 말이지요?**

답 그렇지요. '왜 나를 버리시나이까' 하셨다가 '다 이루었다', 하시지 않았어요? 그런 과정 겪으셨죠. 힘들게 겪으셨죠.

질 **그런 말씀 들으실 땐 신부님도 마음이 아프셨겠어요.**

답 안 좋다기보다는…… 저게 인생이구나, 인간은 저렇게 마지막에는 누구나 다 힘든 거구나, 추기경님도 예외가 아니구나, 그런 생각하면서 많이 배웠죠.

질 **바닥을 치고 올라오신다는 건 어떤 걸 통해서 느끼셨는지요?**

답 고독해하시고 힘들어하시고 신앙적으로도 좀 흔들리는 그런 말씀 하시다가, 그다음에는 그런 말씀을 안 하시는 거죠. 그냥 기도하시고…… 다시 일상으로 돌아오시는 것 같았어요. 한동안은 죽음이 얼마나 고통스러울까, 이문희 주교님이 수술 받으셨을 때, 정용주 주교님 돌아가셨을 때 그분들이 얼마나 힘드셨을까 하시면서 먼저 가신 분들, 그 고통을 먼저 느끼신 분들을 부러워하셨지요.

질 **추기경님께도 죽음이란 건 큰 숙제였을 수 있네요. 2009년 2월 16일 선종하셨는데, 그 전에 2008년 10월 4일에 선종 직전까지 가셨잖아요. 그때 상황 기억나십니까.**

답 그때 제가 병원에 있진 않았는데, 추기경님 상태가 굉장히 안 좋으시다는 연락을 받고 갔어요. 의식이 없으신 채 숨을 쉬시는데, 제가 몇 번 돌아가시는 분들 봤을 때 그런 상태가 되면 깨어나지 못하고 돌아가시더라고요. 그래서 아, 추기경님 이제 가시는구나, 그랬지요. 가래 때문에 호흡이 안 좋아지기 시작했던 건데, 오전 내내 그 상태니까 어쩔 수 없이 주교님들한테 전화 다 드렸죠. 그래서 거의 모든 주교님들 다녀가셨을 거예요. 그날 마지막 뵙는 거다, 라고 준비들을 했죠. 돌아가시면 어떻게 해야지, 뭐 해야지 하면서 머릿속으로 준비하고요. 근데 깨어나신 게 밤 열한 시인가? 그때 '아아, 아파' 하시면서 깨어나시더라고요. '어디가 아프세요?' 했더니 '온몸이 아파!' 하시는데, 우리는 이제 너무 기쁜 거지요!

질 **그때 추기경님은 아프시다고 하는데 뒤에 계시는 분들은 다 기뻐하셨지요?**

답 맞아요. 추기경님 의식이 돌아왔으니까 좋아했지요. 그때 의식 없으셨을 땐, 주교님들 오셔서 추기경님 귀에다 마지막 인사 하셨어요. 그런데 깨어나시고, 그다음 날 아침에는 '인터넷에 나에 대해서 뭐라고 났어?' 하면서 농담도 하고 그러셨어요.

질 **추기경님께서 해주신 말씀 중에 어떤 것이 기억에 있나요?**

답 추기경님은 저희에게 말씀보다는 행동으로 많이 보여주셨지요.
그분 행동을 옆에서 보면서 '아, 저분이 저렇게 사시는구나' 하
는 게 제일 큰 가르침이었지요. 추기경님은 사람을 대하는 데
건성건성 하질 않으세요. 이렇게 유심히 그 사람의 특징을 보시
는 것 같아요. 그래서 인격적으로 대해주시기에 '아, 추기경님
은 역시 큰 인물이시구나' 이런 걸 느낄 수 있었지요. 그 많은 사
람들을 전체로 대하는 게 아니라, 예수님이 하신 것처럼 한 사람
한 사람 관계를 맺으시더라고요. 챙겨주시고 사랑해주시고, 그
런 부분에서 제가 굉장히 많은 걸 배웠어요.

질 **추기경님이 보여주신 사제상은 어떻다고 생각하세요?**

답 교회에 충실하고, 사제의 직무에 충실하셨지요. 단적으로 성무
일도 하시는 것 보면 목숨보다도 더 중요하게 생각하시고, 절대
거르지 않으세요. 그렇게 힘드신데도 계속하세요. 너덜너덜하거
든요. 추기경님 성무일도 기도서가요. 시간 되면 꼭 하시고 마지
막에는 책 들 힘이 없으시니까 '야, 니가 좀 읽어라' 하시면 제
가 옆에서 대신 읽어드려요. 그러면 기도를 하시는 거예요. 때만
되면 그 기도를 다 하자고 하세요. 병중에도 매일 미사 봉헌하
시고요. 어떤 원칙이랄까, 사제직을 유지하는 원칙, 교회의 가르
침에 충실하게 따르셨어요. 그런 부분은 저희들이 많이 배워야
지요.

질 **추기경님께서 지니신 힘의 핵심이 사제직에서 나온다는 말씀이시지요.**

답 맞아요. 그 힘으로 사회에 대해서 얘기를 하신 거지요. 사회를 연구하고, 사회 동향을 봐서 필요한 얘기를 하신 게 아니고 사제의 양심, 교회의 가르침에 충실하려고 늘 노력했고 그에 따라서 하신 말씀입니다. 사회에 대한 관심이나 뉴스를 보고 나온다는 그런 차원이 아니에요. 바로 양심, 사제의 양심에 의해서 그런 말씀들을 하셨다고 믿어요.

질 **추기경님과 지내시면서 '이런 것을 배웠다'라고 말씀하신다면 어떻게 말씀하시겠습니까?**

답 우리가 사회에 어떤 역할을 할 것인가? 하는, '자세'라고 할까요. 우리는 우리끼리 예수님 믿는 게 아니잖아요. 예수님이 그 당시 사회 안에서 활동하시고, 사회를 향해서 가르침을 주신 것이지, 자기를 따르는 어떤 한 공동체만 챙기신 게 아니잖아요. 추기경님도 교회 안에 계시면서 교회 밖에 어떤 영향을 주고자 노력하셨다는 게 굉장히 고맙지요. 추기경님의 생각이 굉장히 깨어 있으셨다고 저는 생각해요. 지금 교회가 사회와의 관계 속에서 옛날만큼 그 역할을 못 하고 있는 것 같은데, 추기경님은 사제로서 자신의 정체성을 잘 지키면서도, 사회를 향해서 어떤 역할을 하려고 노력하신 점을 우리 교회가 배워야 되고 저도 배워야 된다고 봅니다. 교회와 사회는 별개가 아니라는 것, 그 점이 크게 배운 점이지요.

교회 밖 사회에도 꾸준히 관심을 가졌던 김수환 추기경.

질 **추기경님껜 세상이 교회인 거네요? 모두가 다 돌봐야 할 대상**
    인 거지요?

답 예수님의 사랑이 전해져야 할 대상이지요. 예수님의 사랑이 어
    디 갇혀 있어선 안 된다는 거지요. 누구에게나, 부자나 가난한
    사람이나, 난민이거나 이주민이거나, 그리고 반대하는 사람한테
    까지 사랑이 가야 한다는 겁니다.

질 **사제는 뭘 하는 사람입니까?**

답 예수님의 뜻을 이 세상에 펴는 사람이지요. 예수님이 산 것처럼
    사는 사람이고요. 예수님의 가르침을 전하는 거지요.

질 **그게 쉽지 않지 않습니까?**

답　그렇죠. 그걸 살아내야 하는 게 사제의 길이고, 추기경님도 그걸 살아내려고 하셨던 거지요. 추기경이라고, 어떤 것 때문에 흐려지시진 않았던 것 같아요.

질　**죽음 직전까지도 사제의 모습을 잃지 않으려고 했고, 한 번 사제는 영원한 사제라는 걸 보여주셨던 것이지요.**

답　추기경님이시면서도 사제이길 원하셨던것 같아요. 평범한 사제, 그런 모습을 더 좋아하셨던 것 같아요.

질　**혹시 신부님과 대화 중에 한국 교회에 대해서 말씀해주신 게 있으셨나요?**

답　사적인 얘기지만, 교회의 모습에 대해서 늘 걱정하셨어요. 이런 부분은 안 되는데, 빨리 고쳐야 되는데, 이런 방향으로 가면 안 되는데, 하시며 걱정하시는 점이 여럿 있었죠. 특히 교회의 물질주의화에 대해서 우려하셨어요. 교회가 너무 부유해진다는 거였지요. 단지 돈이 많아진다는 것보다, 세상은 아직 만족할 만한 수준이 아닌데 교회는 너무 안정화되는 것에 대해서 조금 불안해하신 것 같아요. 그런 방향으로 가는 것에 대해서 늘 깨어 있으면서 가난한 사람들 찾아가는 교회, 열려 있는 교회가 돼야 된다, 우리끼리 편안한 교회, 이런 건 아니다, 그런 말씀 많이 하셨어요.

질　**말년에 신부님께서 추기경님의 좋은 벗이 되어주신 것 같습니다. 신부님 아니시면 누가 봤겠습니까, 추기경님의 발톱을.**

답 추기경님 발톱이 보통 기형이 아니에요. 간병인들은 아예 포기한 상태라고 했어요. 잘못하면 아파하실 수 있으니까. 그런데 제가 조금씩 하면 되지 않겠냐, 해서 그걸 조금씩 깎아나간 거예요. 거의 긁어내듯이, 커터 칼로. 한참 걸렸지요. 땀이 쭉쭉 나는데, 언젠가 없어지겠지 하는 마음으로 가루를 내듯이 긁어냈더니 다 없어졌어요. 그런데도 아프다고 안 하시더라고요. 그리고 깜짝 놀라셨죠. 못생긴 발톱이 없어졌다고.

질 **내 발 예뻐졌다고 좋아하셨겠네요.**
답 네. 그런데 다시 못 하셨어요. 그만큼 또 자랐을 때 다시 해드리면 좋았을 텐데, 다시 못 하시고…… 그게 마지막이었어요.

질 **신부님께서 안마도 자주 해드리지 않으셨습니까.**
답 안마는 제가 갈 때마다 해드리고, 걷게 해드리고, 좋아하시는 텔레비전 채널 틀어드리고. 야구, 박태환 선수 수영, 이런 거 좋아하시고 즐거워하셨어요. 또 「평화신문」 읽어드리고 그랬지요.

질 **어떻게 어르신을 모셔야 하는지 본을 보여주시는 것 같아요.**
답 좋아하시는 일 해드리는 거죠.

질 **이렇게 등을 쪼그리고 주무시는 모습은 마음이 아프셨지요.**
답 네. 그렇죠. 연로하시면 다 그렇게 되는 것 같아요. 추기경님 불면증은 연로하신 것 때문이 아니라, 젊으셨을 때부터 그랬죠. 스트레스가 많으시니까 불면증이 생기셨던 것 같아요. 노인이 되어서 몸집이 작아지고, 그런 건 뭐, 자연스러운 거죠.

질 **좋으신 모습은요?**

답 좋은 모습요? 막 웃으실 때, 제가 가끔 웃긴 말씀 해드리거든요. 그러면 소리도 안 나게 웃으세요. 얼굴이 부서지면서 천진난만 하게 웃으시는데, 그게 참 예쁘셔요. 눈도 안 보여요. 아주 즐거운 기억이지요.

질 **귀엽게 느껴지기도 하셨겠네요.**

답 노인분들 귀여우실 때도 있잖아요. 심술부리실 때도 있고, 안 하신다고 투정부리실 때도 있고, 그렇죠. '주사 맞으셔야 된다니까요' 하면 '안 맞아' 그러셨어요.

질 **추기경님과 인간적인 정을 많이 나누셨네요, 신부님.**

답 저야 행운이죠. 그런데 다른 분들도 오셔서 많이 돌봐드리셨지요. 그중에 수녀님들 고생 많이 하셨고 간병인분들, 비서신부님, 다들 고생 참 많이 하셨죠.

질 **내년에 요한 바오로 2세가 시성되지 않습니까. 우리는 추기경님에 대한 그런 준비를 하고 있는가, 그런 의문을 가지게 됩니다.**

답 추기경님 돌아가시고 사십만 명이 조문하러 오시는 것을 보면서 그런 작업이 필요하다고 생각했습니다. 다큐 같은 걸 찍어서 최소한 이태리어나 영어로 만들어 보다 많은 분들이 추기경님을 알게 했으면 어땠을까? 근데 그게 잘 안 됐던 것 같아요. 저는 김수환 추기경님 사셨던 그 인생, 그 아름다운 죽음이 우리 신앙인들에게 귀감이 되고, 또 다른 외국 교회에 알려줄 만한 좋은 이야기라고 보거든요. 김수환 추기경님이 그렇게 살았구나, 그렇게 돌아가셨구나, 이렇게 많은 사람들이 사랑을 표현했구나, 하는 것을 알게 해서 존경받는 분이 우리 한국에 있다는 걸 알려주고 싶었어요.

추기경님은 우리 교회 안에 계셨던 훌륭한 한 사람이었다기보다, 우리 역사 안에서 훌륭한 일을 해주신 고마운 분이니까……. 추기경님에 대한 기억이나 사업들이 교회 안에서만 이뤄지지 않고 교회 밖에서 그리고 우리 사회 안에서 사랑받고 기억되도록, 그렇게 만드는 게 옳다고 봐요. 추기경님이 우리 교회, 한국 사회, 아시아 교회 안에 큰 인물이셨거든요. 방향성을 던져준 분이셨기 때문에 그분을 사회에 다시 돌려드리는 역할이라고 할까? 그런 걸 교회가 잘해야 될 것 같아요. 교회 안에 그냥 묻어두지 말고요.

김병기

질문: 평화방송(전성우 피디)
답변: 김병기

질　신부님 되시는 거야 다 아는 일이었겠지만, 주교님 되시고, 서
　　울교구로 올라가시고, 추기경님 되시고 해서 가족분들은 깜짝
　　깜짝 놀라셨겠어요?

답　마산교구가 그때는 이제 막 생긴 '막내 교구'였잖아요. 그때도
　　교구장 되신 건 훌륭한 일이라고 생각했어요. 근데 서울교구장
　　되실 때는 정말 놀랐어요. 어떻게 저렇게 되실까 싶었지요. 그런
　　데 저희는 여름방학 때 딱 한 번 가서 뵙고 밥도 못 얻어먹고 나
　　왔어요.

질　밥도 못 얻어먹고 돌아오셨어요?

답　그때 내 생각으로는 식사 시설이 잘 안 돼 있었던 것 같아요. 식
　　복사도 없고, 성지여고 위에 숙소가 있었는데, 그냥 인사만 하고
　　나왔어요. '아, 왔느냐' 하는 인사. 그걸로 끝이에요. 원래 냉정
　　하신 분이니까. 우리도 그것으로 만족하는 거죠.

1944년에 찍은 가족사진. 윗줄 세 번째가 김수환 추기경이다.

질　　**용돈 같은 것도 좀 주고 하셨나요?**

답　　아이고, 그러시지 않지요. 아, 용돈 줄 때 딱 한 번 있어요. 설에 세배 하면 만 원씩 주는 거. 세뱃돈은 꼭 주세요. 그 이외에는 얻어본 적이 없어요. 세뱃돈은 한 살 먹은 애도 만 원, 우리 어른도 만 원이죠.

질　　**그때는 추기경님 되실 거라고 아무도 생각 못 했잖아요?**

답　　아무도 몰랐지요.

질　　**그럼 착좌식 때 참석하셨겠네요? 먼발치에서 주교품 받고, 대주교품 받고 하시는 것 보면서 느낌이 어떠셨습니까?**

답　　구경하기도 바빴지요. 그때는 그냥 삼촌은 유명하신 분이다, 훌륭하신 분이다, 그런 생각이었지요. 그때 내 바람은, 박정희 대통령과 잘 지내야 될 텐데, 이런 생각했었지요. 추석 때 오시면 정치인들에 대해서 인물평을 한 마디씩 하셨어요.

질　　**누구를 제일 좋게 말씀하시던가요?**

답　　제일 좋게 본 건 아무래도 김영삼 대통령, 김대중 대통령 될 때. 그때 김영삼 대통령이 된다고 하셨고, 그다음에는 김대중 씨를 가장 좋게 봤어요. 훌륭하신 분이라고. 특히 자랑하신 분은 제정구 의원. 아주 훌륭하신 분이라고, 그분에 대해선 우리들한테 본받아야 할 사람이라고 하셨어요.

질　　**어떤 면에서 본받을 사람이라고 하셨나요?**

답 정의롭고, 올바르고, 남을 생각하고, 모든 사람한테 사랑 주는 분
이니 참 본받을 사람이라고, 제정구 의원 칭찬을 많이 하셨어요.

질 **부정적으로 이야기하신 사람은 없었나요?**

답 남을 험담하는 건 없으셨어요. 그리고 제가 늘 느끼는 점은 말
씀을 잘 안 하신다는 것이지요. 듣는 거는 굉장히 좋아하셨어요.
그래도 이야기를 어지간히 하면 중간에 대화가 이뤄질 텐데, 말
씀을 전혀 안 하시지요. 남의 말을 참 귀담아 들으세요. 가만히
듣고만 계시는 게 어떻게 보면 본받을 점도 되고, 어떨 땐 안 좋
은 것 같기도 해요. 삼촌 노릇은 못 했다고나 할까요? 신학생 때
도 조카들 데리고 놀러가고 하는 일은 거의 없었던 것 같아요.

질 **김동한 신부님은 자상한 면이 있으셨습니까?**

답 김동한 신부님도 그런 면은 없으셨죠. 그런데 우리가 조금 나이
들고, 시간이 지나서는 사랑스러워하고, 어려운 거 있으면 도와
주려고 하시고, 이야기를 들어주려고 하셨지요. 하지만 추기경
님은 그런 면이 없으셨어요.

질 **애초에 딱 끊어놓으신 거네요?**

답 추기경님이 되려고 그러셨는지, 공사 구분이 아주 분명했어요.

질 **신부 때도, 주교 때도, 추기경 때도 그러셨고요?**

답 형님 계시고, 김동한 신부님 계시고 하니 굳이 당신이 나설 필
요가 없다고 생각하신 것 같아요. 두 형님 돌아가시고 난 뒤에

도 그래요. 명절 때하고 영명축일, 이때나 생일 때 초청하면 갔지만 일부러 가진 않았어요. 일을 잘 헤쳐나가시겠지, 그저 마음으로 기도하고, 그냥 옆에서 듣는 것, 그걸로 끝이지요.

질 **80년대에 추기경님께서 대사회적인 발언하시잖아요.**

답 그땐 고민 많으셨어요. 저희 얼굴도 안 보시고 혼자만 고민 무지하게 하신 것 같아요. 그때는 아버님도 생전에 계시고, 김동한 신부님도 계시고 그랬으니 우리한테야 별로 관심 없으셨죠. 아버님이 생전에 계실 때는 명절에 꼭 오셨어요. 외국에 안 나가 계시면 오시는 거죠. 가족과 인연을 계속 유지하신 거지요. 저희가 추기경님을 저희 집안 바로 윗대에서 모셨다는 거, 그건 항상 자랑스럽고 기쁘죠.

질 **가족으로 보시기에 김수환 추기경님이 모든 사람에게 존경받는 이유가 어떤 점 때문이라고 생각하시는지요?**

답 제가 생각하기에는 높은 사람이나, 비천한 사람, 있는 사람, 없는 사람, 가리지 않는다는 거예요. 그건 확실해요. 누구라고 특히 잘해주고, 이런 거 없으세요. 그것만큼은 확실해요.

질 **그게 작은아버님의 가장 큰 장점이었다고 생각하십니까?**

답 우리들한테 대하는 것도 그래요. 냉정하다는 이야기가 아마 그래서 나오지 않았나 싶어요. 저희한테 이러셨지요. '너희들은 그래도 먹고살고 있잖아. 내가 안 해도 된다.'

질   **만약에 조카들이 굉장히 힘들었으면 어떻게 하셨을까요?**

답   도와주셨을 거예요. 정말로 끼니도 굶고 그랬다면 틀림없이 도 와주셨겠지요. 근데, '너희들은 그래도 잘 먹고 잘살잖아' 하셨 어요. 그러니까 아예 관심 밖이죠.

질   **그런 면에서는 가족들도 많이 도와주신 거네요? 신경 안 쓰시 게 하고 구설수에 안 오르게 하려고 애쓰신 거잖아요.**

답   만약 우리 가족이나 형제들이 추기경님 덕 좀 봤다, 그런 말 있 었으면 서울교구가 난리 났을 거예요. 일찍부터 우리가 도움도 절대 안 받고, 찾아가지도 않고 그러니까 말이 날 게 없거든요. 친인척에 대해서 일절 말이 없잖아요.

질   **추기경님이 가족들에게 항상 강조하셨던 게 있다면 어떤 점이 있나요?**

답   특별히 이렇게 해라, 하고 뚜렷하게 말씀하신 건 없어요. 형제들 우애 있고 정직하고, 거짓말하지 말고 열심히 노력해서 살아라, 그거죠. 다른 거 없어요. 이래라 저래라, 이렇게 하면 돈 벌 거 다, 취직해라, 그런 가르침 일절 없어요. 우리가 알아서 노력해 서 사는 거지요.

질   **할머님도 정직하라고 가르치셨나요?**

답   네, 그러셨지요. 아마 천주교 신자라서 그런 것 같아요. 신앙에 어긋나는 짓 하지 말라는 것을 대전제로 하고 생활하는 거지요.

질 신앙에 어긋나지 않는 것은 어떤 건가요?

답 남을 속이고, 남을 미워하고…… 이런 모습은 신앙인으로서 어긋나는 거죠. 남한테 폐를 끼치지 않고, 남 괴롭히지 않고 노력해서 살아야지요.

질 집안과 사회의 기둥처럼 느끼셨는데, 추기경님에 대해 안타까웠던 적은 없으셨는지?

답 잘하셨으니까요. 안타깝기보다는, 때때로 교회나 사회에 더 바른 말, 더 야단칠 건 야단치고 하셨으면 하는 그런 아쉬움은 있죠. 훌륭하신 분, 우리가 감히 따라갈 수도 없는 분이니 늘 보고만 있었죠. 요즘 같은 때, 만일 살아 계셨다면, 강론에서 '신부님, 이건 잘못했다. 그렇게 해서는 안 된다', 이런 말을 강력하게 해주셨으면 하고 바라는 거죠.

질 투병 생활을 오래 하신 편이에요?

답 오래 하셨죠. 제가 알기로는 7월부터 이듬해 2월까지니까 많이 하신 거죠. 제 아들과 사위가 둘 다 의사거든요. 여기 저희 집도 병원에서 가까이에 있잖아요. '저희가 가까이에 있고 하니 병간호를 하겠습니다' 하니까 딱 거절하시는 거예요. 그때 섭섭하더라고요. 손자들이 의사고 하니까 어느 누구보다 잘할 것 아니냐고 말씀드렸는데, 딱 거절을 하시더라고요. 당신 성격이 그러신 거예요.

질 왜 거절하신 걸까요?

답 조카들한테 신세지기 싫어서겠지요. 나도 못 해줬는데, 너희들한테 신세 안 지겠다는 거예요. 내 식대로 하겠다, 교구에서 다 해 줄테니 괜히 고생하지 말란 말씀이지요. 그러니 우리가 할 일이 없잖아요.

질 **말년의 추기경님과 예전의 추기경님이 많이 다르게 느껴지십니까?**

답 많이 달라요. 옛날이었으면 어떻게 노래를 다 부르셨겠어요?

질 **병원에 계실 때, 곧 가시겠구나, 생각하셨어요?**

답 제가 한때, '하느님의 참종으로서 모두를 위해 노력하고 돌봐줬는데 하느님은 왜 이분께 저토록 고통을 주시나' 하는 생각이 들더라고요. 어떨 때 보면 정신이 흐릿하세요. 다른 신부님이 오셔서 함께 미사를 드리는데, 졸면서도 미사를 드리는 거죠. 굉장히 안타까웠어요. 졸면서 미사를 드리는 것을 보는 게 마음이 아프죠.

질 **많이 힘들어하셨습니까?**

답 많이 힘들어했어요. 왜 빨리 안 데려가시나, 아마 보속을 다하게 하고 데려가시려나 보다, 그 생각을 했죠.

질 **근데 추기경님이 보속할 게 얼마나 있겠습니까?**

답 하느님 입장에서야 모르죠. 하느님이 보시기에는 아주 부족할 수도 있는 거고. 우리가 알 수 있겠습니까.

질 **돌아가실 때 그 자리에 같이 있으셨습니까?**

답 네, 같이 있었어요. 운명하실 때 가족으로 형수님, 제 집사람, 저, 그리고 몇 명 더 있었죠. 형수님이 손위니까 마지막으로 인사드렸지요. 그때 비서신부가 '오늘 못 넘기실 것 같습니다' 하고 전화가 와서 갔는데, 저희 도착하고 삼십 분 있다가 가셨지요.

질 **그때 편안하게 가셨나요?**

답 가실 때는 편안하게 가셨어요. 그 전에는 고통스러웠을지 모르지만 가실 때는 편안하게 가셨죠. '삼촌' 하고 부르니까 손을 잡으면서 눈 한 번 뜨고, 그리고 돌아가셨지요. 제가 손을 잡으니까 손에 힘을 약간 주시면서 조금 있다가 가셨어요. 정말 너무 오래 앓으셨지요. 고통이 굉장히 심했을 것 같아요. 박신언 몬시놀이 효자 노릇을 제일 많이 했어요. 정말로. 매일 새벽에 가셔서 병문안 드리고, 식사 대용으로 보약 드시게 하고, 조카들보다 훨씬 잘하셨죠. 우리는 가까워도 매일 못 가는데 매일 새벽에 가셨다고 들었거든요.

질 **'그분은 나한테 어떤 분이었다'고 생각하시는지요? 물론 가족으로는 작은아버님이시지만요.**

답 삼촌같이 훌륭하게 되지는 못하지만, 남한테 존경받고 평생을 마쳤으면 했던 바람은 이제 욕은 얻어먹지 말고 생을 마감했으면…… 하는 생각으로 바뀌었죠. 그런 훌륭한 분이 집안 어른으로 계셨던 것이 저한테는 감사하고, 본받아야겠다는 생각이 들어요. 우리가 올바르게 살게끔 가르쳐주신 분이시지요.

문정혁

질문: 평화방송(전성우 피디)
답변: 문정혁

질 추기경님에 대한 기억 중에 어떤 게 마음에 남아 있으신지요?

답 저희가 혜화동으로 뵈러 가면 누워 계시다가도 아주 예의를 갖춰 나오셔서 함께 시간을 보내주셨어요. 힘드셨을 텐데 애들 재롱도 받아주고 하셨지요. 그때는 하루 종일 혼자 계셨어요. 주말이라 비서수녀님은 안 계시고, 나중에 거의 몸이 안 좋아졌을 때는 저희가 가서 보면 혼자 누워 계시는 게 너무 안타깝고……. 또 혼자 계시다가 쓰러지시면 어쩌나 걱정되어서, 눌러서 신호를 할 수 있는 목걸이를 하자고 했어요. 나중에는 비서 신부님, 비서수녀님이 간호에 전념했지만 그러기 직전까지는 그게 안타까웠지요. 그러나 작은아버님은 누군가가 나를 위해서 그렇게 하는 걸 원하지 않으셨기 때문에, 혼자 끝까지 어떻게든 하시려고 한 것 같은데…… 저희가 알게 돼서 우리 식구들이 일주일에 한 번씩 목욕시켜드리러 가고 그랬어요. 누구에 의해서 보살핌을 받지 않고 스스로 하시려고 했고, 남한테 부담을 주지 않으려고 하셨어요.

질 가족들이 보시기에는 굉장히 답답하셨겠어요?

답 답답하기보다 걱정이 많이 됐죠. 그래서 식구들이 좀 간병했으면 좋겠는데, 워낙 끝까지 안 받으시겠다 하셨으니까요. 또 전에 성모병원에 계실 때도 간병인이 그런 말을 하시더라고요. 대통령께서 면회를 오신다고 했을 때, 건강 상태가 진짜 안 좋으셨는데도 삼십 분 전부터 응접실에 앉아서 기다리셨다는 거예요. 환자인 데다가 추기경이시니까 오 분 전에 나와 앉아 계셔도 되는데, 예의를 지킨다고 그러셨다는 거죠. 항상 당신을 낮추시는 자세가 몸에 배셨던 거죠.

질 **병환 중에 제일 안타까웠던 때는 언제였나요?**

답 병원에 계실 때 간병하는 사람이 옆에 있어줘야 하잖아요. 화장실 갈 때도 좀 돌봐드려야 되고. 근데 당신이 어지간하면 입원을 안 하시려는 분이어서…… 입원하신 다음에도 늘 혜화동 가시겠다고 그랬대요. 병원 경영도 생각을 하셨던 것 같아요. 나로 인해서 남에게 부담을 주거나 신경을 쓰게 한다든지, 그런 점은 절대로, 아주 싫어하셨지요. 자신을 낮추는 데는, 정말 겸손하신 거는 말할 수가 없어요. 그런 걸 보면 존경스럽기도 하고 안타깝기도 하고……. 우리가 어떻게 해드릴 순 없으니까요. 병원에 입원해 계실 때도 주말엔 간병인이 없으니 저희들이 번갈아 가면서 하겠다, 말씀을 드렸는데 이러시는 거예요. '내가 너희들한테 부탁하기 전까지는 하지 마라.'

질 **가족으로서 받아주셨으면 하는 마음이 있으셨을 텐데, 지금은 이해가 되시는지요?**

답 그럼요. 당신에 대해서 어떤 이익이나 도움이나, 편리함이라든지, 그런 것은 추호도 용납을 안 하셨으니까요. 작은아버님을 뵈면서 느낀 점은, 당신은 말씀이 없으시고 다 들어주세요. 저는 그게 정말 대단하다고 생각해요. 남의 말 같은 것도 일절 안 하시고, 들어만 주세요. 당신 말씀 한 마디 없이 그냥 들어주신다는 것, 그건 정말 존경스러운 부분이에요.

질 **그러면 언제 부탁을 하시던가요?**

답 부탁 안 하셨어요. 끝까지요. 그런 데는 여러 이유가 있는 것 같아요. 일단 당신은 무조건 가족을 가까이 안 하세요. 아주 철칙이세요. 친척은 일체 가까이 안 하시는 거죠. 그래서 제가 작은아버님께 섭섭한 게 있었어요. 저희가 연초에 세배를 하러 가면 '이제 끝났냐? 그럼 가봐라' 하시고 말씀을 하나도 안 하세요. 그래서 한 번은 그냥 가기 억울하기도 하고, 정말 존경스러운 분을 가까이서 뵙는데 뭔가 듣고 싶어서 제가 한 마디 했어요. '작은아버님, 한 말씀 좀 해주세요.' 그랬더니 '내가 너희들 앞에서 강론을 하란 말이냐?' 이러시는 거예요. 어딜 가나 한 말씀을 하셔야 되잖아요. 그러니까 우리한테만큼은 안 하시려고 한 건가 봐요. 당신한테는 우리가 편하신 거죠. 한 말씀 안 해도 되는 대상이 우리들인데, 저희는 한 말씀을 듣고 싶어 하는 욕심이 있었던 거죠. 제가 이제 알게 된 거예요. 아, 당신이 우리를 만나면서 편하게 있으셨나 보다.

질 **그것이 사랑의 표현일 수 있겠구나, 하는 것을 느끼신 거군요.**

답 예. 우리를 대하시는 게 가장 편하시니까. 여태 아무 말씀 안 하셔도 편한 식구들이었는데, 제가 그만 생각이 짧아서……. 그런데 저희가 일어서서 나오려는데, 그때 앞에 나가는 애들한테 한 말씀 해주시더라구요. 이렇게 어깨를 잡아주시면서 '너희들은 정직하게 커야 된다'고. 근데 그 말이 저한테 와서는 딱 와닿는 거예요. 얼마나 좋은 말씀이에요. 엄마나 아빠가 하는 말과 추기경 할아버지가 '너희들은 정직해야 된다'고 하는 건 아주 다르

안동성당 시절의 김수환 추기경.

잖아요. 그 말씀이 얼마나 큰 감동이 되었는지 몰라요. 그 이외
에는 아무 말도 필요 없죠. 그 후로는 없으셔도 돼요. 그다음에
는 잘 이해했고 받아들여졌어요.

질 **추기경 할아버지께서 손주들을 많이 귀여워하셨나요?**

답 나중에 환자가 되셨을 때도 그랬고 명동에 계실 때 세배하러 갈
때면 애들한테 노래를 준비시켜서 할아버지를 기쁘게 해드리자
고 했지요. 병원에 입원하셨을 땐 아주 손주들이 위문 공연단이
에요. 아이들이 할아버지를 그렇게 좋아했어요. 그때 애들이 아
주 어렸는데 병원에 계실 때마다 가서 노래 부르고, 혜화동에
누워 계실 때 노래 불러드리고, 웃으시게 하려고 했죠. 하여튼
기를 쓰고 할아버지를 웃겨드리려고 했어요. 애들은 특권을 누

린 거죠. 할아버지한테 막 매달리고, 얘네들만 특권을 누렸다니까요.

질 **추기경님께는 제일 행복한 시간이었겠습니다.**

답 작은아버님이 웃으실 일이 뭐가 있겠어요. 점잖으신 분이 아무나 얘기한다고 웃으시긴 그렇잖아요. 손주들은 격의 없이 이래도 좋고 저래도 좋은 사이니까. 더구나 증손주잖아요. 작은아버님이 웃으시기도 하는 것을 저희가 봤지요. 사실 우리 가족이 모였을 때는 웃을 일이 없어요. 말씀도 안 하시는 분이 왜 웃으시겠어요. 근데 이 아이들 때문에 웃으시지요. 아이들이 재롱 부리면 웃는 얼굴 하시지요.

질 **추기경님 가족으로서 누를 끼치지 않으려고 애를 많이 쓰셔야 했을 텐데요?**

답 저희가 행동하는 데 조심을 많이 하지요. 저희 외손녀가 계성초등학교를 지원했는데 추기경님 손주니까 신경이 쓰이잖아요. 우리 딸아이는 아예 지원하지 않으려는 것을 제가 한번 해보기나 하자고 했죠. 그런데 추첨에서 뽑혔어요. 그런데 이 학교 추첨 방법은 자기가 자기 걸 뽑는 게 아니래요. 앞 사람이 뒤에 오는 아이 것을 뽑아준다는 거죠. 하도 말들이 많아서 그런가 봐요.
　저희가 문병 갔을 때 누가 추기경 할아버지께 저희가 원서 넣었다는 말씀을 드린 모양이에요. 그런데 입학하게 되었다는 말씀을 제가 안 드린 거예요. 병석에 계신 분께 그게 뭐 중요할까 싶어서, 제 딴에는 생각해서 연락을 안 드렸어요. 그랬더니 한참 지나고 나서 비서수녀님한테 전화가 온 거예요. 결과를 할아버지가 너무 궁금해하신다고요. 손주들 얘기니까요.

질 **중요한 일이 아닌 것 같아서 말씀을 안 드린 거죠?**

답 '신경 쓰시게 할 것 같아서 연락을 안 드렸는데요' 했죠. 제가 얼마나 죄송스러웠는지요. 손주가 합격했다니까 너무 좋아하시면서 웃으시더라는 거예요. 할아버지는 할아버지신 거예요. 그런데 나중에 교장선생님을 통해 듣기로, 추기경님 주치의의 손녀딸은 떨어졌다고 하더라고요. 그래서 작은아버님께서 처음엔 좋아하시다가 주치의 손녀가 안 된 걸 아신 다음부터는 일절 내색을 안 하시는 거예요. 그 좋아하는 마음을 안 보이신 거죠. 그렇게 철저하신 분이에요.

질 **혹시라도 주치의 정인식 교수님 마음 상하게 하실까 봐요?**

답 네, 간병인이 하는 이야기 중에라도 그 소리가 들어갈까 봐 조심하신 것 같아요. 처음 들으실 때만 웃으시고 그다음부터는 내색을 안 하셨어요.

질 **추기경님께서 특별히 가족들에게 해주신 게 있으신가요?**

답 명동에 계실 때나 은퇴 후에도 신년에 가면 꼭 우리 가족을 위해서 미사를 드려주셨어요. 그게 저희 시아버님 돌아가시고 나서부터죠. 그 전엔 작은아버님이 절대로 우리를 가까이 안 하셨어요. 집안에 어른이 돌아가시고 혼자 남으시니까 그때서야 명동에 가서 세배를 드리면 가족 미사를 해주셨어요. 그제야 저희

젊은 사제로 활발히 활동하던 때의 김수환 추기경.

한테 시간을 조금씩 할애해주신 거죠.

저희는 일 년에 한 번 명절 때, 1월 2일에 가거든요. 날짜가 정해져 있어요. 1월 1일에는 외부에서 오시는 세배객들을 맞이하시기 때문에 2일에 저희가 갔어요. 요즘은 새해에 그날이 오면 허전하죠. 이제 갈 곳이 없어졌으니까.

질 **혹시 따로 이렇게 해라, 하고 말씀해주신 건 없으신가요?**

답 없어요. 식구들이 모이면 하다못해 못마땅한 애들도 있을 것 아니에요? 부족한 애도 있고 그럴 수 있는데, 이런 건 이렇게 해라, 좀 이랬으면 좋겠다, 그런 말씀이 없으세요. 제가 부모되어보고, 할머니가 돼보니까, 이건 이렇게 했으면 좋겠다, 저건 저랬으면 좋겠다, 이런 게 있거든요. 내가 보기엔 애들이 저러면 안 되는데 싶어서 말하고 싶지요. 그러다가 애들도 살다 보면

경험하겠지, 그게 더 값지겠지, 말하면 잔소리가 되니까 참자, 마음먹다가도 그래도 내가 어른인데, 부모로서 표현을 하는 것도 좋겠다, 이런 생각을 하게 되거든요. 그거 참고 사는 것도 굉장히 어려워요. 하고 싶은 말이 있는데 안 해야 되는 게 어렵거든요. 근데 추기경 할아버지는 우리한테 하고 싶으신 말씀이 있으셨을 텐데, 조카들이나 손주들 못마땅한 점도 있고, 행동이나 신앙생활이나, 거슬리는 게 왜 없으셨겠어요? '야, 너희 그렇게 하지 마라. 날 생각해서라도 그러면 안 된다.' 그런 말씀 일절 한마디도 없었어요. 다 똑같이 대하시고 그냥 들어주시고 그러셨지요. 그래서 위대하신 분이라는 거죠.

질 **그래도 한편으론 서운하신 마음이 있으실 것 같은데요.**

답 서운하지 않아요. 전부터 들어온 얘기가 있어요. 어머님이 모범을 보이셨던 거예요. 김동한 신부님 때부터도 아주 엄격하게 하셨대요. 사제로서의 생활을 하도록, 집안 식구 중에 어느 누구도 누를 끼치면 안 되는 것으로요. 가족들이 절대로 누를 끼치는 일은 안 하도록 가슴에 못을 박아놨다고 할 정도니까요.

질 **아까 말씀 중에, 가족이기 때문에 아무 말씀 안 하신 게, 그게 사랑의 표현이었다는 것을 알게 되었다는 말이 마음에 와닿습니다. 추기경님의 가족으로서 사시는 게 결코 쉬운 일은 아니었다는 것도 이해하게 됩니다. 귀중한 말씀 들려주셔서 정말 고맙습니다.**

윤공희 대주교

질문: 평화방송(전성우 피디)
답변: 윤공희 대주교

질 **대주교님 수품 오십 주년을 맞이하셨는데 진심으로 축하드립니다. 사회 각계에서 축하 인사를 드렸는데, 그 인터뷰 중에 대주교님께서 김수환 추기경님 생각이 나신다는 말씀을 하신 게 있습니다. 어떤 연유에서 그렇게 말씀하셨는지 궁금합니다.**

답 여러 가지가 어려운 요즘, 이럴 때 추기경님 계셨으면 어떻게 하셨을까, 싶은 그런 생각이 많이 나서 그렇게 말했어요. 추기경님 때때로 고민하시던 모습이 떠올라요. 그때 다들 같이 알고 같이 나누고 그랬으니까. 또 사회에서 김 추기경님에게 기대하던 마음이 있었으니 추기경님으로서는 많이 부담스러우셨겠지요. 책임감도 느꼈을 테고. 새삼 '그때 추기경님 여러 가지로 고민이 많으셨겠구나' 하는 생각이 들어요. 이제 나는 현직에서 물러났으니 그런 책임을 벗어났다 싶어서 다행스럽다는 생각은 드는데, 지금 현직에 있다면 참 어려울 것 같아요.

질 **대주교님은 주교 성성 오십 주년, 그리고 사제로서도 육십삼 년째이신데요. 주교란 우리 교회에서 또 우리 사회에서 어떤 존재인지 말씀해주시겠습니까?**

답 물론 주교는 교회 안에서 사도들의 후계자로 되어 있고, 또 그런 사명과 책임 역시 하느님의 안배 속에서 하느님의 부르심에 의해서 되는 것이지요. 거기에 순종하고 하느님의 뜻을 받드는 마음으로, 주교직을 받아들이게 되는 것이죠. 그래서 주교직을 받아들일 때는 많이 주저하고 '참 중한 책임이로구나' 이런 생각을 많이 하게 됩니다. 사제로서만 지내는 게 오히려 더 낫지 않느냐, 그런 생각을 한 적도 있어요. 사실 나는 신부로서는 오

래 못 지냈지요. 신부 십삼년 만에 주교가 됐으니까. 십삼년이라
고 해도 본당신부 생활을 못 해봤어요.

질 **전쟁 때 군종하시고 그다음에 로마 유학하시고 했으니 그러셨**
겠네요.

답 6.25 사변 직전에 신부가 됐고, 잠깐 명동성당에서 보좌신부 하
고 전쟁이 나자, 그때부터 종군신부를 했으니 성당에서 본당신
부로서 하는 그런 사목 활동은 못 해봤지요.

질 **너무 빨리 주교가 되었다는 그런 마음도 있으셨겠습니다.**

답 그래, 참 빨리 된 거예요. 나이도 만 서른아홉되었을 때니까요.
그 당시에 한국에서 새 교구 들어서고 하면서 새 주교들도 많이
나왔는데, 젊은 주교들이 꽤 나왔어요. 내가 그때 제일 젊어서
됐는데, 그다음에 몇 년 더 있다가 대구 이문희 주교가 보좌주
교로 젊어서 주교가 됐어요. 그때 아마 삼십 대 정도, 젊은 나이
에 됐을 거예요. 일찍 되셨어, 너무 일찍 됐지.

질 **그때는 그냥 가슴이 철렁 하셨겠습니다.**

답 그랬어요. 누가 주교가 되리라고 짐작을 못 하는 거니까. 평상시
에 어떤 주교님이 돌아가셔서 공석이 된다든가, 그러면 새 주교
가 나와야 되니, 연로하신 신부님들이야 미리 생각하셨을 수 있
지만…… 그때 우리는 교구가 언제 새로 생길지 그런 것도 모
르고 했으니까. 그때는 교구 설립 그런 것도 주교님과 교황청에
서 하는 거지, 일반 신자들이나 신부들은 전혀 참여하지 못하

고 알지도 못해요. 수원이 워낙 자꾸 커지니까 수원교구가 되었으면 하는 마음들은 있었지요. 난 출신이 평양 쪽이에요. 피난와서 신부가 됐고요. 서울에서 명동성당 보좌하고 그다음에 전쟁 때 포로수용소에서 일하고 그랬지만, 난 서울 신부도 아니고……. 그런데 정말로 뜻밖이었죠. 그래도 하느님의 뜻으로 받아들이고 순명했어요.

질 **1963년에 주교로 서품되셨는데 그때 2차 바티칸공의회 중이었지요?**

답 그때 공의회 주기였지요. 1962년에 한 차례 하고 1963년에 또한 차례 하는데 사 년 동안에 매년 10월부터 일이 개월 정도 했으니까. 두 번째 회기 중인 10월 20일이 선교주일이었는데 세계 주교들이 다 모이잖아요. 그날을 기해서 특별히 선교지역에서 새 주교들이 나오면 교황님이 직접 품을 주기로 한 거예요. 교황청에서 날짜까지 다 잡아서 한 거지요. 근데 나는 늦게 통보가 왔어요. 10월 20일 서품인데 10월 9일에야 통보가 왔으니 막 급해가지고 애를 썼지요. 그때는 한국에서 여권을 낸다는 게 보통 일이 아니에요. 하늘의 별 따기였지. 외국 나가기도 어려웠고 여권을 받는 것도 어려운 때였어요. 유학생들도 입학허가서 다 나오고 그래도 몇 달씩 걸리고 그랬을 때니까. 결국 외무부 쪽에 요청을 했어요. 교황대사가 외무부 장관한테 의뢰하는 형식으로 하는데 편지가 한 장이에요. 내용이 아주 간단했어요. '교황 바오로 6세께서 거기 신부를 로마로 부르셨다.' 그런 내용이에요. 그러니까 '그렇게 해주시오'라는 거지요. 직접 가서 서류

를 다 제출했는데. 다음다음 날인가? 여권이 나왔어요. 외무부 직원이 여권을 내주면서, 외교 관계로 나가는 사람이라도 일주일 안에 여권을 받은 적이 없다는 거예요. 뭐, 그렇게 서둘러서 로마로 갔지요.

질 **동료 주교로서 보시기에 김수환 추기경님은 '주교로서 어떤 분이셨던 것 같다'고 생각하시는지요?**

답 그때 공의회 직후에 그 양반이 마산의 주교가 되셨죠. 공의회 헌장 중에 현대 세계의 교회에 관한 사목헌장이 있는데 교회와 사회의 관계, 사회의 문제 같은 것을 다룬 내용이 있었어요. 사회에 대한, 인간 사회에 대한 사목적인 책임을 말하는 것이고, 믿음으로써 사회 발전과 정의로운 사회의 건설에 이바지한다는 그런 책임이 강조되는 내용이었지요. 김수환 추기경님은 이미 벌써부터 그런 데에 관심을 기울이고 있었어요. 그때 아직 '정의평화위원회'가 생기기 전이었거든요. 교회가 농촌청년회 활동을 통해서 관여를 하겠다는 뜻을 가지고 있었지요. 강화도 심도직물 사건(1968년)이 그 당시 있었는데, 추기경 되고 난 후였을 거예요. 김 주교가 그 분야 담당주교였지요. 그때 주교회의에서 의논한 끝에 청년회에 대한 부당한 탄압을 고발한다고 할까, 그 표시를 주교회의에서 하기로 했지요. 교회의 이름으로 성명서를 발표하게 됐는데, 그때 아마 내가 의장이었던 것 같아요. 추기경님과 함께 기자회견을 했어요. 내가 발표하고 김수환 주교님이 담당주교니까, 발표 다음에 질문하고 대답하고 그랬는데 그걸 보면서 내가 '아, 김 추기경님 공부도 많이 하셨구나'

생각했지요. 그분이 사회적인 문제에 관심이 아주 많았지요. 주교되기 전 「가톨릭시보」사 사장이었을 때, '공의회 정신' 이런 것들을 신문에 기사로 냈지요. 그 양반이 독일에서 유학할 때 사회학을 전공했을 거예요. 거기에 대한 걸 많이 공부하신 분이라 특별히 관심을 나타내기 시작했죠.

그리고 지학순 주교님도 공의회에 대해서 많이 말씀하셨어요. 지학순 주교는 김 추기경님보다 일 년 먼저 주교가 됐을 거예요. 내가 1963년에 되고 1965년에 지학순 주교, 대전에 황 주교하고 그렇게 같이 됐어요. 그다음 해에 아마 김수환 추기경이 됐을 거예요. 지 주교님도 성격상 정의감이 아주 강한 분이었어요. 관찰을 잘하고 판단력이 있는 분인데 그 양반이 노동 분야를 담당하게 됐나, 그래서 원주에서 직접 '사회정의구현회'라는 걸 내걸고 활동하시기 시작했죠.

질 **1966년에 공의회에 대한 글을 쓰셨던데, 혹시 참석하신 분이라서 김 추기경님이 청탁을 하신건지요?**

답 아니요. 나는 참석했지만 사실 김수환 추기경이 훨씬 더 많이 알고 있었을 거예요. 맨 처음 공의회 들어가니까 느낌이 어땠다 그런 얘기했고. 두 번째 회의에 들어갔는데, 정의사회에 대한 걸 논의하고 있었어요. 나는 아주 새로웠지요. 정의사회에 대해 새로이 생각하기 시작했지요. 그다음이 하느님의 백성에 관한 내용이었어요. 하느님이 인간을 구원하시는데, 한 사람 한 사람 개인으로 구하시는 것보다 교회라는 하나의 거룩한 공동체를 통해서 하느님의 백성으로서 구원한다는 것, 그리고 평신도들의 자격이나 책임, 이런 것들이 부각되기 시작하는 거였어요. 그 전까지는 교회하면 성직자들의 교회라고 생각했는데, 이제 평신도들이 교회에 주체 의식을 가지게 하는 것, 그런 문제에 대한 토의를 많이 하고 있었어요.

질 **그때 젊은 주교로서 강한 느낌을 받으셨겠습니다.**

답 성 베드로 대성당이 회의장이니까, 양쪽으로 길게 층계로 자리가 있고 우린 맨 끝에 가서 앉았는데, 어떻게 마이크 시설을 했는지는 몰라도 다 잘 알아들을 수 있었어요. 그때 최첨단 기계들이 잘 보급되어 있어서 잘 썼어요. 투표용지가 있어서 각각 찍고 그랬죠. 아침 아홉 시에 시작하면 봉사하는 신학생과 신부들이 와서 즉시 출석표를 걷어가요. 그리고 좀 있으면 참석자 명단이 쫙 나와요. 그 첨단기계가 아주 참 좋더라고요. 그때 한국 주교들하고 대만 주교들하고 같은 호텔에 있었어요. 공의회 준비하는 데서 한 달 동안 우리만 사는 거였죠. 회의할 때마다 주교 정장을 입고 가고. 공의회 회의 주교라는 증명서 패스가 있어요. 그걸 한 번도 빼놓은 적이 없어요. 들어갈 때 보여줘야 하니까.

나는 공의회 삼 년 전에 로마에서 공부 마치고 왔지만, 그때는 공의회 한다는 발표도 없었으니 다 새롭죠. 교회의 개념에 대해서 들은 적 없고, 사회에 대해서 들은 적도 없고 하니, 공의회 내용도 다 낯설 따름이지요. 우리만이 아니라 다른 나라 주교들도 공의회 가서 뭔가 준비된 문헌 내놓고 의견을 물으면 손들고 표시하는 정도로만 생각하고 왔던 거예요. 그런데 보편교회들이 자각하기 시작했다는 거예요. 그 전에 신학 공부할 때 별로 듣지 못했던 내용들이었지요. 미사에서 그 지역 말로 할 수 있느냐, 그런 내용을 두고 '된다, 안 된다' 토론을 막 벌였어요.

질 **교회가 하나되는 느낌을 받으셨겠습니다.**

답 그렇죠. 교회의 공동체성, 주교들의 사목 임무에 관한 교령, 또 주교단 공동체성을 많이 강조했죠. 공의회 회의 후에 주교 대의원회의라는 것을 처음 선임했죠. 공동체성도 많이 강조됐어요.

질 **교구장으로 임무하실 때도 공의회 정신을 많이 생각하셨겠어요.**

답 그럼요. 그래서 여러 가지 의원회가 생기기 시작했는데, 제일 먼저 생기기 시작한 게 전례위원회예요. 전례 개혁까지는 생각 못하지만, '전례는 하늘의 백성과 더불어 하는 하늘의 백성을 위한 전례가 되어야 한다' 해서 일단은 미사 기도문들을 한국말로 번역해야 했는데 전체 번역을 못 하고, 우선 중간 부분만 번역했어요. 차차 넓혀가기로 하고 또 전례위원회를 만들어 강의도 하고 전례 찬미하는 태도나 평신도들의 적극적인 참여를 강조했지요. 수동적으로 가만히 있는 것이 아니고 같이하는 것이다, 해서 사제와 신자들이 문답을 하고 그렇게 했어요.

질 **김 추기경님은 언제 처음 뵈셨어요?**

답 내가 1950년 1월에 월남했거든요. 그리고 대구 주교관에 며칠인가 피난가 있었는데 그때 김수환 신부가, 아마 비서신부였던가, 교구청에 있었어요. 그때 아마 처음 봤을 거예요.

질 **처음 만났을 때, 인상적이었나요?**

답 특별히 인상적이었다 할 건 없고, 다만 일제 말기에 대구에서 처음으로 신학생들을 일본으로 유학을 시켰는데, 김수환 신부를 신학생 때 유학 보내서 상지대학에서 공부를 하게 하고, 그러고 나서 그때 비서신부로 일하고 있었으니까요. 인재라고 할까. 특별히 양성하는 사람이구나, 하는 정도로 인식했지요. 그때는 유학한 사람도 아주 드물었고, 또 일본 유학 갔다는 게 특수했고, 학병으로 끌려갔다가 전쟁 끝난 다음에 고생하고 돌아왔거든요. 개인적으로 만나서 얘기한 기억은 없고요. 그리고 내가 로마 유학 가 있을 때 김수환 신부도 독일에 유학하고 있었어요. 구라파 유학하는 신부들 만났는데 거기서 본 것 같아요. 특별히 기억에 남은 건 없어요. 그때 서 대주교님이 로마, 유럽에는 처음으로 오셨는데 독일에서 병이 나셨어요. 그래서 오랫동안 병원 생활을 하게 됐는데 그때 김수환 신부가 비서처럼 다 돌봐드리고 그랬다고 알고 있었어요.

질 **본격적으로 추기경님과 일하신 건 주교단에서지요?**

답 주교단 때부터죠. 마산 주교되신 다음에요.

질 **대주교님께서 김 추기경님 서울교구장으로 오시기 전에 서울교구장 서리로 계셨지요. 그때 말씀 좀 해주세요. 그때 대주교님은 수원교구장으로 재직하고 계셨지요.**

답 주교로 있으면서 일 년 동안 서울교구장 서리를 겸임했지요. 주중에 서울에 있고, 주말에만 수원으로 내려오고 그랬어요. 서울교구가 사정이 아주 복잡하고 그래서 거기 있었지요.

질 **당시에 머리 많이 아프셨겠습니다.**

답 좀 어려운 때였어요. 교구에 어려움이 있었으니까. 노 주교님 계
실 때 재정 문제가 생겼어요. 부도 사건이 났죠. 경쟁 신문과 이
상하게 잘못되면서 그렇게 되었죠. 부도수표가 재단법인 대표인
노 주교님 이름으로 나와버렸으니 신부님들이 야단이 난 거예
요. 근데 노 주교님이 갑자기 사표를 내셨어요. 그때가 1967년인
부활주일 즈음이었는데, 갑자기 교황대사관에서 자동차가 왔어
요. 기사가 차를 가지고 와서 나를 보자고 하신다는 거야. 그래
서 가면서 번뜩 생각이 든 거예요. 혹시 서울 주교 하라는 거 아
닌가. 아니다, 난 안 받아들인다. 못 받아들인다. 그때 주교 돼서
사 년인가 됐으니까, 주교로서 경험이 좀 있었거든요. 서울교구
주교, 그게 얼마나 어려운 자리인지 내가 아는데, 절대 안 한다
고 마음먹고 갔어요. 교황대사가 아닌 게 아니라 그 얘길 해요.
'노 주교님 사퇴를 교황님이 받아들이시고 윤 주교에게 그 뒤
책임을 맡기기로 했다. 임시 서리로 관리자 책임을 맡기는 거다.
이건 물어보는 게 아니다, 교황님의 명이다.' 이러시는 거예요.
그리고 부활주일 다음 날 발표했어요. 교황님의 임명장을 교구
참사회 신부들 회원들 앞에서 발표하는 것으로 해서 법적으로
착좌한 거고 다른 예절은 없었어요. 그리고 노 주교님은 성 나
사렛 마을 지도신부가 살던 그 집으로 가셨지요.

질 **그때 많이 힘드셨겠습니다.**

답   어려웠어요. 어려웠어요. 근데 새로 온 관리국장 신부가 보고하
      는 것을 들어보니, 빚이 여러 가지 있는데 어떤 빚은 일 년이면
      갚을 수 있겠더라고요. 근데 그거보다 무서운 게 하루하루 올라
      가는 이자가 문제였죠. 그걸 빨리 해결해야 되는데. 그래서 내가
      각 교구 주교님들한테 편지를 보냈어요. '지금 이자가 늘어나는
      급한 것들만 문제다. 주교님들이 무이자로 빌려주시면 그건 해
      결될 수 있다.' 이러니까 주교님 몇 분이 즉시 오백만 원을 보냈
      어요. 그리고 서강대학교 총장 예수회 신부님이 이야기를 들으
      시더니, 자기네 기금에서 오백만 원 주시겠다고, 하고 여기저기
      서 조금씩 보태서 해결했어요. 그다음에 두고두고 해결했죠. 내
      가 떠날 무렵에, 추기경님 오시기 전에 재정 문제는 거의 해결
      이 됐었죠. 그리고 교황청에다 빨리 나를 물러나게 해달라고 두
      번이나 요청했어요. 이제 안정이 됐으니까 어서 서울 주교를 임
      명해달라고 했지요. 그때 김수환 추기경이 서울 대주교로 임명
      이 된 거예요.

질   **그래도 큰 걱정을 덜어놓고 나오신 거지요.**
답   그런데 또 만들어놓고 나온 문제도 있어요. 내가 만들어놓은 문
      제들로 김 추기경님이 고생한 것도 있지요.

질   **김 추기경님한테 서울 대주교 넘겨주실 땐 홀가분하셨겠어요.**
답   아, 그럼 홀가분했지. 서울을 떠나게 된 것도 좋았고요.

질   **그리고 김수환 주교님이 추기경으로 서임되셨잖습니까. 그것은**

미사 중인 젊은 시절의 김수환 추기경.

한국 교회의 경사였지요? 대주교님도 그때 놀라셨습니까?

답　좀 놀랐죠. 추기경님이 그렇게 빨리 나올 줄은 기대 못 했으니까요. 생각도 못 했지요.

질　**그렇게 교회 내부 문제가 정리가 되고 70년대 들어서서 김 추기경님이 민주화운동 대사회 발언들을 하셨잖아요. 그때마다 대주교님과 고민을 나누셨을 것 같은데요.**

답　주교 회의에서 논의되니까 다들 알게 되는 거지요. 그리고 지학순 주교님하고 김수환 추기경님은 소신학교 동기예요. 아마 초기에 사적으로라도, 그런 얘기할 기회는 나보다 더 많이 있었을 거예요. 그런데 내가 생각나는 건, 삼선개헌 땐가, 아주 어려움이 있었어요. 그때 아마 추기경님이 의장이었나 그랬어요. 그러니까 김 추기경님이 뭔가 발언을 해야 되겠다는 책임을 느낀 거예요. 그래서 준비를 했는데 자칫하면 어느 쪽 편을 드는 것 같고, 아주 표현하기 어렵거든요. 그러나 국민들과 정치에 대한 책임감, 개헌에 대한, 하여간 국민들을 깨우치는 내용으로 준비를 했는데, 발표를 고민하셨어요. 지 주교님을 만났더니 지 주교님이 뭘 고민하느냐, 발표하시라고 했대요. 그래서 발표했는데 조심스러운 표현을 썼어요. 그때부터 지 주교님하고 사적으로 그런 기회를 더 많이 가졌어요. 나는 회의를 통해서 의논하고 그랬지요.

질 **그런 대사회 발언 나올 때 대주교님께서 중간에서 아주 강하지 않게 조율하는 역할을 하신 거네요.**

답 뭐, 회의를 통해서 얘기를 했지요. 지 주교하고 얘기한 게 생각이 나는데, 내가 그랬어요. '자꾸 강하게 밀어붙이기만 하면 오히려 역효과가 날 수 있지 않겠느냐, 정부로서는 사회 불안이란 명목을 붙여서라도 자꾸 탄압할 텐데, 점점 더 어려워질수도 있고, 사태가 더 나빠질 수 있지 않겠느냐.' 그랬더니 지 주교님이

감옥에서 나오는 지학순 주교. 윤공희 대주교(왼쪽)와 김수환 추기경(오른쪽)이 함께 있다.

화내시면서 날더러, '정부가 삼선개헌을 왜 하느냐, 교회가 삼선개헌을 가만히 보고 있으니 정권이 사람을 잡아다가 고문하고 그러지 않냐. 우리가 나서서 구속된 사람들 내보내라고 항의하고 해야 한다' 그랬어요. 그래서 여러 활동을 했지요. 구속자 가족들이 자꾸들 와서 호소하거든요.

그런데 교회가 강하게 나가면 오히려 더 나빠진다, 자제해야 한다 등등 주교들의 의견이 갈렸는데, 그때 내가 그랬어요. '먼저 가족의 의견을 존중하자. 가족들이 그렇게 호소하면 우리가 고려해야 한다.' 내가 그렇게 말한 기억이 나요.

질 **지 주교님하고 김 추기경님 두 분의 스타일이 다르셨지요?**

답 지 주교님이 훨씬 강하죠. 그분은 자기가 옳다고 생각하면 바로 행동을 하니까. 김 추기경님은 최대한 전체를 아우르는 쪽으로 생각을 하셨지요. 그분이 교회 안에서 최고 리더니까 아무래도 교회법상으로는 교회 전체에 대한 책임이 있는 거거든요. 어떻게 해서든 모두가 받아들일 수 있는, 그러면서도 해결될 수 있는 방안을 찾아야 했으니 애를 많이 썼죠.

질 **그런 부분에 있어서도 대주교님이 많이 도움을 주신 게 아닌가요?**

답 아니, 내가 먼저 생각해서 나서는 것은 못 해도, 상황을 봐가면서 양쪽 의견을 들어보자는 표현은 할 수 있었지요. 아까 이야기한 것처럼 어떤 사건을 위해 교회가 나서더라도 가족들의 생각을 먼저 알아보고 하자, 그런 식으로 내가 나섰던 거지요.

질 **그전에 김 추기경님 인터뷰했던 내용을 보면, 윤 대주교님께서 어떤 일을 할 때 늘 많이 도와주신다고 하셨거든요.**

답 어떤 때는 어쩔 수 없이 그렇게 해야 했던 적도 있어요. 지 주교님 양심선언 하고 두 번째로 잡혀갈 때, 추기경님이 다 아셨어요. 그때 재구속될 게 뻔한데, 지 주교님이 굳은 결심을 하고 나서니 추기경님도 말릴 수가 없다는 거예요. 자기 확신, 자기 신념이 있는데 그걸 하지 말라고 할 수도 없으니 추기경님이 뻔히 알면서 발표했지요. 교황청에서도 다 알고, 상당히 논의가 되고 그랬어요. 나중에 교황대사가 우리한테 한 얘기인데, 바오로 6세님이 교황대사 보고 '주교들과 같이하시오. 주교들과 같이하시오'라고 하셨대요.

질 **그때 생각하시면 지금도 머리가 아프시겠습니다.**

답 참 어려울 때였지요. 그런데 요새 그 비슷한 때가 오려고 하는 것 같아 걱정이에요. 나는 이제 기도하는 수밖에 없어요. 현직에 계시는 분들이 이제 걱정하시겠지요.

질 **후손들이 김 추기경님을 어떻게 기억하면 좋을까요?**

답 목자로서의 삶을 살려고 정말 노력하신 분이다, 그렇게 생각해 주면 좋겠어요. 가난한 사람에 대한 우선적인 사랑을 많이 보이셨거든요. 어떻게 해서든지 힘없는 사람, 고통당하는 사람, 어려운 사람들을 도우려 했고, 어떻게 하면 그 사람들과 함께 고통을 나눌 수 있을까, 그런 것에 마음을 쏟으신 분이지요.
공의회 정신에 의거해서 사회정의를 이끌어내는 교회의 사명,

그런 것을 확실히 인식하고 열심히 노력하신 분이었지요. 사회에 대한 교회의 책임이라는 걸 깊이 생각하시고, 또 실천하시려고 한 분이라고 생각해요. 돌아가신 다음에도 일반 시민들이 추기경님에 대한 추모의 마음을 나타내고 있는데, 전부 그런 이유 때문이잖아요.

질 **마지막으로 대주교님께 추기경님은 어떤 분이신지요? 개인적으로요.**

답 교회 주교로서, 또 사회 지도자격 자리에 있으면서 이 세상에 어른다운 모습을 보여주신 분, 모든 면에서 소외된 사람들의 힘이 되어준 어른의 마음을 가진 분, 그렇게 생각해요. 주교직을 수행하는 점에 있어서도 현재에 안주하고 어려운 것을 피하려는 것, 저는 이런 게 항상 양심적으로 반성해야 한다는 생각이 들거든요. 더 좋은 세상으로 이끌어 나가는 데 책임을 어떻게 하면 다 할 수 있나, 하는 생각을 지금도 합니다. 근데 어떤 책에서, 성 아우구스티노 말씀을 인용했더라고요. '지나가는 과거는 주님의 자비에 맡기자. 내가 잘못한 걸 이제 어쩔 수 없는 것 아니냐. 주님의 자비로 용서를 청할 수밖에. 차라리 있는지 없는지 모르지만 잘했다고 하면 다행이고, 잘못한 건 어쩔 수 없다. 지나간 거니까. 하느님 자비에 맡기자. 그리고 현재에 대해서는 어렵든지 어떻든지, 하느님의 사랑에 맡기자. 하느님은 사랑이시다. 우리가 다 알아내지는 못하지만, 내가 무슨 고통을 당하고 어려움을 당해도 하느님은 절대로 나를 버리지 않으실 것이다. 그리고 미래에 대해서는, 내일에 대해서는 하느님의 섭리에 맡

기자.'

그러나 무책임하자는 말은 아니죠. 인간에게는 자유가 있으니까, 인간에게 책임을 주시는 것이니까. 내가 최선을 다하는 그런 노력은 있어야겠지만, 근본으로는 하느님의 섭리에 따라 오시는 것이고, '내가 어려움을 당하면 그 어려움을 이길 수 있게 또 하느님은 돌봐주실 것이다. 이 모든 것을 하느님 섭리에 맡겨라.' 그 말씀이 자꾸 생각이 나요.

질 **대주교님께서 하느님께 가실 날 한 마디 하고 싶으신 게 있으시다면……**

답 글쎄. 감사하다는 말씀밖에 드릴 게 없어요. 요새는 건강이 좀 괜찮아지면 드는 생각이, 하느님이 내게 뭘 하라고 그러시는 건가, 하는 생각. 자꾸 기도할 때 생각해요. '하느님, 이끌어주십시오. 이제 제가 해야 할 일이 무엇입니까? 맡겨주시면 어떻게 해서든지 하겠습니다. 그게 당신의 섭리라는 것을 아니까요.' 하여간 저는 열심히 기도하고, 우리 신자들을 생각하면서, 교회를 생각하면서, 또 어려운 사람들 생각하면서, 기도하면서 지내겠습니다.

질 **혹시 대주교님의 묘비명에 한 마디 쓴다고 하면……**

답 나는 특별히 잘한 게 없는 사람이니까, 그냥, '그리스도의 평화' 그렇게 쓰고 싶어요. 내가 신부 수품 받을 때부터 쓴 내 사목 표어가 '그리스도의 평화'예요. 한 사람 한 사람의 생활에서, 이 세상에서 그리스도를 통한 하느님과의 일치. 거기에 우리의 모든 행복이 있는 것이 아니겠나, 생각하는 거지요. 그리스도의 평화!

질 **대주교님 긴 시간 동안 소중한 말씀 많이 들었습니다. 정말 감
사드립니다.**

이단원

질문: 평화방송(전성우 피디)
답변: 이단원

질 **추기경님이 편지에서 이렇게 말씀하셨다는 겁니까?**

답 그렇다니까, 이것 봐요. '나는 실패할 것입니다.' 나는 이 편지를 들고 아주 엎드려 절할 뻔했어요. 이 말을 어떻게 일개 여직원한테 할 수 있는가 말이지요.

질 **그때 서울대교구장으로 가셔서 보내신 편지에서 이렇게 말씀하신 거지요? 굉장히 힘드셨던 상황이어서 그런 말씀을 하신 것 아니겠습니까?**

답 그렇지요. 그래도 어쩜 저렇게 고백을 하실 수 있을까 싶은 거예요. 다른 사람한테 말이지요.

질 **굉장히 솔직하신 거지요.**

답 솔직할 뿐 아니라 성직자들이 좀 권위적이고 그렇잖아요? 그런 게 정말 없으신 분이에요. 아주 인간적인 사람인 거지요. 자기가 데리고 있던 여직원한테 '나는 실패할 것입니다' 하는 사람이 어디 있겠어요? 이 편지가 나한테 보낸 첫 편지였지요.

질 **날짜가 6월 29일이면 대주교 착좌식 하고 얼마 안 지났을 때였네요?**

답 그랬을 거예요. 그때 우리 신문사 직원들도 착좌식 참석한다고 대구에서 다 왔었지요.

질 **그럼 선생님은 추기경님을 「가톨릭시보」사에서 처음 만나신 것이지요?**

답　그때 사장으로 부임해오셨을 때 처음 뵈었지요. 그때 내가 서른
　　둘, 셋쯤 됐겠네요. 내가 「가톨릭시보」사 들어가서 일한 지 좀
　　되었을 때 추기경님이 오셨죠. 추기경님은 나보다 열두 살 위셨
　　으니까, 난 연배가 한참 아래인 직원이었죠.

질　**그때는 김수환 신부님이셨지요? 유학 다녀오셔서 시보사 사장**
　　으로 오신다, 하는 소문이 먼저 돌았나요?

답　독일에서 오시자마자 「가톨릭시보」사에 오셨는데, 참 소박하신
　　분이다 싶었어요. 그리고 추진력이 대단하고 아주 열성이 있는
　　분이셨어요. 밤을 새워가며 일하는데, 열심히 하셨고 또 아주 겸
　　손하셨죠. 무슨 기사든 일일이 다 감수하셨어요. 외신이고 뭐고
　　다 보셨죠. 사장신부님이 아니라, 거의 무슨 편집 업무를 다 맡
　　아 하는 사람이었어요. 또 일요일에 나와서 신문 보급하는 일도
　　하시고 그랬죠.

「가톨릭시보」사 기자들과 함께한 사진.

질 **시보사 사장으로 오시는 것을 김수환 신부님 본인도 예상 못 하셨을 것 아닙니까?**

답 글쎄요. 그때 서 대주교님이 한국에 들어올 때 「가톨릭시보」사로 들어와라, 했는지도 모르지요. 그렇게 발령 받아서 독일에서 오셨는지도……. 그건 난 모르겠어요.

그렇게 우리 사장신부가 직접 원고 고치고 하는 것을 가끔 「매일신문」 기자들이 보고는 아주 부러워했어요. '너희 신부님은 너무 소탈하고 좋다.' '우리 신부님 권위적이고 무서운데 김수환 신부 너무 좋다.' 이렇게 소문이 났어요. 그때 매주 수요일마다 신문이 나오면 또 사장신부님이 같이 접는 거예요. 다 같이 발송작업 하고 그다음에 회식했죠. 꼭 외식을 시켜주셨어요. 그때 모두 가난했거든요. 그러니까 영양식을 먹어야 된다고 하시면서 보신탕 사 먹이고 했어요. 얼마나 자상했냐 하면, 밖에 다니시다가 떡이나 미숫가루를 누구한테 선물 받으면 가져와서 '이거 먹고 해라' 하시는 거예요. 그렇게 사원들한테 사랑을 주

「가톨릭시보」사 사장신부 시절(1964.6~1966.4).

는 거지요. 김동한 신부가 형님이시잖아요. 그때 경산 본당에 계
셨는데, 어떤 때는 일 끝나면 '경산에 저녁 먹으러 가자' 하고 우
리를 데리고 가셨어요. 김동한 신부님은 김수환 추기경님하고
정반대의 성격이에요. 김수환 추기경님은 굉장히 인간적이고 소
탈하면서도 자기 심지가 있죠. 일에 대해서 열정적이고 아주 꼼
꼼하고 이런 분인데, 김동한 신부님은 훨씬 털털하고 농담도 잘
하시고 그랬어요. 그분도 미국에서 공부하셨다는데 동생하고는
성격이 영 달랐어요.

질 **사람 좋은 호인 스타일이셨나요?**

답 그렇죠. 좋은 게 좋은 그런 스타일이에요. 그래 그날 가면 본당
안에 음식을 아주 잘 차려놔서 우린 잘 먹고 오는 거죠. 이건 하
나의 에피소드지만, 그때 무슨 얘기를 동생이 하니까 형님이 막
뭐라고 꾸중하시더라고요. 형님이 김수환 추기경 보고 막 뭐라
고 그러시는데, 동생은 그냥 가만히 듣고 계셨어요.

질 **직원들을 데리고 갔는데 거기서 야단맞은 거네요.**

답 네. 그런데 형님한테 한 마디 대꾸도 못 하시더라고요. 좀 그런
분이셨어요. 할아버지가 순교자시거든요. 유복자로 어렵게 자
라셨죠. 가난하니 학교 다닐 때 밥도 못 싸와서 남들 밥 먹을 때
굶으면서도 '나는 왜 이렇게 가난하나, 나는 왜 이렇게 배고파
야 하나' 하는 가난에 대한 어떤 울분 같은 게 하나도 없으셨다
고 해요. 보통 사람들은 가난하면 세상에 대한 원망이 있거든요.
그런데 어릴 때부터 자질이, 아주 추기경이 되실 만한 그런 자

질이 있으셨던 것 같아요.

질 **「가톨릭시보」는 그때 어떻게 운영되고 있었나요?**

답 일주일에 한 번만 나오시긴 했지만, 추기경님이 오셔서 갑자기 일으키신 거예요. 신문에 대해서 별로 아시는 게 없으면서도, 직원 한 사람 한 사람이 최대한으로 자기 능력을 발휘하도록 만들어주셨어요. 오시자마자 월급도 확 올려주시더라고요. 기사 열심히 쓰고 여러 본당에 가서 보급하고 강론도 하시고 했더니 발행 부수가 그냥 올라가는 거예요. 그때 뉴스가 많았어요. 바티칸 공의회 막 했을 때니 뉴스거리가 많아서 밤을 새워서 쓰고 그랬죠. 추기경님은 그때 사장이라는 느낌보다 동료, 가족 같았어요. 물론 일하는 데에선 철저하고 위계질서는 지키시고 그랬어요. 무조건 허무는 게 아니에요. 시보사 사람들 각자의 개성을 아시고, 그 사람의 장점을 다 인정하고 잠재 능력을 발휘하도록 해주셨어요.

또 그때 편집부에 있는 사람한테 다 사설을 쓰게 하셨어요. 신문에 안 싣더라도 늘 사설을 쓰게 하신 거예요. 며칠까지 써 와라 해서 서로가 보고, 이건 아니다, 저건 좋다 그래서 그중에 골라서 싣게 했죠. 동료들이 서로가 화합하고 북돋아주고 해서 일을 안 할 수 없게 만드셨어요. 또 잘한다고 복돋아주시니 모두 열의를 가지고 일하게 되는 거죠. 그분은 기업의 사장을 했어도 성공하셨을 분이에요. 리더로서 너무 훌륭하시지요. 모두 자발적으로 따라가게 만드는 분이셨어요.

질 **신문 만드는 일로 처음엔 걱정도 많으셨겠네요.**

답 그렇죠. 처음에는 고민스러웠을 거예요. 그런 티를 전혀 안 냈지만요. 그분은 백지 상태에서 일하신 거예요. 그래도 다른 사람들보다 성과를 더 많이 얻으셨고, 신문도 질적으로 많이 높아졌죠. 왜냐하면 추기경님이 영어, 프랑스어, 독일어를 다 하시니까 외신을 직접 번역하셨거든요. 다른 기사도 직접 감수해서 내시고요. 머리도 아주 비상하신 분이지요. 보통 그런 분은 인간적으로까지 훌륭하기 쉽지 않은데, 그 양반은 지적으로도 굉장히 뛰어날 뿐 아니라 인간미도 있으셨지요.

질 **두 분께서 같이 일도 많이 하시고 했으니 친하셨겠습니다.**

답 그건 당연하죠. 어떤 의미에서는 친했어요. 그때 갑자기 편집국장이 나가고 없었는데, 신부님은 외국에서 공부하시다 오셨고 하니 가톨릭교회 지식이나 어떤 일반적 지식이나 그분한테는 맨발 벗고도 못 따라가죠. 단지 철자법이나 문장에 대해 내가 좀 안다, 그것밖엔 없었지요. 내가 국문과 출신이고, 소설 쓰고 그랬으니까요. 내가 제일 가깝게, 일을 제일 많이 한 사람이지요.

질 **추기경님께서 사원들에게 경제적으로도 도움을 주셨다고 하셨지요?**

답 내가 그때 형편이 굉장히 어려웠어요. 어머니하고 조카 둘 데리고 가장 노릇을 하며 힘들게 살았어요. 어느 날 나더러 '이 선생 왜 자꾸 방을 얻으러 다니느냐?' 하시면서 이사가 자주 있는지 물으시더라고요. '집이 없어서 그렇지요' 했더니 어느 날 아무도 몰래 꽤 많은 돈을 주시는 거예요. 조그만 집이라도 사라고. 그래서 내가 돈을 조금 보태서 집을 샀어요. 그런데 나한테만 그런 줄 알았는데, 권정신 선생이라고 있어요. 그 사람한테도 그랬더라고요. 그 사람 혼자서 병든 어머니 모시고 살았거든요. 그 사람 외신 기사 쓰고 아주 유능한 사람이었죠. 추기경님은 능력 있는 사람은 굉장히 인정해주셨어요. '추기경님이 제 형편 보시면서 월급하고 보너스 이외에 돈을 많이 주셨다'고 하대요.

질 **사람에 대한 연민이라고 할까요. 그게 다른 사람들보다 좀 더 발달했던 분이었지요?**

답 물론이죠. 그런 연민이 없으면 신부되고 주교되고 추기경됐겠어요? 한국 가톨릭교회뿐만 아니라 한국 사회 전체에서 이분은 위대한 지도자였고 소금이었지요. 이제 추기경 어른 돌아가시고 나니까 한국 교회 어른될 사람이 아무도 없잖아요.

질 **그렇죠. 교회뿐만 아니라 우리 사회에 어른이 안 계시죠. 정말 추기경님이랑 형제애 같은 것도 느끼셨겠어요.**

답 모든 사원들이 다 그랬죠. 어떤 사람을 편애하거나 그랬으면 분위기 나빠질 텐데, 편애를 절대 안 하고 모두 같이 사랑해주시니 일하는 분위기가 아주 좋았어요. 사원들이 서로 질투하게 싸움을 붙이는 사람이 얼마나 많아요? 일 좀 못 한다고 해서 등 돌린다든가. 다 품을 수 있는 사람이 힘 있는 지도자잖아요. 안 그래요? 약한 자일수록 안아주고 자신감을 주고, 그게 진짜 성직자, 진정한 보스 아니겠어요? 내가 보기에 추기경님은 그런 거 다 갖춘 사람이에요.

질 **원고를 직접 쓰셨다는 말씀을 하셨는데, 어떠셨나요?**

답 아, 재미있는 이야기가 하나 있지요. 우리 신문에 〈반사경〉이라는 짧은 칼럼이 있는데, 어느 날 내가 쓰다가 골치 아파서 '신부님, 나 〈반사경〉 안 쓸래요' 이랬거든요. 그러면 왜 안 쓰냐, 써라, 이래야 되잖아요. 면박을 줘야 되잖아요. 그런데 '그래. 할 수 없지, 뭐' 이러시는 거예요. 그런데 내가 집에 가서 가만히 생각해보니 아무래도 안 되겠어. 그래서 새벽에 일어나서 막 썼지요. 다섯 장 다 써가지고 아침에 가니까 추기경님이 '내가 써왔다' 하면서 보여주시는 거예요. '저도 썼습니다' 하고 보여드리니까 내 원고를 읽어보시더니 '니 글이 더 낫다. 내 원고는 버려라' 하세요. 그만큼 강하게 안 하시고 자발적으로 일하게 하셨어요.

질 **그리고 당신이 스스로 하시고, 당신부터 하시는 분이지요? 시보사에서 일하실 때 추기경님 굉장히 성실하셨네요?**

답 그걸 말이라고 해요? 내가 지금껏 한 말이 바로 그 말이에요. 말하자면 자기 일에 대해서 지극히 성실하셨지요. 보통 머리가 좋은 사람들은 게으른데, 이 양반은 머리도 비상한 데다가 굉장히 성실한 사람이에요. 그런 사람 참 잘 없죠. 추기경님은 굉장히 성실하고, 자기 일에 대해서 아주 진지하고 그러면서도 특출하고, 그 무엇보다 큰 게 사랑이에요. 인간에 대한 사랑요.

질 **그때 시보사에서 바티칸공의회에 대해서 꼭 알려야겠다는 의지를 많이 보이셨지요?**

답 추기경님은 교회 사상으로 볼 때 굉장히 진보적인 사람이라서, 바티칸공의회가 너무 자기하고 맞는 거예요. 교회에서는 일종의 혁명 같은 거죠.

질 **공의회의 열렬한 지지자셨네요.**

답 개방했잖아요. 제2차 바티칸공의회 하고 신부님이 프로파간다를 맡았다 하는 건 어떤 면에서 잘 맞았지요. 가톨릭교회한테도 너무 좋은 일이 됐고, 추기경님 개인으로 봐서도 교회가 세상을 향해서 활짝 문을 여는 순간, 이렇게 좋은 게 있나 싶으셨을 거예요. 얼마나 중요한 거예요? 세상에 알려야 하잖아요. 신문사 책임자로 오셨으니 이제 마음껏 자기 사상과 이상과 능력을 다 발휘할 수 있었죠. 근데 그분이 아마 그냥 신문사 사장으로 있었더라면 우리나라 최초의 추기경보다 더 큰 의미는 아니었을지 몰라도, 신문으로 가톨릭을 전파하는 데 있어서도 성공시켰을 거예요. 그분이 와서 「가톨릭시보」사가 커졌거든요. 그 전까지 「가톨릭시보」사는 아무것도 안 했어요.

질 **이 년 계신 동안 신문사가 두 배나 성장했더라고요. 구독자 수도 이만에서 사만으로 늘어나고요. 그건 지금도 상상하기 힘든 성장이지요.**

답 그분이 말하자면, 사회 경영에도 능력 있는 사람이고 영성적으로도 뛰어난 분이지요.

질   **신문 만드는 동안 재미있는 일들이 많으셨겠는데요.**

답   추기경님은 결코 딱딱한 신부가 아니셨어요. 어느 해 여름에 직
     원 휴가를 갔는데요. 한번 휴간하고 부산엘 갔었죠. 부서도 따
     지지 않았어요. 기자나 업무부, 다 똑같이 한 방에서 일했고, 사
     장실 따로 하나 있었는데 거기서 글도 쓰시다가 우리한테 와서
     같이 일하고 그랬죠. 그때 부산 중앙성당 신부님이 지학순 주교
     예요. 하루는 다 함께 바다에 나갔어요. 배 한 척을 세내고 사공
     이 배를 젓고 해서 바다 건너 조그만 섬인가, 아주 한적한 곳엘
     갔어요. 주교님, 신부님 몇 분, 그리고 우리 사원들 일곱 명 정도
     됐을 거예요. 편집부 사원, 업무부 사원, 전부 같이 수영하고 있
     었는데 추기경님이 이러시더라고요. '아, 우리 에덴에 온 것 같
     다!' 아마 그 순간 인간의 근원으로 돌아간 것 같은 느낌을 받으
     셨나 봐요. 하여튼 사람들의 일상을 재밌게 만들어주시고, 또 일
     할 땐 열심히 일하게 해주신 분이에요. 미사 드릴 땐 거룩하게
     하시고. 내가 그때까지 가톨릭 영세를 안 받았는데, 한 번도 '이

「가톨릭시보」사 기자들과의 '에덴 같은' 여름 휴가 중.

야외에서 포즈를 취한 김수환 추기경.

선생, 왜 영세 좀 받지' 하는 그런 말씀 안 하셨어요. 사실 그럴
수가 없거든요. 가톨릭 신자라야 「가톨릭시보」사에 취직이 되는
것이었는데도 말이죠.

질 **그렇게 지내시다가 김수환 신부님이 마산교구장으로 갔을 때는
아쉽고 서운하셨겠네요.**

답 좌절했지요. 그래도 「가톨릭시보」사를 그만큼 기반 쌓아주셨기
때문에, 추기경님 때보다는 열의가 없어졌지만, 그래도 유지가
됐어요.

질 **늘 치밀하게 일을 처리하시고 매사에 그러셨던 거죠? 혹시 추
기경님 흐트러진 모습 같은 건 없으셨습니까?**

답 없으셨어요. 당신 이면에 흐트러진 모습 있었는지 없었는지, 그건 우리가 어떻게 알겠어요. 하늘을 우러러 한 점 부끄러움 없는 사람이 어디 있겠어요. 안 그래요? 한 번은 이런 말씀을 했다는 걸 누구한테 들었는데, '만약 사람들이 나의 내면을 알았다면 나를 몽둥이로 때려 죽이려고 할 거다' 하셨대요. 자기한테도 이만큼 내면적인 죄가 있다는 거지요. 그런 거를 솔직히 고백할 수 있는 성직자가 어디 있겠어요?

지극히 훌륭한 사람들은 아주 인간적인 것 같아요. 나는 추기경님이, 그분이 성자라서 하는 말이 아니라, 성인에 아주 가깝게 접근한 사람이라고 생각해요. 아주 인간미가 있는 분이세요. 우리를 즐겁게 해주시면서 함께 즐거워한다든지, 그런 경우만 보더라도 그렇죠. '에덴에 왔구나' 하는 말씀은 좋은 걸 좋게 느끼신다는 거지요.

질 **즐길 줄 아시는 분이라는 말씀이지요.**

답 즐길 줄 알고, 또 자기를 극복하시려는 거예요. 이 편지 글을 보세요. '나는 실패할 것입니다.' 나중에는 성직자로서 사회에 참여하시면서 군정에 반대하고, 문제가 되면서 교회 보수파들의 반대에 부딪히고 그랬잖아요. 백척간두에까지 올라가신 거예요. 그런 모험을 하신 분이지요. 누가 스스로 백척간두에 올라서겠어요.

질 **왜 거기 서셨을까요.**

답 교회를, 인간을 위해서죠. 나라를 위해서. 대한민국을 위해서. 내가 성직자로서 폭력 독재는 용납 못 한다, 그걸 백척간두에 서서 외쳤잖아요. 뒤에서 반대하는 사람들 얼마나 많았다고요.

질 **마지막으로 추기경님 얼굴을 직접 대면한 건 꽤 오래되셨겠네요.**

답 돌아가시기 삼사 년 전쯤인데, 추기경님 은퇴하시고 혜화동 계실 때 옛날 동료 세 사람이 갔어요. 다른 데다 예약을 해두셨다는 것을 저희가 우겨서 혜화동 유명한 보신탕집으로 모셨어요. 그때 헤어지고 나서 처음이자 마지막으로 만났지요.

질 **그러면 꽤 오랜만에 보신 거죠?**

답 참, 어떻게 그랬는지. 내가 좀 수줍어하고 그렇거든요. 한 번도 병문안을 안 갔는데 편지는 자꾸 했던 거라. 그게 후회막급이에요. 가서 인사드리고, 얘기도 하고 그랬어야 했는데. 성모병원에 입원해 계실 때도 면회 사절이었다는데, 그래도 문 앞에라도 가볼걸 싶어요. 그 점심 먹은 게 마지막이었어요.

질 **추기경님과 선생님 사이는 이야기가 많네요. 한참 편지는 주고받았지만 오랫동안 만나보지는 못한 사이셨네요.**

답 삼십삼 년을 추기경님 그늘 밑에 있었잖아요. 「가톨릭시보」사, 그 뒤에 가톨릭 출판사에 있었던 것도 추기경님 그늘이지요. 그러나 안 봤어요. 한 번도 안 봤어요.

질 **2009년에 선종하셨잖아요. 그 소식 들었을 때 어떠셨습니까.**

답 그 소식 듣고 나서 명동성당 가니까 사람이 사십만 명이라고 하대요. 안구 기증하시고 가셨는데, '한 눈먼 자를 따라 사십만 명의 눈 뜬 자가 끝없이 흘러 따라가고 있었다.' 그렇게 내가, 마지막으로 썼어요. '눈먼 자의 뒤를 눈 뜬 자들이 따라가고 있었다.'

질 **선생님에게 추기경은 어떤 분이라고 말씀하시겠습니까?**

답 정신적인 지향점. 그리고 인간적인 면에서도 참으로 모범이신 분. 내가 세상 풍파 겪으며 살아온 바를 '나는 온 발로, 젖은 발로 그 겨울을 걸어왔다' 이렇게 표현했는데, 젖은 발로 걸어온 그런 험악한 생애에서, 생계를 위해서도 그렇고 간접적으로도 언제나 멀리서 나의 지주가 되어주셨어요. 추기경님 아니었으면 내가 어디에서 밥 벌어 먹고 살았겠어요. 나의 고난 속에서 늘 지표가 된 분은 추기경님이셨어요. 난 신앙이 없어요. 그런데 인간은 인간을 넘어서야 비로소 신에 가까워질 수 있다, 그 생각이 드는 거예요. 내 생애에서 추기경님과의 인연이라는 것은 하나의 은총이에요. 만남의 은총!

질 **추기경님께 받은 편지 중에 벽에 대한 내용 좀 말씀해주시지요.**

답 '벽과 문은 둔갑을 잘해서 벽인가 하면 문이고, 문인가 하면 벽인 경우가 너무나 많지요. 사면이 벽인 경우에도 하늘은 뚫려 있지요. 눈을 위로 향하면 볼 수 있는 것 같은데, 이 선생님은 앞이나 아래만 보시는 것 같습니다. 하긴 저도 대체로 그런 편입니다. 안녕.'

그래 뭐, 내가 보내드린 편지에 사는 게 힘들다고 괴발개발 썼겠죠. 온 천지 살아날 구멍은 아무 데도 없다고. 나에게는 문도 없다, 그렇게 썼겠죠. 그런데 아주 답장을 간단하게 쓰셨잖아요.

질 **그분이 당신의 아픔이나 고민을 먼저 토로하시니까, 제 고민도 갑자기 가볍게 느껴지는 것 같습니다.**

답 '벽만 보지 말고 하늘을 봐라. 하느님 안 믿나.' 그러면 감동이 없죠. 그런데 끝에 가서 '나도 그런 편이다' 이러면 우리한테 확 공감되면서, 설득력이 생기죠. 나도 같이 고뇌하는 사람이다. 그분은 언제든지 우리와 똑같은 위치에서 말씀하세요. 너 기도해라, 하느님한테 어떻게 해라, 보통 성직자들 그렇게 위에서 가르치려고 하는데 이분은 하느님을 이야기하시면서 '나도 연약하다, 나도 너와 똑같다' 하시며 아픔 속에 있다고 고백하시잖아요. 그러면 우리가 '아, 이런 분도 벽 속에 있다고 하시는데 속세에 들어 사는 우린들 그렇지 않을까' 하고 공감하고 감탄하게 되지요. 설득이 딱 되지요!

질 **오늘 소중한 인연에 대한 말씀 감명 깊게 들었습니다. 감사합니다.**

김영균 박사

질문: 평화방송(전성우 피디)
답변: 김영균 박사

질 추기경님의 마지막 주치의로서 기억하시는 모습이 어떤 것인지요?

답 돌아가시기 얼마 전까지 기력이 있으실 때는 항상 병실에서 휠체어에 앉아 계셨어요. 저희들이 '추기경님, 어제 잘 주무셨어요?' 인사드리면, 이렇게 보시면서 어떨 때는 웃으시고, 어떨 때는 끄덕끄덕 하시고. 의사표현은 분명히 하시려고 노력을 많이 하셨어요.

질 추기경님이 2008년도 9월에 입원하셨을 때 처음 뵈셨던가요?

답 그렇죠. 제가 직접 환자로 뵌 것은 그때 처음이지요. 추기경님이 돌아가시기 몇 달 전부터 폐렴기가 왔어요. 그때부터 제가 직접 담당하게 됐는데 폐렴은 금방 좋아지셨지만 추기경님이 마지막에 기력이 떨어지시면서 수면무호흡증이 생겼어요. 주무시면 혀가 뒤로 이렇게 당겨지면서 목구멍을 막아버리는 거예요. 옆에서 보면, 걱정될 정도로 숨을 안 쉬시는 거죠. 그리고 한참 있다가 또 푹 쉬시고, 너무 걱정이 돼서 그때부터는 저희가 봤지요. 혀가 뒤로 말려가지 않게 입안에 끼우는 마우스피스라고 있거든요. 근데 이걸 되게 싫어하셨어요. 주무시면 살짝 끼워놓는데, 정신 있으실 때 하면, '아, 싫다' 하셨지요. 노환이시니 기력이 없어서 가래 때문에 기도가 막히면 위험하니까 꼭 끼워야 했어요. 어쩔 때 기분 좋으신 날은 '추기경님 가래 한번 뽑을까요?' 그러면, '어, 어' 하셨는데 그걸 또 굉장히 싫어하셨어요. 사실 추기경님께서 어디가 아프다, 통증에 대해서 말씀 많이 하신 기억은 없습니다.

질　**10월 초에, 10월 4일인 것 같은데, 그때 한 번 위급한 적이 있으셨잖아요.**

답　저도 외부에서 연락받고 급히 왔었죠. 안 좋으시다 그래서 그날 돌아가시는 줄 알고 와서 응급조치를 했는데, 알고 봤더니 결국은 가래가 막히셨어요. 그래서 열심히 가래 뽑고 하니까 다시 금방 돌아오셨어요. 정신이 혼미 상태로 가셨다가 돌아오시고 나서는 잠깐 굉장히 좋아지신 거예요. 그 전보다 정신도 더 명쾌해지시고, 말씀도 또렷하게 하시고. 야, 참 신기하다, 했지요, 어떻게 혼미 상태에 가셨던 분이 갑자기 이렇게 확 변해서, 말씀도 또박또박 잘하시나, 그래서 '부활하셨다!' 그랬잖아요.

질　**그때 처음 소식 들었을 때는 굉장히 놀라셨겠네요?**

답　그렇죠. 그날 임종하시는 줄 알았죠.

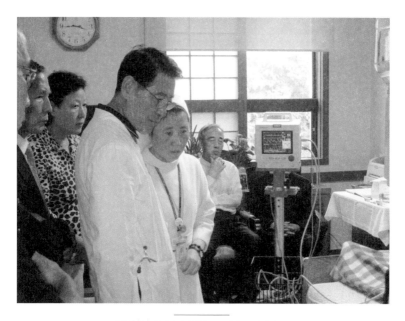

삼십여 년간 추기경의 건강을 돌보았던 고 정인식 교수.

질 **그때 상황을 자세히 설명해주세요.**

답 제가 집에 가 있는데, 당직하시던 선생님께도 연락오고, 수녀님
께서도 '추기경님이 이상해요' 하고 연락하셔서 급히 왔죠. 저
희 집이 오 분밖에 안 걸리니까요. 와서 보니 당직 서던 선생님
들이 미리 조치를 해놓은 상태고요. 이제 가래를 뽑아야 되는데,
석션으로만 제거하는 데 한계가 있었어요. 추기경님은 원래, '나
잘못되면 심폐소생술이나 이런 걸 하지 말라'고 이미 저희들한
테 부탁을 해놓은 상태라서, 그때 제 입장에서는 결정을 하기가
힘들더라고요. 그래도 상황은 벌어졌는데 아무 조치도 안 하고
옆에서 지켜만 볼 수는 없잖아요. 그래서 수녀님을 설득했지요.
'안 되겠습니다. 일단은 삽관을 해야겠습니다.' 그래서 인공호흡
기 할 때 하는 기관 삽관을 하고, 앰부배깅(ambu-bagging)이라고
호흡을 해주는 거 있어요. 그걸 좀 하니까 모든 생명 활력 징후
들이 다시 돌아왔지요. 혈압도 잡히기 시작하고. 그러니까 거의
돌아가셨다가 부활하신 게 맞아요. 나중에 기관 삽관한 것을 뺐
죠. 이걸 끝까지 갖고 있으면 안 되고, 또 본인이 정신이 돌아오
시면 당연히 이걸 안 하려 하실 것 아니에요. 다시 빼드리고 전
처럼 치료를 했지요.

질 **그 당시 어떻게 결정해야 될까, 굉장히 고심스러운 순간이었겠
습니다.**

답 그렇죠, 고심했죠. 왜냐하면 본인이 그렇게 부탁을 하신 게 있는
데, 그런 행위를 한다고 해서 추기경님이 건강을 되찾으셔서 회
복하시는 게 아닌 상황이니까. 그러면 이 정도에서 마무리를 해

야 되는 건가. 아니면 어떻게 해야 하나. 사실 시간적인 여유가 없으니까요. 하려면 빨리 결정을 해야 되잖아요. 당시 상황으로는 오래 고민하고 그럴 상황이 아니었어요. 그래서 일단은 하는 것으로 했는데, 의식이 돌아오시니까 제가 마음이 좋았지요.

질 **그때 마음이 푹 놓이셨겠습니다.**

답 예. 그다음 날 점점 의식도 또렷해지시고, 말씀도 또렷해지시고 그래서 저희들이 굉장히 놀랐거든요. 아마 그때 추기경님이 무슨 꿈을 꾸셨던 것 같아요. 그 꿈이 뭐냐면, 교황님을 만나고 오는 꿈을 꾸셨나 봐요. 그 당시 2009년도면 베네딕토 교황님이신가요? 하여튼 누구라고 말씀은 안 하셨는데, '교황님을 만나고 왔다.' 그런 말씀을 수녀님한테 하시더래요. 사실 본인 의식이 없던 상황에서 깨어나셔서 그 말씀을 하시니까 역시 추기경님은 임종 직전에도, 결국 바라시는 게 그런 것이구나, 하는 생각이 들었어요. 우리도 죽음에 임박하거나 응급한 상황이 되면 과거 일들이 막 스쳐 지나가잖아요. 저도 누구한테 들었는데, 비행기 추락할 때, 모든 이십 년, 삼십 년의 일이 순식간에 지나간대요. 그때 제일 떠오르는 게 뭐냐, 그런 거 가지고 전에 누가 글을 쓴 걸 봤는데, 그때 떠오르는 것이 자기 인생을 가장 좌지우지하던 그런 영향력 있는 사건이었다는 거죠. 근데 평소에는 그걸 모른대요. 그런 순간에 누가, 무슨 일이, 어떤 상황이 제일 먼저 떠오르는지 모르는데, 추기경님은 그때도 교황님을 만나고 오신 거 보면 항상 마음의 준비가 되어 있으셨던 것 같아요.

김영균 박사

질 **사실 그때 돌아가셨으면, 교수님도 마음이 많이 안 좋으셨겠지요.**

답 그렇죠. 물론 우리가 마음의 각오는 다 하고 있었지만 그날도 회진을 돌고 어느 정도 괜찮으신 모습을 보고 갔으니까요. 오늘 밤에 당장 그런 일이 갑자기 벌어지리라고는 생각을 못 하고 간 상태였는데, 갑자기 나빠지시니까 저희도 당황했지요. 그때 하여튼 마지막 한 달 정도는 하루하루가 계속 비상대기였어요. 진짜 언제 돌아가실지 모르는 상황이었으니까요.

질 **그러다가 굉장히 좋아지셨을 때는 말씀도 많이 나누고 그러셨겠네요?**

답 원래 말씀을 많이는 안 하세요. 그래서 보통 때 저는 의료적인 얘기를 드리고, 개인적으로는 얘기를 나눌 게 없었어요. 불편한 점 있으시면 얘기하시고 또 제가 말씀을 드리려고 하면, 어쩔 때는, '예, 고맙습니다. 이제 가보셔도 됩니다' 이렇게 하면 제가 더 말을 할 수가 없잖아요. '예, 알겠습니다. 다음에 또 오겠습니다' 이러고 가는 거죠.

질 **환자로서는 어떻습니까. 당연히 추기경님이셨기 때문에 마음에 남는 환자였겠지만, 죽음을 앞둔 환자로서는 어떤 모습이셨나요?**

답 제 개인적으로는 평화로이 죽음을 맞은 환자로서는 어떻게 보면 추기경님이 두 번째라고 할 수 있는데요. 환자가 웃으면서 죽는다는 게 참 힘들잖아요. 물론 추기경님은 미소를 띠고 그런 상황은 아니었지만 하여튼 평온한 모습이셨지요. 그전에 제가 치료했던 청년이 있었는데 정말 죽는 순간에도 미소를 띠면서 죽었거든요. 그렇게 편안하게, 평화로운 모습으로 임종을 맞이한 환자는 그 친구, 그리고 추기경님뿐이지요.

대부분은 뭐 순식간에 기관 삽관하고, 막 서두는 상황에서 돌아가시잖아요. 임종을 편안하게 받아들이는 그런 자세에서 돌아가시는 분들이 그렇게 많지는 않아요. 숨을 거둔 상태에서도 심장은 당분간 뛰거든요. 호흡이 끊어져도 심장은 당분간 이렇게 뛰어요. 우리가 심장이 완전히 멎으면 임종 선언을 하죠. 대부분 그렇게 돌아가시는데 거의 무표정이죠. 평온한 것과 무표정은 다르잖아요. 추기경님은 참 평온하신 모습으로 돌아가신 것 같아요.

질 **당신이 죽음을 준비하고 받아들이시면서 돌아가셨다는 말씀이 신가요?**

답 추기경님께서 마지막에 혈압이 떨어지기 시작한 거예요. 아무리 심폐소생술 이런 걸 안 한다고 하더라도, 기본적으로 들어가는 수액이라든지 그런 걸 달고 계셨단 말이죠. 근데 혈압이 떨어지면 혈압을 올리는 도파민이라는 주사가 있어요. 그걸로 혈압을 올리는데, 돌아가실 때는 혈압이 아예 뚝 떨어지면서 의식이 점점 사라지시고, 호흡도 점점 약해지시고 혈압 올리는 주사약을 더 드려도 혈압이 안 올라가는 거예요. 그래서 이제는 돌아가실 것 같아서, 임종이 얼마 안 남으셨다고 생각하고, 교회분들께 그때 다 연락을 드렸던 거죠. 최종적으로 임종 선언은 제

김영균 박사

가 한 거고요. 마지막에 다들 지켜보시는 가운데 임종하신 거예요. 임종 맞이하는 사람들 보면 대부분은 마지막까지 숨을 놓지 않으려고 하는 그런 게 보이거든요. 추기경님은 그런 건 없으셨어요.

질 **보통 보면 죽음을 앞둔 환자들은 죽음에 대한 두려움 같은 걸 굉장히 많이 가지지 않습니까?**

답 그렇죠. 대부분 환자들이 자기가 아무리 각오를 하고, 호스피스를 한다고 하더라도 막상 그런 순간이 다가오면 불안해하죠. 근데 추기경님 경우는 불안해하시거나 그런 건 전혀 찾아볼 수 없었고요. 그리고 계속 어떤 의학적인, 그런 처치로 계속 연명하는 것 자체가 본인은 썩 달갑지 않으셨던 것 같아요. 그렇다고 '나 이거 끊어라'라고 말씀은 안 하시고, 의료진들이 하니까 그냥 가만히 받아들이긴 하셨는데, '야, 너희들이 아무리 그래도 이건 정해져 있는 거야. 왜 그러니' 꼭 이런 말씀을 하시는 것 같더라고요. 직접 하신 건 아니지만. 표정도 그러셨고요.

질 **그럼 약간의 긴장감이 있었겠습니다.**

답 좀 싸우기도 했죠. '추기경님, 이거 하셔야 됩니다. 하셔야 돼요, 추기경님. 입 벌리세요. 가래 뱉으셔야 되고요' 제가 이렇게 막 두드리고 그러면, '아파, 아파' 그러시고, '아, 그래도 하셔야 돼요' 하면 '아휴, 교수님들은 왜 이렇게 환자를 귀찮게 하나' 하셨죠. 정신 있으실 때 그런 경우도 있었지요. 근데 항상 정말 아기 같으시니까요.

질 **아기 같으셨어요?**

답 그렇죠. 마지막에 보면, 나이가 들면 아기가 된다고 그러잖아요.
추기경님도 뭐 그런 식이셨어요. 나중엔 투정도 좀 부리셨지요.
또 농담도 곧잘 하셨어요. 추기경님한테 신도들이 보낸 편지들
수녀님들이 읽어주실 때 저희가 '무슨 편지예요?' 그러면, '연애
편지야' 그런 농담도 잘하셨어요.

질 **따로 교수님께 말씀 주셨던 건 없으셨어요?**

답 제가 세배 드리면서 덕담을 한 마디 해달라고 말씀을 드렸죠.
그랬더니 '다른 사람에게 도움이 되는 사람이 돼라. 남한테 도
움이 될 수 있는 사람이 돼라' 하는 말씀을 하셨던 게 기억에 남
아요. 제가 의사니까, 저는 당연히 남들한테 도움이 된다고 생
각을 했는데, 그 이상 또 뭐를 바라시는 건가, 구체적으로 어떤
도움인지 여쭤보지는 않았는데, '남들한테 도움이 되는 사람이
되세요.' 그러셨어요. 좋은 지향을 가지라는 뜻이겠죠. 좋은 지
향을 가지고 살면 남들한테 도움이 되는 거니까. 남을 해치지만
않아도 도움이 되는 거지요. 요즘 세상이 워낙 각박하다 보니까
항상 이해관계, 갈등 이런 것들이 복잡하고, 목소리 큰 사람이
뭔가를 하나를 더 얻는 세상이다 보니까 자기 것만 생각하잖아
요. 그런 의미에서 좋은 사람이 되라고 하는 말은, 제 나름대로
해석하기를, '그런 데 연연하지 말고 네가 의사면 의사로서의
직분을 다 하고, 큰 욕심 부리지 말고 자기 역할을 다 해라.' 이
런 뜻이 아니었겠는가. 저는 속으로 그렇게 생각을 합니다, 지
금도.

그러고 또 신정 때 세뱃돈 꼭 만 원씩 주셨어요. 만 원 짜리 한 장 꼭 수첩에다가 꽂아서 주시거든요. 우리 교구에서 새해 되면 수첩 만들잖아요. 추기경님 세배 드리러 왔습니다, 그러면, 이렇게 넣어가지고 한 장씩 주셨어요. 그 세뱃돈 아직도 제가 보관하고 있어요.

질 **추기경님이 교수님께 주신 말씀을 계속 마음속에 담아 두고 계 신 거네요?**

답 지금도 그 말을 안고 있지요. 저도 사람인데 살다 보면 화나는 사람도 있고, 얄미운 사람도 있고 그렇잖아요. 그래서 막 분출 을 하고 싶은데, 그때 그 말씀을 생각해요. '도움이 되는 사람이 돼라.'

질 **의료진 말을 별로 잘 안 듣는 환자분이셨는가 봅니다?**

답 아니, 잘 들으실 때는 들으시는데, 본인이 싫은 건 싫다, 뜻을 분 명히 표시하셨죠. 결국은 우리가 막 우기면, 좀 싫은 표정을 지 으시면서 어쩔 수 없이 받아들이시는 거죠. 추기경님도 결국은 환자시잖아요. '나는 다 귀찮은데, 뭐 이렇게 하려고 그러냐.' 그 렇게 생각을 하시면서도, 우리가 하셔야 됩니다, 하면 또 받아들 이셨어요.

질 **추기경님 입원하셨을 때에는 회복돼서, 퇴원해서 나가신다는 건 사실 불가능한, 그런 상태 아니셨나요?**

답 처음에 들어오실 때는 당뇨도 좀 있으시고, 혈당도 높고 했어요.

처음에는 사실 폐렴으로 오신 게 아니라, 기력도 떨어지고 혈당도 조절할 겸 해서 내분비내과로 오셔서 입원을 하셨는데, 혈당 조절을 하고 있다가 폐렴기가 생기신 거예요. 원래 기관지 쪽에 문제가 약간 있으셨는데 폐렴이 생겨서 그때부터 저희들이 보게 됐고, 그러면서 조금씩 기력이 쇠하신 거죠. 그때만 해도 혈당 잡고 폐렴 좋아지면 퇴원까지 생각을 하셨던 상황인데 워낙 기력이 떨어져 있었죠. 제일 문제는 식사를 많이 못 하시는 거였지요. 퇴원이 문제가 아니고, 그 상태로 퇴원을 하면 입으로 드시질 못하니까요.

질 **영양 부족 때문에요?**

답 그렇죠. 입으로 드시는 양이 조금밖에 안 되고, 그것도 삼키다가 사레가 자꾸 걸리고 했거든요. 거의 수프 같은 걸 주로 드셨는데 그것도 사레가 자꾸 걸리세요. 수녀님이 먹여드리면 한참 물고 있다가 삼키시고, 그런 상황에서는 사실 당뇨가 조절된다 하더라도 퇴원하기 힘들지요. 그러면서 조금씩 기력이 떨어지고 나중에는 혈당 문제보다는 가래 끓는 거, 폐렴, 이게 안 잡히니까 그래서 입원 기간이 길어지게 된 거죠.

질 **그러면 그때는 교수님도 '아, 이게 마지막 길이시겠다' 그렇게 생각이 드셨겠어요?**

답 아뇨. 처음에는 이게 마지막이라고 생각을 안 했어요. 처음에는 '추기경님 폐렴 많이 좋아지고 있으니까 가래만 열심히 뱉으시면 집에 가실 수 있어요' 그러면 '아, 가야지' 이러셨어요. 근데 계속 주무시면서 가래가 차는데 가래는 못 뱉고 수면무호흡증은 자꾸 생기고, 산소는 떨어지고 그랬죠. 퇴원을 생각할 정도가 안 됐어요. 돌아가신 정인식 교수님이 '이번에는 옛날하고 다르게 기력이 너무 떨어지셨다' 그런 얘기를 하시더라고요. '퇴원해서 가실 수 있으실지 모르겠다' 그래서 '열심히 해 봐야죠' 하고 치료를 했는데, 결국은 못 가신 거죠.

질 **의료진도 약간의 불안감을 그때 느끼셨던 거네요? 그럼 추기경님은 육체적으로는 그때가 가장 힘드셨던 시기 아닌가요?**

답 예. 그 전에는 추기경님을 제가 직접 모시지 않아서 잘 모르겠는데, 정인식 교수님이 잘 아셨어요. 추기경님이 또 고질병이 있는데, 변비가 있었어요. 아주 고질적인 변비. 변비가 너무 심한 거예요. 나중에는 기운이 없으니까 더 못 보시는 거죠. 근데도 항상 대변을 침대에서 보시려고 하질 않아요, 그 와중에도. 단순히 고집스러운 환자들이 있잖아요. 무조건 몸도 가누지 못하면서 화장실을 간다고 하는 것과 추기경님이 그때 화장실 가겠다고 하는 것은 다른 것이었어요. 뭐라고 표현해야 될지 모르겠는데. 아, 품위! 품위를 지키려고 하셨던 것 같아요.

질 **임종하실 때까지 의식이 있으셨나요?**

답 의식이라는 게 본인이 눈을 뜨고, 대화를 하고, 의사를 표시하고 그런 거는 아니셨고요. 부르면 반응하시는 거 있잖아요. 그것도 만약에 의식이라고 한다면, 임종하시기 얼마 전까지 반응을 하시는 그런 모습은 보이셨어요. 의사 전달은 안 돼도, '추기

경님' 그러면 이렇게 눈을 움직이시니까. 그런 정도였지, 실제로
대화가 될 정도는 아니니까요. 제가 기억하기로는, 대화를 하고,
눈을 뜨시고, 눈을 맞추시고 하시는 건 돌아가시기 일주일 전부
터는 거의 안 되셨던 것 같아요. 수녀님하고도 안 되신 거죠. 수
녀님이 항상 옆에서 귀에 대고 이렇게 성경 읽어드리고 하셨거
든요. 돌아가실 뻔하다 되살아나셨을 때, 부활하셨을 때, 그때도
항상 미사를 하셨으니까요. 꼭 매일 병실에서 간단하게 미사를
하셨거든요.

질   **성무일도는 하셨나요?**

답   네, 그렇죠. 10월에 갑자기 나빠지시고 다시 회복하신 상태가,
그때가 상당히 좋았던 시절이에요. 저희들도, 야, 이건 기적이
다, 할 정도였지요.

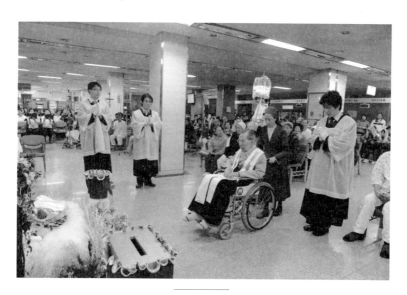

2008년 12월 24일 호스피스병동에서 성탄 전야 미사에 참석한 모습.

질 **원래는 그렇게 좋아지시는 경우가 드문가 보죠?**

답 그렇죠. 사람이 죽을 뻔하다 살아났으니까. 기력이 없어도 더 없
을 텐데. 그런 일이 없었던 사람처럼 멀쩡하게 부활을 해버리시
니까 저희가 좀 당황스러웠죠. 말씀도 또렷또렷해지시고, 농담
도 하시고. 교황님 뵙고 왔다고 그런 얘기도 하시고 하니까. 야,
대단하시다, 했지요.

질 **그럼 견진 받겠다는 약속도 그때 하신 거였습니까?**

답 아뇨, 그건 그 전에 했죠. '제가 세례 받은 지 오래됐는데 아직
바빠서 견진을 못 했습니다' 했더니, 저보고 '견진을 꼭 해라' 이
런 말씀은 안 하셨는데 하여튼, '좋은, 도움이 되는 사람이 돼라'
하셨어요. 그래서 제가, '추기경님, 제가 견진 꼭 받겠습니다' 했
지요. 그런데 오 년이 걸려버렸어요. 그래도 지금은 추기경님한
테 요만큼이라도 마음이 홀가분해요. 늦게라도 약속을 지켰으
니까요. 견진을 받은 신앙인으로서 좀 더 열심히, 봉사활동도 좀
하려고 하고 있습니다.

질 **교수님은 추기경님의 마지막 삶을 잠시 동안이나마 동행하게
된 거 아닙니까. 그게 교수님께 어떤 기억으로 남아 있는지요?
또는 어떤 영향을 받으셨는지요?**

답 추기경님 임종도, 선언도 제가 하고 했지만, 마지막 몇 개월간
같이 옆에 모셨던 게 저로서는 영광이죠. 그전에는 정인식 교수
님이나 손 교수님, 또 다른 최 교수님, 저보다 한참 윗분들은 아
시는데 저는 잘 모르실 때였지요. 제가 '호흡기내과 김영균입니

다' 하고, '추기경님 폐가 안 좋으셔서 제가 보게 됐습니다. 잘 부탁드립니다. 열심히 하겠습니다' 인사드리고 그때부터 시작이 됐지요.

그런데 제가 확실히 느낀 것은 추기경님이 왜 이렇게 여러 사람들한테 추앙을 받는지 알겠더라고요. 뭔지 모르게 뿜어져 나오는 그런 품위 같은 게 있으세요. 그리고 편안함. 정말 가식이 하나도, 요만큼도 없는 그런 말과 행동, 표정이 있으셨어요. 그래서 뵐 때마다 '이래서 이분이 존경을 받으시는구나' 하는 생각을 많이 했지요.

제가 영향을 받은 것은, 저한테 '도움이 되라'고 하셨기 때문에 그 말을 항상 기억한다는 거죠. 항상 가슴속에 담아 두고 있어요. 제가 그렇게 살려고 노력하는 거죠. 바쁘다 보면 잠시 까먹기도 하는데, 어렵거나 극한 상황, 또 화가 나거나 고민스러울 때, 추기경님 그 모습이 떠오르거든요, 저를 이렇게 보시면서, '도움이 되는 사람이 되세요.' '예, 명심하겠습니다.' 그때 그 장면이 뇌리에 떠오르면 화났던 것도 가라앉고 내가 좀 객관적으로 보이는 거죠.

제 삶이 크게 어떻게 달라졌다기보다는, 제가 그 말씀을 기억하고, 어려운 일이 있을 때마다 그 말씀을 떠올리게 되는 것, 그 자체가 달라졌다면 달라진 거죠. 예전에는 그런 게 없었어요.

질 **교수님 삶 속에 무언가 하나를 확실하게 남겨주신 거네요.**

답 네. 남겨주셨지요. 제 인생에 정말 추기경님 모시던 그 몇 개월이, 참 세세한 거는 조금씩 잊히겠지만, 그 기간에 내가 받았던 그 느낌, 추기경님으로부터 받았던 그 무엇, 추기경님이란 분이 어떤 분인가 하는 그 기억은 안 잊힐 것 같아요.

질 **박사님은 의료인으로서 최선을 다하신 거잖아요. 의료인으로서도 갖고 있는 문제에 방안을 제시해준 것이라고 할 수 있나요?**

답 그렇죠. 우리가 할 수 있는 범위 내에서는 다 한 거죠. 최선이라는 것이 어디까지가 최선인지는 모르겠지만 하여튼, 추기경님의 품위를 훼손하지 않는 범위 내에서, 병실 안에서 할 수 있는 처치는 다 한 거죠. 돌아가시고 바로 또 안구 기증을 하시고, 그런 추기경님의 마지막 남기신 족적들이 존경할 수밖에 없죠. 안구 적출도 계시던 병실에서 했거든요. 돌아가시자마자 저희 학장님이 직접 들어오셔서 거의 한 십 분 정도 만에 끝내셨어요. 장기이식이라는 것이 유교적인 관점에서 보면 참 다가가기가 쉽지가 않아요. 근데 바로 가톨릭 신앙, 부활이라는 개념으로 보면 전혀 그런 게 아니죠. 돌아가신 분이 장기를 다른 사람한테 줘서 그분이 살 수 있게 하는 거, 그게 부활이잖아요. 본인 스스로가 부활한 것은 아니지만 남의 몸속에 들어가서 계속 살아 계신 거나 마찬가지잖아요. 그리스도교 종교 배경을 가진 서구 쪽에서는 그래서 장기이식이 보편화되어 있는 것 같아요.

질 **추기경님이 안구를 기증하고 가시고 나서 사회적으로 인식이 많이 달라졌지요. 이제 김 추기경님이 선종하시고 나서 교수님 마음은 어떠셨는지요?**

답 정말 돌아가신 건가, 마음이 담담하기도 했는데, 회진 돌면서,

227

김수환 추기경이 마지막으로 머문 병실.

방을 보면 비어 있잖아요. 한번 들어와서 보고 그러지요. 돌아가시고 나서 한동안 마음이 좀 허전했죠. 돌아가시는 걸 이미 알고 있었고 예측도 하고, 제 입으로 임종 선언까지 하고 다 했으면서도, 안 계신다는 게 처음엔 실감이 안 나더라고요. 추기경님이 여기저기 벽에도 사진으로 이렇게 계시고, 또 제가 음반도 갖고 있거든요. 육성이 녹음돼 있고, 화면으로 남아 있으니까 항상 옆에 계신 것 같지요.

질 **앞으로 많은 분들이 추기경님을 기억해줬으면 좋겠다, 그런 마음이 있으신가요?**

답 아, 당연하죠. 아마 제 마음이 아니라도 다 기억하시지 않을까요? 사실 김수환 추기경님 같은 분이, 앞으로 또 계실까요? 전 국민적인 존경을 받으시고, 실제로 자기 신념대로 쭉 살아오신 분, 앞으로 그런 분은 없다고 봐요.

제가 남기신 글이나 영상을 가끔 보고 듣거든요. 가끔 울적할 때 씨디 틀어놓고 추기경님 목소리 들어요. 추기경님 본인이 안구까지 내놓으셨는데 마지막까지 다 내놓으신 거죠. 안구 기증을 얘기하신 것도 생각 많이 하셨을 것 같아요. 이제 나이가 들었는데, 내 몸 중에 유용하게 쓰일 부분이 눈이라고 생각을 하셨던 것 같아요. 또 눈이라는 것은 빛이잖아요. 우리가 눈을 통해서 모든 걸 보게 되는 것 아닙니까. 나름대로 미리, 아마 검사도 받으셨던 걸로 알고 있어요. 백내장이 오고 그러면 기증을 해도 의미가 없잖아요. 검사를 해서 최종 결정을 하신 것 같고요. 항상 그런 걸 생각하시는 거죠. 내가 뭘 내놓을까. 내가 가진 것 중에서 더 내놓을 것 없나. 그걸 아마 평생 동안 생각하면서 사신 것 같아요.

질 **교수님 마음에 추기경님의 모습 중에 생각나는 모습 하나가 있다면 어떤 것인지요? 안타까웠던 모습이라든지, 기뻐했던 모습이라든지요.**

답 추기경님 웃는 모습이 제일 기억이 나죠. 그때 위기를 벗어나서 딱 돌아오셨을 때, '수녀, 나 부활했어'라고 할 때 웃으셨거든요. 막 우리가 박장대소를 했어요. 추기경님 어떻게 거의 돌아가셨는데 깨어나셔가지고 눈을 번쩍 뜨시고 '수녀, 나 부활했어' 하는데 그 모습은 평생 못 잊죠. 웃는 모습은 정말, 정말 어린애 같으세요. 그렇게 연세가 드셨는데도 웃으시는 모습이 너무 천진하셔서요.

질 **지금 마음으로 추기경님께 한 마디 하신다면 어떤 말씀하시겠습니까?**

답 '지켜봐주세요'죠. 추기경님이 주신 말씀처럼 '도움이 되는 사람'이 되기 위해서 노력을 하겠습니다. 혹시 제가 말만 하고 행동을 하지 않고 할 때는 어떤 식으로든 저한테 암시를 주시면 제가 반성하고 또 반성하고 하겠습니다. 지금도 추기경님 모습을 항상 마음에 담고 사는 사람이 저뿐만이 아니고 굉장히 많은데, 그분들 다 지켜봐주시고 이끌어주십시오.

또 저는 이렇게 생각합니다. 추기경님께서 바라는 세상, 그런 세상이 금방 오지 않을지라도 그런 세상을 만들기 위해서 노력하는 사람들, 추기경님을 마음속에 담고 노력하는 사람들이 많다는 거, 점점 더 많아지다 보면 조그만 거라도 달라지겠죠. 그런 의미에서 가톨릭 신앙인들은 추기경님 기억하면서, 그렇게 살아야 될 것 같아요.

질 **추기경님의 마지막을 지켜주신 김 박사님 말씀 정말 잘 들었습니다. 저희도 오래 기억하겠습니다.**

김상진 신부

질문: 평화방송(전성우 피디)
답변: 김상진 신부

질 **추기경님을 언제 처음 뵙게 되신 건가요?**

답 왜관 분도수도원이지요. 1964년 즈음이었나? 추기경님이 독일에서 돌아오셔서 「가톨릭시보」사 사장하실 때 수도원에서 뵀죠. 내가 신부되기 전이에요. 김동한 신부님하고는 신학교 가기 전부터 만났었고요.

질 **추기경님과 본격적으로 같이 일하신 때는 언제셨나요?**

답 첫 번째가 1984년 103위 시복시성 이백 주년. 그때 교황님이 한국에 오셔서 우리 신앙 선조들을 전 세계 교회에 알리는 기회였지요. 그분이 시성식만 한 게 아니라, 그러고서 전국 방방곡곡을 다 방문하셨지요. 각 교구, 마지막에는 저기 소록도까지 가셔서, 그곳에서 특색 있는 여러 가지 행사를 했어요. 그때 마침 제가 부산 명상의 집이라는 피정 집에 있었는데, 그 부산 모임은 근로자, 농어민, 장애인을 만나는 기회였어요. 수영비행장에 한 삼십만 명이 모였지요. 추기경님이 저더러 '네가 여길 지키고 있으니 단상 일을 네가 맡아서 해라' 하셨어요. 미사는 없었지만 말씀의 전례 비슷하게 했죠. 그래서 내가 단상 준비를 하면서 제일 먼저 생각난 게 그 교화소, 소년원이 빠진 거예요. 우리 집 맞은편에 소년원이 있어서 아침에 일어나고 잘 때까지 내가 마주 보고 있다시피 하기 때문에 잘 알았거든요. 그런데 행사 준비를 여러 가지 하는 중에 나 혼자 독단적으로 생각을 하고 추기경님한테 말씀드렸어요. '우리 집 앞에 소년원이 있습니다. 교황님 헬리콥터 타시고 수영에 가시려면 여기를 지나갑니다. 교황님한테 지나가시면서 소년원 애들한테 강복을 주고 가시라고

해주십시오.' 아, 그랬더니 교황님이 세 번씩이나 헬리콥터를 돌
게 하시고 강복해주셨어요.

질 **신부님이 그 제안을 하신 거네요.**

답 추기경님이 잊지 않으시고 조종사에게 부탁을 해서, 소년원 상
공을 세 바퀴나 도셨지요. 그때 하여튼 수영비행장은 야단이 났
었어요. 교황님 헬기가 반시간 이상 늦게 왔으니. 사실 경호팀은
모르는 상황이었지요. 추기경님이 수영비행장에 도착하고 나를
보시더니, 그때 다른 고위층 성직자도 계시고 한데, 그냥 '어이,
김 신부. 자네가 시킨 대로 했지, 했지' 하시면서 깡충깡충 뛰셔.
그러니까 교황님도 좋아하셨고요. 추기경님은 그렇게 막간을
이용한 것이 아주 흡족하셨던 거예요. 그때 내가 알게 된 거지
요. 사람을 만나는 데는 이런 식으로 만나는 방법이 있구나. 해
서 그때 나도 아주 감개무량했고, 또 추기경님도 그렇게 좋아하
시는 거 내가 또 처음 봤어요. 깡충깡충 뛰셨으니까. 그래서 내
가 '얼른 교황님 모시고 가세요' 했다니까요.

1984년 방한 당시 요한 바오로 2세와 김수환 추기경.

질 **부산 수영비행장에서 모두 교황님 오시는 걸 기다리고 있었는데 예정보다 늦게 오셔서 잠시 걱정했겠습니다.**

답 헬기 타고 가시면서 조종사한테 한 바퀴 돌자고 했는데, 교황님이 자꾸만 돌자고 그러시더래요.

질 **그때 소년원에 있는 아이들도 교황님이 오신 걸 알고 있었나요?**

답 그 전날 내가 귀띔을 했지요. 소년원 위로 교황님이 타신 헬리콥터가 지나가면서 가까이 올 테니 환영 인사를 해라. 그 시간이 마침 운동장에서 노는 때니까, 헬리콥터가 그냥 지나가는 게 아니고 여기를 내려다보면서, 강복하면서 지나갈 테니 꼭 환영해라, 했지요.

질 **그러면 그 사실은 신부님과 추기경님 두 분만의 비밀이었지요? 그리고 교황님께는 '서프라이즈'를 해주신 거네요.**

답 추기경님이 그런 식으로 트인 분이에요. 대단하시지요. 그분이 소심하고 조심스러워 하시는 것 같지만 '내가 그렇게 해야지' 하는 식의 마음을 가지신 분이에요.

질 **신부님이 제안하시고 그걸 흔쾌히 실행하셨습니다.**

답 교황님께서도 거기에 동조해서 기꺼이 해주셨으니, 아주 한평생 잊히지 않는 일이지요. 그때 내가 교황님 앞에서 복음을 읽었어요. 그런 영광을 누렸지요.

질 **신부님은 충분히 자격이 되셨네요. 교황님한테 또 작은 기쁨도**

드리셨잖아요. 그 행사 때 교황님께서 백자 항아리에 사인을 하
신 게 있지요?

답 단상에 올라가서 말씀의 전례만 한 게 너무 싱거울 것 같아서
내가 항아리 두 개를 준비했어요. 항아리는 박해시대 때 우리
신앙 선조들을 상징하는 것이었고 교황님이 붓을 들고 글씨 쓰
신다는 건 동양 문화를 접하시게 하는 거니까 좋겠다 싶어서 준
비했지요. 교황님이 그 항아리에다가 사인을 하셨는데, 그 옆에
추기경님 계시고 그 사진을 내가 찍었어요. 그 사진이 추기경님
돌아가셨을 때 서거 소식을 알리는 신문에 첫 사진으로 많이 사
용됐더라고요. 아, 이게 아주 두 분이 제일 가깝게, 아주 다정스
럽게 계셨던 장면 아닌가 싶어요.

질 **항아리 두 개에 다 사인을 하셨지요?**

답   네, 우리 수도원에 두 개가 다 있어요. 또 재밌는 게, 두 번째 항아리 사인하신 건데, 그때 교황님이 단상을 한 이십 미터 되는 걸 내려가시더니 다시 올라오셔. 그래서 무슨 일이 있으신가 했더니, 탁자 아래에 있던 항아리를 올리셔서 또 사인을 하시는 거예요. 이번에는 길게 안 쓰시고 이름을 약자로 줄여서 쓰셨지요. 그런데 그분이 가시다가 되돌아와서 다른 항아리에 마저 글씨 쓰신다는 건, 내가 상상도 못 한 일이지. 이분이 보통 분 아니시구나, 하는 마음이 들었어요.

  그 항아리 두 개를 지금도 보관하고 있는데, 나중에 이분이 성인이 되시면 그분 기념하는 데에 드리고 싶어요.

질   **그 뒤에 성체대회 때도 역시 추기경님 뜻에 따라 일을 하셨지요?**

답   그랬지요. 오 년 뒤에 교황님이 다시 오셨는데 그 준비위원회 안에서 이런 이야기가 나왔어요. 교황님이 중국 교회에 대해 아주 마음 아파하시더라. 그래서 철의 장막이 아직도 걷히지 않고 이념과 체제 때문에 중국에 있는 신자들이 가까이 못 오는데, 어떻게 비공식으로라도 할 수 있는 방법이 없지 않겠느냐, 해서 여러 가지로 의논하고 했는데 함흥 연길교구가 우리 분도수도회 소속이어서 우리 독일 신부님들하고 연관이 있으니 내가 중국 신자들을 데려오는 담당이 됐어요. 그때 그것도 비밀이었지요. 수교 이전이고 중국 교회와 우리 보편교회하고는 어떤 제한이 있기 때문에…… 공식적인 행사에 참석하는 것은 지금도 그렇게 양해해주기 어려운데 그전에는 더 어려웠어요. 그래서 예산까지 짜고 준비했는데, 나 역시 누구를 어떻게 초청해야 되는지 몰라서 1989년 1월에 처음 중국을 갔는데 소속도 복잡했지요. 하여튼 우여곡절 끝에 갔다 와서 초청명단을 만들었어요. 그해 6월에 천안문 사건이 일어나서 중국이 아주 초비상이었는데, 그래도 6월에 가서 초청장을 전해줬어요. 우리 정부의 협조를 얻어서 중국을 가게 되고, 그해 9월 성체대회를 할 때 중국 신자 열두 분을 교황님 모시는 행사에 참석하게 했습니다. 교황님께서 아주 기뻐하셨어요.

질 **그때는 신부님께서 추기경님 시키시는 대로 하신 거네요?**

답 그전에 추기경님이 '김 신부, 자네가 하라는 대로 했어' 하셨듯이 '저야말로 추기경님이 시키시는 대로 해서 교황님과 중국 신자들을 만나게 했습니다' 하고 얘기를 해드릴 수 있었지요. 그 이후부터는 수교 전이라도 중국에서 신자들도 오고, 수교 이후에는 성직자들도 오가며 만났으니까 제가 일종의 중간 안내자로 일한 거죠.

질 **그때 이분들 모셔왔을 때 추기경님도 좋아하셨겠네요. 신부님은 중국 신자들을 데려오시는 임무를 완성하셨는데 김 추기경님이 거기에 대해서 수고했다, 이런 말씀 없으셨나요.**

답 에이, 교회 안에서 수고했다, 라고 하지 않지요. 다 같이 할 일 하는 거지. 그러나 추기경님은 다 알고 계시는 거지요. 그리고 중국과 수교되고 나서 우리가 알게 모르게 인적 교류나 왕래가 많았어요. 그래서 주교님들이나 교회에 관계되는 분들과 중국 공산당 안에 종교 담당하는 종교국 사람들과 만나서 사진 찍고 식사 대접도 하고 했어요. 추기경님은 하여튼 모든 분야에서 우리가 아는 것보다도 더 깊은 심층 접촉을 많이 하신 분이고 또 그래서 고뇌하신 것도 알죠. 이분이 왜 잠을 못 주무셨겠어요. 마음 아픈 일이 이렇게 많은데 어떻게 편히 잠 드셨겠나, 그런 생각을 제가 합니다.

질 **어떤 일에 마음이 많이 아프셨을까요?**

답 민주화운동이라 할까, 그 역경을 견뎌내셨고 또 우리 교회 안에서도 어려운 일이 없었겠어요? 그분은 서울교구만이 아니고 한국 전체를 대표하는 분이니까. 또 독일에서 사회학을 공부하신 분이니 그냥 세계 돌아가는 게 다 내 걱정이다, 하고 사신 분으로 생각할 수밖에 없죠.

질 **북한 교회나 중국 교회에 대한 걱정도 많이 하셨다는 말씀이신가요?**

답 서울교구장이 되시면서 북한교구장 서리를 겸임하셨어요. '내가 목자로서 양이 있는 데 가보지 못하는 이런 목자가 어디 있겠느냐. 나처럼 비극적이고 제 구실을 못하는 주교가 어디 있냐.' 나한테 그런 말씀을 하셨어요. 그러나 북한 교회 문제로 오라고 해도 갈 수 없고, 또 오라고 해놓고 딴 소리 한다, 이런 말씀을 직접 하셨지요. 마지막에 중국에 가서 백두산을 가시려고 했는데, 안 됐지. 추기경님이기 때문에 중국 비자를 마음대로 못 받았어요. 대주교까지는 관광으로 비자를 받을 수 있는데, 추기경님은 바티칸 소속이기 때문에 중국에서 초청 안 하면 못 가서

요. 근데 나중에 중국에서 초청을 하긴 했어요.

질 **신부님은 계속 북한 선교 사업 일을 해오셨는데, 추기경님의 도움을 많이 받으셨나요?**

답 추기경님 심부름을 하는 중에 그 계기가 되는 게 1994년쯤인가, 이북이 조금씩 개방하고 경제적으로 문을 열어야 되겠다 하면서 첫 번째로 나진선봉이 특별구역이 되고 경제개발추진위원회라는 게 생겨요. 이래서 추기경님께서 확신을 가지게 되고 북한 쪽에서 의뢰받은 게 병원 사업이에요. 저쪽에서는 '나진 인민 병원', 우리는 '나선 국제 가톨릭 병원' 이렇게 큼직하게 병원 앞에 간판이 있어요. 그쪽에는 가톨릭이 뭔지 모르는 사람도 있겠지만, 우리대로의 표시를 한 거죠. 병원 건물 앞 기념비석에 '이 병원은 국제 가톨릭 의사 봉사협회가 나선 경제무역지대 인민들의 건강 증진에 이바지할 인도주의적 목적에서 건물을 기증한 것'이라고 쓰여 있고 운영 방식도 공동으로 같이하는 것으로 되어 있습니다.

질 **추기경님 가시고 나니 일하시는 데 어려움이 더 많으실 것 같습니다. 기댈 데가 없다고 할까요.**

답 추기경님 가시고 벌써 오 년이 지났다니 믿기지 않습니다. 엊그저께 같은데. 추기경님 좀 뵙고 싶습니다. 힘든데 꿈에라도 좀 왔다 가십시오, 하는 마음이지요. 추기경님 돌아가시기 전에 제가 1차 병원 개원식 한 얘기 자세히 해드렸어요. 제가 한국 올때마다 문안도 갈 겸, 중국 얘기, 이북 얘기를 자세히 해드렸죠.

추기경님이 아주 흡족해하셨어요. 돌아가신 다음에도 이만큼 뭐가 더 됐는데 이제 하늘로 소식을 보낼 수도 없고, 내가 큰 소리로 말씀드리면 들어주시겠지요?

질 **추기경님도 원래 북한 쪽에 병원 만드실 때 도움 주신다고 하셨잖아요.**

답 글쎄요. 약속은 하셨는데 연세도 많으시고 교구장직도 물러나시고, 이러시다 보니까 생각하신만큼 실제로 뭘 직접적으로 도와주시기에 어려움이 있었지요. 그러나 요사이는 중국 선교에 도움을 주는 분들이 생각보다 많아요. 실무자들 중에 내가 최고 참이지요. 왜냐하면 내가 1989년 1월에 갔고 중국에서 젊은 신부가 나오기 시작한 게 1989년 10월이니까 맏형뻘되지요. 또 다행스러운 점은 그때는 나 혼자였는데 한국 신부님들 한 오십여 명이 지금 중국에 가서 공부도 하고 우리 신자들을 위해서 미사도 지내시고, 또 더 많은 수녀님들이 거기 가서 복지 시설 같은 데서 일하시는 걸로 알고 있습니다.

바티칸의 높은 분들이 정책적으로 해결해주시면 아마 더 활발한 활동을 기대해볼 수 있을 테지요. 우리가 늘 얘기하지만 한국 교회의 모 교회는 중국 교회입니다. 중국에서부터 배워왔고 중국 주문모 신부님이 첫 번째로 오신 신부님이고, 우리 김대건 신부님도 중국 땅에서 식구가 됐고 또 거기서 공부를 하셨잖아요. 이런 것이 다 역사고 정신 아니겠습니까? 그런 점에 있어서 추기경님은, 처음부터 다리 역할을 하시고 어른 역할을 하셨죠. 나 같은 사람은 저런 분이 시키는 것에 부응해서 발로 뛰는 거죠. 그분들의 사려 깊은 생각이 없었다면 뭘 했겠습니까? 추기경님이 처음부터 지지해주셨으니까 용기를 얻었죠. 그렇지 않으면 어떻게 합니까?

질 **사실 지금 병원이 북한 땅 위에 들어 있다는 것 자체가 어떻게 보면 기적 같은 일이잖아요.**

답 그렇죠. 정말 생각이 있다고 되는 일은 아니었는데, 벌써 시간적으로는 17~18년 아니에요. 이렇게 지속될 줄은 나도 기대 못 했지요. 처음에는 병원 건물 지어주고 당신들이 알아서 해라, 그래야 됐는데 그래도 서로 인연을 갖고 오늘날까지 우리 가톨릭이 이렇게 할 수 있는 것이, 다른 어느 단체나 어느 종파보다 좀 다행스럽기도 하고요. 다른 일들도 이렇게 됐으면 하는 것이 제 바람입니다.

질 **지금 병원 운영 지원 일에 힘드신 것은 없으십니까?**

답 심부름하는 사람으로서 힘이야 좀 들죠. 그러나 선의의 뜻을 가진 사람이 더 많으니까요. 사실은 전적으로 외국에 손을 벌렸다고 봐야죠. 한국 법과 규정이 뭘 하도록 하는 게 아니고, 이렇게 하면 안 되고 저렇게 하면 안 되는 규정이 너무 많아서요.

질 **추기경님이 시키신 일이라고 하지만 그게 또 결국은 하느님이 시키신 일이잖아요.**

답 또 후손들, 후배들이 이어갈 일이지요. 십오 년 전에 추기경님이 추천해주시는 글에도 나와 있는데, 이 병원 사업이 각계각층에서 추천하는 병원이 돼야 되겠다, 또 이것이 정말 처음 있는 일이다, 하시면서 이 사업은 상호 간에 이해와 신뢰를 조성할 수 있는 좋은 기회가 된다고 확신하셨거든요. 요새 우리 통일부에 일하시는 분들보다 더 앞서 가신 생각이 아닌가, 하고 저는 생각합니다. 요새 '신뢰 프로세스'라는 말이 바로 신뢰를 조성하는 거 아니겠어요? 병원 사업을 통해서 그분들하고 만나게 되고 서로 주고받고 하는 것이 신뢰의 첫 걸음이 아니겠는가, 하는 뜻으로 저는 이해했습니다.

질 **그런데 우리 사회에서 말하는 신뢰라는 것은 우리가 도와주면 당신들도 이 정도는 해야 되는 거 아니냐. 그런 것을 신뢰라고 보지 않습니까?**

답 글쎄요, 그건 거래죠. 신뢰가 아니고 거래입니다. 그건 상행위죠. 주고받는 거죠. 우리 그리스도 사랑이야말로 진짜 일방적인 것이지요. 성경 구절 보세요. 원수를 사랑하라고 했지, 자기가 마음에 들어서 도와주는 것이 무슨 사랑입니까? 또 말로만 하는 게 사랑이 아니라 실제 행동이 돼야 합니다. 하느님의 사랑을 우리가 본받는 거지요. 우리 인간의 사랑은 본능적인 것이고 하느님의 사랑은 또 다른 차원의 사랑인데, 교회는 그것을 지향해야 하고 이것이 우리 남북문제에도 관건이 아닌가 생각해요. 모든 분들이 다 자기 일에 열중하다 보면 별 생각을 다 갖는데, 나도 이제 나이 일흔 넘어서 마음이 늙었어요. 좀 지치는 것도 같고. 하여튼 누가 도와줘서 일이 되는 것보다는 훼방꾼이 많으면 일이 되는 게 아닌가 싶어요.

질 **그런가요?**

답 오기가 생기니까! 내가 아니면 누가 하랴! 싶은 마음이지요. 난 등산을 좋아해요. 그래서 더 높은 산, 더 험한 산, 또 추울 때 올라가는 것, 그걸 어려서부터 했어요. 등산이야말로 혼자가 전부인데, 올라가서 춥다고 바위가 험하다고 내려오면 끝이지요. 올라갈수록 더 올라가고 싶은 마음이 생기듯이, 일도 사실은 그런 것 같아요. 그래서 잘해라, 잘해라, 하는 사람 때문에 잘된 건 없고 어렵게 안 되고 걸림돌이 생길 때 오기가 생겨요. 어떤 비타민이니 뭐 앰플 주사 같아. 그게 다른 말로 신념이겠죠.

질 **너무 진지한 말씀만 하셔서 이제 재밌는 얘기 하나 듣고 싶은데요. 추기경님과 같이 설악산 가신 얘기 있잖아요.**

답 그럼요. 그분이 개인 취미생활이 따로 없는 건 다들 잘 알죠. 그런데 언젠가 텔레비전 인터뷰할 때마다 설악산 얘기를 하셔요. 내가 마지막으로 설악산을 한번 가봤으면 좋겠다, 그래서 저랑 한번 뵈었을 때 설악산 가시면 되지, 그걸 뭐 끙끙 대십니까? 했지요. 그래서 가을에 설악산을 갔어요. 보좌주교님 두 분, 신부님 몇몇 분하고 같이 갔는데 아, 이 양반이 그중 가장 원로시잖아요.

질 **제일 연세가 많으시죠.**

답 그런데 쉬자는 소리 안 하시고 거뜬거뜬 잘 걸으시는 거예요. 남들은 땀을 흘리고 헐떡헐떡하는데 숨소리도 그렇게 가쁘지 않아요. 그래도 조심스러워서 부축해드리려고 옆에서 따라가는 정도인데 아주 잘 올라가셨어요. 도중에 중청쯤에 텐트 치고 주무시고, 다음 날 천불동 동쪽 계곡으로 내려가는데 그때 주변에 아무도 없으니까 본색이 이제 드러나시는 거야.

질   **본색이라니요?**

답   본색이야, 이건! 추기경님이 등산복, 등산화 이렇게 복장을 하

산행 중에 포즈를 취한 김수환 추기경.

셨어요. 모자도 근사하게 쓰시고. '어, 김 신부, 한 장 그려.' 이러시면서 나무에도 턱 기대시고, 또 한 장 그려! 하시며 개울 바위에 올라서시고. 마지막에는 나뭇가지에 올라서 탁 걸터앉으시고는 한 점을 그렸죠. 그래서 내가 아주 정확하게 셌는데, 스무 장짜리 필름 한 통을 넣었는데 열입곱 장을 독사진으로 찍으셨어요. 추기경님이 그다음에 하시는 얘기가, '내가 사실은 이렇게 개구쟁이 기질이 있어. 그리고 그걸 좋아하는데 주교 되고 추기경이 되고 하느라 그런 재주를 내보일 틈이 없어. 글쎄 방 문고리 한 번 잡아보지 않게 다 거들어줬으니 내가 이제 은퇴하고 나면 죽었어' 하셨어요.

이게 그분의 인간적인 천성이고 본심이에요. 사실은 어른 노릇하려니 점잖게 해야 하고, 옷 하나 양말 하나 자기 마음대로 신지를 못하셨대요. 이거 벗으십시오, 이거 신으십시오, 그렇게 거들어드린 거죠. 그 말을 나한테 하시면서 '김 신부, 나 큰일 났어. 나이 먹고 이제 뒷방 신세 지면 나 어떡하지? 내가 뭘 해?' 그러시는 분이었어요.

질 **신부님께 김 추기경님과 인연은 어떤 의미인지요?**

답 그분을 통해서 내가 자신감, 용기를 얻을 수 있었다는 것이지요. 내가 사실 서울교구도 아닌데 그분과 이렇게 깊은 인연을 맺을 수 있었다는 것이 이 세상에서 얻은 아주 큰 행복이라고 생각해요. 지금까지도 추기경님과의 기억이 아주 생생해요.

질 **추기경님이 뭐가 제일 힘드셨을까요? 그분을 고민하게 만들고**

힘들게 한 것은 무엇이었을까요?

답   남이 걱정이지, 뭐. 그 양반이야말로 자기가 아니고 남이 걱정이에요. 추기경님한테는 나라건 사회건 모두가 당신에게 와서 기대는 것이니까요. 기댈 데가 거기밖에 없으니까.

질   **알려지지 않은 일도 엄청 많았겠네요.**

답   제가 안 게 이 정도고, 다른 분들도 다 개인적으로 이렇게 저렇게 얽히고 해서 제가 알 수 없는 그분의 역할이 있겠지요. 이건 내가 아는 역할이니까 지금 이 정도는 나오는데, 이것도 시작하고 내가 기억을 못 해서 그렇지, 나오면 얼마든지 나올 수 있는 이야긴데……. 하물며 뭐, 중앙이나 서울에서 일어난 일이야 어떻게 말로 다 하겠어요.

질   **추기경님 마지막으로 뵌 것은 언제였어요?**

답   돌아가시기 전 한 달이 채 안 될 때였을 거예요. 그때 서울에 있었는데 만나 뵙고 이게 마지막 아닌가, 하는 마음이 들긴 했어요. 그러고서 중국에 갔는데 병원에서 조금 괜찮으시다는 말 듣고 안도했었는데 그만 가셨지요. 마지막 뵈었을 때 안녕히 가시라는 인사도 못 드렸어요.

질   **마지막으로 뵐 때 혹시 나누셨던 얘기가 있으신지요?**

답   지나간 얘기들이었지요. 그분이 원래 과묵하셔요. 자기 얘기 안 하시지. 무슨 일과 관계되는 이야기 들으시면 그렇냐고 물으시고…… 다른 말씀 안 하시지요.

질 **추기경님도, 신부님도 사제로서 사셨고 살아가시는데요. 사제의 길이란 무엇인가요?**

답 글쎄요. 사제가 뭐냐는 것을 보려면 성서를 생각해야죠. 부르심을 받았다는 거, 부르심에 따라 '예, 여기 있습니다' 하고 대답하는 거. 그 이상 아무것도 아니에요. 나는 나름대로 역할을 했다고 보는데 그렇게 썩 잘했다는 건 없고 배짱밖에 남는 게 없어요. 요새 다른 분의 죽음도 보면서 나도 정리를 해야지, 하는데 사실, 하느님한테 떼쓸 것밖에 없다는 생각 들어요. 여태껏 성인들 말씀하시는 거 내가 못 따랐는데 그러나 하느님, 당신이 진작부터 저를 잘 알지 않습니까? 날 어떻게 야단을 치시든지, 벌을 주시든지, 칭찬을 하시든지, 내가 다른 사람한테 한 만큼만 해주십시오, 하는 거지. 가만히 생각해보니까, 내가 한평생 사제로 오십 년을 살면서 남한테 그렇게 못할 짓을 하진 않았거든요. 내가 남의 것 뺏는다든지, 욕심을 부린다든지, 그렇게 안 하고 그래도 다른 사람에게 조금이라도 득 되게 하고 산 것 같아요. 그만큼만 하느님이 나한테 해주시면 좋겠어요.

질 **신부님, 재밌고 좋은 말씀 잘 들었습니다. 건강하셔서 북한 병원 사업에 더욱 많은 일 하시기를 기도드립니다. 고맙습니다.**

신명자 이사장

질문: 평화방송(전성우 피디, 권은정 작가)
답변: 신명자 이사장

질 **이사장님은 추기경님을 언제 처음 만나신 거죠?**

답 양평동에서 처음 뵈었어요. 저희가 1975년 가을 11월에 양평동
으로 들어갔거든요. 청계천 판자촌이 철거되고 나서 다른 판자
촌을 찾아 나섰는데 그쪽으로 가게 된 거죠. 이미 이만 세대 정
도의 주민들이 공항에서부터 문래동까지 안양천변을 따라서 살
고 있었어요. 정 신부님하고 제 선생님이 11월에 먼저 들어가시
고 그다음 해 4월에 저희가 결혼을 했지요. 아마 1월인가, 그곳
에 예수회 '복음자리'가 문을 열었는데 그때 추기경님이 오셔서
현판식을 해주셨어요. 그때 처음 뵙게 되었죠.

질 **그 땅 마련할 때부터 추기경님이 많은 도움을 주셨지요?**

답 아, 그럼요. 저희가 거기 있는 동안 추기경님께서 굉장히 관심
가지고 자주 찾아주셨어요. 그해 겨울인가 아이들이 성탄 때 카
드를 보냈어요. 동네 다섯 평짜리 사랑방에 아이들이 모여서 놀
곤 했는데, 어쩌다 자원봉사하러 오신 분들이 아무것도 없으니
아이들한테 그저 크레파스 한 자루씩 나누어주고 갱지나 시험
지에다가 그림을 그리게 했어요. 그것을 추기경님께 카드로 보
낸 거지요. 그거 보시고 추기경님이 오셨어요. 철거 이야기 들으
시고, '내가 할 수 있는 게 없을까' 하고 물으셨는데 정 신부님
께서 주민들이 집단 이주를 원하는데 땅을 사서 가야 한다, 그
런데 돈이 없다고 말씀드렸어요. 그랬더니 추기경님께서 독일
의 미제레올로 보내는 편지를 써주셨고, 그 길로 정 신부님이
그걸 들고 떠나셨죠. 독일에서 기꺼이 그 청을 받아들여주어서
복음자리 마을 땅을 사게 됐어요.

질　**그때 철거대상자 모든 분들이 함께 이주하신 거는 아니죠?**

답　어마어마하게 많은 세대가 한꺼번에 철거가 되었지만, 그분들이 다 함께 갈 수 있는 것도 아니고, 그렇게 원하지도 않았어요. 다 주민들이 결정을 했어요. 그 작은 사랑방에 매일 밤 모여서 이야기 나누고 했었죠. 철거되면 다른 데 세 들어 갈 곳도 없고 세 든다 해도 또 철거될 것이고 하니까, 어딘가 내 집을 마련할 수 있다면 함께 가고 싶다 그랬죠. 같이 가고 싶은 사람들 신청을 받았어요. 갈 수 있는 세대가 백칠십 세대 정도밖에 안 되었는데, 천사백 세대가 신청을 했어요.

　　그때 정일우 신부님 방은 혼자 누울 정도의 크기였고, 저희 방은 그때 우리 딸이 태어났는데, 밤에 일어나서 애 분유를 타기가 힘들 정도로 좁은 방이었어요. 근데 그 방에서 거의 매일 밤 열두 시까지 신청을 받았어요. 그중에서 백칠십 세대를 골라내야 했죠. 정 신부님과 제 선생님이 그 기준을 정하는데, 주민등록증을 하나 더 붙인 세대와 아이들이 많은 집으로 하자고 정했어요. 그때 매년 이사를 다니는 바람에 주민등록증을 하나 더 붙인 사람들이 많았어요. 그리고 가족 수가 많은 세대 중에는 아이가 열 명이었던 집도 있었지요. 아이가 일곱 명, 다섯 명 그런 분들을 우선적으로 정해서 이주하게 됐죠.

질　**이주하기 전에도, 또 마을이 옮겨가서 정착할 때도 추기경님이 자주 방문하셨다고 들었습니다.**

답　우리가 도대체 뭐하고 사나 보러 오신 거죠. 그리고 할 수 있는 게 뭐가 있나 해서 오신 것 같아요. 이 부근에 오시면 궁금하셔서 들렀다 가시고, 그 당시 전화가 자유롭게 되는 것도 아니었는데 서울에서 먼 길은 아니지만 먼지가 많이 나는 길을 오셔야 했지요. 우리가 길가 포도밭 이런 데다가 천막 치고 사는 거니까 얼마나 걱정되셨겠어요? 그냥 연락 없이 오시는 거예요. 저희는 깜짝 놀랐지요. 그 당시에는 정말 추기경님께서 이런 데 오실 거라고 상상도 못 할 때잖아요. 그 모든 과정에서 추기경님이 저희한테 힘이 많이 되어주셨죠. 추기경님 당신이 직접 집을 짓지 못하지만 마음으로는 함께 그 일을 하셨다고 생각이 되었어요.

그리고 추기경님께서 관심을 가지고 자주 오시니 당시 정부가 아주 신경을 많이 쓰고 보았지요. 박정희 정권 때였어요. 사실 중앙정보부에서 도움받기도 했고요. 땅을 찾는 과정에서부터 집을 짓는 허가를 받는 것도 그랬던 것 같아요.

질 **되게 재미있는 상황이었네요?**

답 행정적인 문제를 해결하는 데 도움을 받았지요. 우리가 제일 작은 집이 여섯 평이었는데 여섯 평짜리 집을 지을 수 있는 법적 근거가 없었어요. 그래서 집을 네 개 이어서 스물네 평짜리로 해서 허가를 받은 거죠.

질 **그때 김재규 씨한테 부탁을 해서 도움을 받았다고, 그전에 추기경님께서 인터뷰할 때 그 말씀을 하셨어요.**

답 아, 그랬나요? 전 몰랐어요.

질 **그런 사실을 전혀 모르고 계셨어요?**

답 정확하게 그 얘기는 몰랐는데……. 그래서 그때 김재규 씨가 왔었나 보네요.

질 **그러니까 김재규 씨가 문제를 해결하도록 해준 거죠. 나중에 추기경님이 고마워서 그분한테 감사패를 주었는데, 재미있는 점은 추기경님이 서명을 안 하셨대요. 드러내놓고 할 수 없는 사안이니 그랬던 것 같아요.**

답 아, 그랬구나. 그래서 그 뒤에도 그분 되게 열심히 도와주셨거든요. 스스로도 많이 감동을 받으신 것 같더라고요. 중앙정보부 차장이신 분이 가끔 연락 없이 찾아오곤 했지요. 아마 추기경님의 영향을 받았던 거겠죠.

질 **그분도 아마 좋은 일을 하면서 느끼는 기쁨 같은 것을 알게 된게 아니었을까요?**

답 네, 그랬을 거예요. 그렇게 연결되어서 행정적인 지원뿐만 아니라 장비 지원도 받게 되었지요. 저희가 산을 깎아서 지반을 메웠거든요. 그 당시에는 포클레인이니 그런 게 아무것도 없었잖아요. 주민들이 삽으로 흙을 파서 리어카에 실어다가 퍼부었는데 그 삽과 리어카도 사실은 영등포구청이나 어디 이런 데서 다 얻어왔거든요. 편의를 봐준 거죠. 그리고 군용 천막도 나눠 받았어요. 군용 천막 하나에 두 세대씩 살았죠. 4월부터 10월까지 밖에서 살았어요.

질　추기경님 당신도 직접 참여하고 싶지만, 그렇게 할 수 없는 상황에서 제 선생님과 정 신부님이 앞서 그런 일을 하셨으니 추기경님께서 제 선생님을 정말 아끼셨을 것 같아요. 그러셨죠?

답　네, 그러셨죠. 굉장히. 집단 이주를 하면서 저희는 출애굽기의 상황하고 똑같다, 정말로 그렇게 생각을 했어요. 그때 매일 밤 동네 분들에게 우리가 어떻게 가아되는지, 어떻게 함께해야 되는지 그런 교육을 했어요. 저녁때 되면 어떤 사람은 술 취해서 쳐들어와서는 정 신부님이 돈을 다 해먹는다는 등 말도 안 되는 난리를 치기도 하고 그랬어요. 지금도 그 집단 이주는 다른 나라에서도 찾아보기 어려운 아주 성공적인 케이스라고 하더라고요. 추기경님, 정 신부님, 제 선생님, 그런 정신적으로 훌륭한 분들이 안 계셨더라면 불가능했을 것 같아요.

질　제 선생님, 정 신부님 안 계셨으면 이런 일 자체가 기획되지도 않았을 것이고, 추기경님이 안 계셨으면 이 일이 추진될 수 없었을 거라고 생각되거든요. 기적 같은 일이 아닌가 생각됩니다.

답　네, 정말 기적이에요.

질　그 과정에서 이사장님이 참 많이 힘드셨을 것 같다는 생각이 새삼 듭니다.

답　저요? 그 당시는 제가 힘든지 어쩐지도 모르고 지나갔던 것 같아요. 집 짓고 나서부터 힘들었던 것 같아요. 결혼하면서부터 가난한 사람들하고 함께하겠다, 그런 마음으로 살았는데 하루도 제대로 등을 대고 편하게 누워본 적이 없었어요. 방바닥이 울퉁

불퉁해서 반듯이 누울 자리도 없었어요. 그 당시 천막 안의 방이었거든요. 그래도 너무 힘드니까 누우면 그냥 곯아떨어져 자고 그랬어요.

질 **제정구 선생님은 왜 그렇게 사시려고 그랬을까요? 그 부분이 추기경님 마음을 움직이게 한 것 같거든요. 그 이유가 무엇이었을까요?**

답 제 선생님도 청계천에서 가난한 사람들을 만났고, 정 신부님도 청계천에서 가난한 사람들을 만났고, 저 또한 그랬지요. 그곳 사람들이 구들장은커녕 그냥 거적 깔고 사는 모습을 보면서, 가난한 사람들이 이렇게 많이 있는데 그냥 목소리만 내는 학생운동으론 안 되겠다, 구체적으로 현장에서 사람들이 살아가도록 해결해내는 게 민주주의로 가는 방향이다, 라고 생각을 했던 거죠. 그 안에서 예수님도 만나게 되었고, 가난한 사람들하고 함께하는 신앙이라면 해볼 만하다 하면서 그래야 '내가 예수님 만났다'라고 말할 수 있다고 생각했던 것 같아요. 가난한 사람들이 바로 제 선생님의 스승이었던 거죠.

질 **정일우 신부님도 마찬가지로 그런 마음을 가지고 계셨던 것이고요.**

답 예, 그렇죠. 두 분이서 청계천에서 한 달 동안 함께 먹고 자고 하면서 엄청 얘기를 많이 하신 것 같아요. 정 신부님이 그때 서강대 교수셨는데 보따리 싸가지고 청계천 제 선생님 방으로 쳐들어왔어요. 그래서 두 분이 겨울을 거기서 나면서 두 분 생각이 아주 딱 맞아 떨어진 거죠. 제 선생님이 신앙적으로 성장할 수 있었던 것은 정 신부님의 깊은 영성을 따라간 덕분이지요. 정 신부님이 제 선생님을 끌어가려고 노력을 무지 많이 하셨어요.

질 **두 분의 특징이 '뛰어드는 사람'인 것 같아요. 옆에서 지켜보는 게 아니라 현장에 직접 들어가야 직성이 풀리는 사람들인 거죠.**

답 그런데 두 분 다 사람을 키우는 방법이, 옆에서 끼어들지 않는 다는 거예요. 현장에는 들어와 살면서도 정 신부님은 주민들의 삶을 계속 바라보고 계세요. 기다리고, 바라보고, 기도하고, 또 기다리고. 제 선생님도 비슷해요. 두 분이 서로 이렇게 배워가신 것 같더라고요. 다른 사람들이 스스로 일을 하도록 하는 것이지, 결코 이래라 저래라 개입하지 않아요. 다 같이 이야기해서 결론 이 나오면 그때 함께해가는 거죠.

질 **김 추기경님 당신도 '뛰어드는 삶'에 대해서 아주 강한 동경을 가지신 분이셨잖아요. 마더테레사를 예수님을 따라 사는 분으로 존경하신다는 말씀을 자주 하셨고요. 정 신부님, 제 선생님 또 추기경님 이 세 분이 어떤 부분에서는 아주 비슷하신 것 같은데요.**

답 그렇지요. 추기경님이 화장실 이야기 하신 것 있지요? 저희가 양평동에 있을 때 추기경님이 오셨는데 항상 화장실 문제가 있 었어요. 여기 복음자리에서도 화장실 문제가 있어서 오래 계실 수가 없는 거예요. 양평동에 있을 때는 겨울에 재래식 화장실이 다 차서 위로 올라와버린, 그런 화장실밖에 없었거든요. 우리가

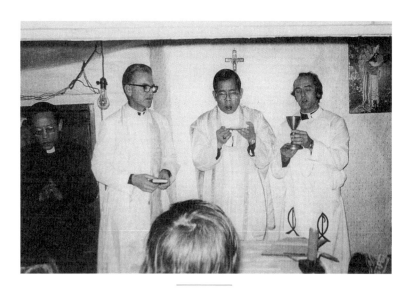

철거를 앞둔 '복음자리'에서의 마지막 미사.

집 다 짓고 난 다음에 추기경님께서 '나도 여기 와서 살고 싶다'
그러셨는데요. 추기경님 방 하나 놔둘 거니까 언제라도 오시라
고 그랬는데, 추기경님 마음속으로 정말 그러고 싶었던 것 같아
요. 근데 이렇게 대답하셨어요. '내가 추기경이라서 못 한다, 내
가 움직이면 비서도 움직이고, 다 움직여야 되니까 그게 안 된
다.' 그런데 나중에 그게 다 핑계였다고 말씀하셨잖아요. 열 칸
씩 일렬로 늘어선 공동화장실, 여름이면 구더기가 뚝뚝 떨어지
는 그 화장실을 쓰는 게 참 어려웠다고 말씀하셨어요. 솔직하게
얘기해주시면서 '내가 그것밖에 안 되는 거다'라고 하셨지요.
그런데 사실 굉장히 오고 싶어 하셨어요. 추기경님께서도 저희
처럼 복음자리 와서 사시는 게 어쩌면 더 편하고 행복한 삶이었
을 건데 그렇게 못 하고 가신 거잖아요? 추기경님이 훨씬 더 큰

십자가를 지신 거죠.

제 선생님은 어떤 점을 힘들어하셨나요?

답 제선생님이 1986년도에 막사이사이상을 받았잖아요. 저희가 그때 풍수원 성당에서 천도빈 여름 수련회를 하고 있었어요. 「동아일보」 기자가 찾아와서 수상 소식을 전해주었는데 그때 제 선생님이 그 이야기를 듣고 바로 '아, 뭔가 잘못됐다'라고 얘기하더라고요. '내가 잘못 살았다.' 저는 한참 후에야 그 말이 무슨 말인지 이해할 수 있었는데, 드러나지 않게 살았어야 되는데 드러난 삶을 산 게 되었으니 잘못된 거다, 그거죠. 또 훨씬 더 큰 의미로 얘기했던 것 같아요. 하느님께서 다른 계획이 있으셔서 나를 딴 곳으로 끌고 가시는구나, 받아들일 수밖에 없는 상황이라는 생각을 했던 것 같아요.

질 **그럼 그 계획이라는 게 정치라는 것이었나요?**

답 네, 그렇지요. 정치. 막사이사이상을 받고 나니까 어쨌든 주목받는 사람으로 변한 거잖아요. 그 전에는 우리가 이렇게 살고 있어도 생각 있는 사람들은 많이 찾아오고 했지만 그래도 모두가 주목하는 사람은 아니었거든요. 그런데 세상에 드러나게 되면서 그렇게 된 거죠.

질 **그 전하고는 다르게 어려운 점이 생긴 거지요?**

답 어렵게 된 거죠. 사람들이 '아참, 제정구가 있었지' 이렇게 된 거죠. 김대중 대통령부터 축하 글을 써서 보내시고, 그런 상황으로 순식간에 변해버린 거죠. 삶이 확 바뀌어버리는, 바뀌어버릴 수밖에 없게 된 거죠. 많은 분들이 제 선생님한테 '민족을 위해서 뭔가 해야 되지 않느냐' 그런 요구를 했어요. 제 선생님도 그렇게 결정을 하는 것 같아서 제가 정 신부님한테 좀 말려달라고 부탁을 했어요. 그때 정 신부님이 이렇게 말씀하시더라고요. '정구 안에 하느님이 계획하시는 일이 또 하나 있다. 아마 정구가 져야 할 또 다른 십자가다. 그게 정치 아니겠느냐. 놓아주자.'

질 **제 선생님이 정치 시작하실 때 혹시 추기경님이 따로 말씀을 주신 게 있으신가요?**

답 정 신부님이 허락한 것 때문에 저는 속이 많이 상했는데 제 선생님이 추기경님한테 정치를 해야겠다고 말씀드리러 갔었죠. 추기경님은, 그걸 꼭 니가 해야 되겠느냐, 안하면 안 되겠느냐, 아깝다고 하시는데 '제가 가야 할 길인 것 같습니다' 하니 정치라는 십자가를 져야 한다는 데 동의하셨던 것 같아요. 나중에는 그렇게 하라고 하시면서도 '그래도 나는 안 가면 좋겠다'고 하셨어요.

질 **제 선생님께서 정치권에 들어가시고 어떻게 말씀하셨나요?**

답 청계천에서부터 그 이후 죽 복음자리 일 하면서 정치적으로 해결해야 하는 몫이 있다는 것을 안 거죠. 그런 경우를 너무 많이 봐오면서 가난한 사람들에게 해줄 수 있는 거, 함께할 수 있는 것을 하겠다고 정치를 선택한 거잖아요. 근데 몇 달 지난 다음에 한 얘기가, '계란으로 바위 친다는 게 어떤 건지 알겠다, 어렵게 사는 사람들을 위해서 정책을 만들고 일해야 한다는 생각을 갖고 정치 일을 하는 사람을 찾아볼 수가 없다. 국민들의 아픔을 진짜 아픔으로 받아들이고 가는 사람은 정말 없다, 단 한 명도 없다' 그랬어요. 굉장히 힘들어했어요.

질 **제정구 선생님 별명이 호랑이셨지요? 원칙에 어긋나면 봐주는 게 없는 분으로 유명하셨잖아요?**

답 그럼요. 주민들한테도 원칙에서 어긋나는 것이 있으면 정말 사정없으셨지요. 성품은 굉장히 따뜻한 사람인데 우리가 생각하는 원칙과 그분이 생각하는 원칙이 좀 달라요. 제가 양평동 살 땐데, 동네 사람들 다 가난하게 살았지요. 정부미에다가 납작보리를 섞어서 새카만 밥을 먹는 집들이 많았죠. 겨울이면 안양천 둑 배추밭에서 배추 다 뽑아버리고 나온 시래기를 주워다가 버무려서 먹으며 겨울을 나는 집들도 많았고요. 그때 동네 아저씨 한 분이 부평 쪽에서 주물 일을 하셨어요. 땅속에다가 쇠를 부어 식혀서 꺼내는 일인데 굉장히 무겁잖아요. 그 일을 하다가 허리를 다쳐서 공장을 쉬어야 했는데 그 당시 제 선생님이 요가를 되게 열심히 할 때였어요. 그분한테 요가를 가르쳤는데 다시 좋아져서 일을 나가게 되었어요. 그분이 다섯 시에 출근하는데 그 전에 요가를 가르치는 거예요. 네 시 반쯤 복음자리 사랑방에서 가르치는데, 어느 날 제가 깨서 보니까 네 시 사십 분쯤 됐어요. 그래서 못 가겠구나, 그러고는 다시 잤어요. 근데 한 십 분쯤 있다가 제 선생님이 나한테 막 소리를 지르는 거예요. 그 꼭두새벽에 하는 얘기가, 제가 정신이 썩었다는 거예요. '내가 돈

벌러 회사를 가야 하는 거면 십 분 늦었다고 안 깨웠겠느냐, 아
픈 사람 요가하는 건데 십 분이 늦었으면 가서 잠깐이라도 해야
될 거 아니냐, 자기를 응원하고 있으면 깨우는 게 맞다'는 거예
요. 십 분 동안 돈을 번다고 하면 안 깨웠겠느냐, 이렇게 얘기를
하는 거죠. 그때는 제가 정말 억울했는데 세월이 지난 지금은
그 말씀이 맞는다는 생각이 들어요. 한 이웃에게 하는, 가장 정
말 보잘것없는 일 그 자체를 가장 소중하게 생각한 분이거든요.

질 **그래서 추기경님이 제 선생님을 그렇게 신뢰하셨던가 봐요. 추
기경님하고 비슷한 부분이 있는 것 같습니다. 그런데 이사장님
참 많이 힘드셨겠네요. 저희로서는 엄두가 안 나는 그런 상황이
었을 텐데요.**

답 처음엔 정말 힘들었지요. 저도 열심히 한다고 하는데 어떻게 완
벽한 걸 요구하나, 이해하기도 어렵고 속상한 부분도 있었는데,
제 삶에서 평생을 두고 해결해나가야 할 부분이더라고요.

질 **아마 그 부분은 추기경님도 그렇게 느끼셨던 것 같아요. 이사장
님 마음과 굉장히 비슷한 마음을 당시 느끼시지 않았을까 싶은
데요. 저희가 2007년에 추기경님 인터뷰를 했을 때, 계속 부끄
럽다고 말씀하셨어요. '삶을 잘못 살았다'고 하셨어요. 오늘 이
사장님 말씀을 들으면서는 제 선생님이나 정 신부님을 보시면
서 추기경님 마음이 그랬던 것 같아요.**

답 추기경님께서도 정 신부님, 제 선생님이 이렇게 있으니까 기쁘
기도 하고 또 나도 그렇게 살걸, 그렇게 못 사는 게 안타깝기도

하신 게 아니었나 싶어요. 그래서 성탄 때고 언제고 항상 찾아
오곤 하셨지요. 저는 추기경님께서 최선을 다하셨던 것 같아요.

질   **이사장님도 최선을 다하신 거죠.**

답   아닙니다. 아니에요. 절대로 아니에요. 추기경님께서 돌아가셨
던 그때 저도 한참 제 나름의 문제로 고민을 하고 있던 중이었
어요. 그때 제가 사람들이 나를 이용하려는 게 아닌가 하는 그
런 상황들 때문에 굉장히 힘들었거든. 근데 추기경님 이야기
를 텔레비전으로 보면서 '아, 추기경님께서도 저런 생각을 하셨
는데. 아이고, 세상에 내가 뭐라고, 그거 좀 이용당했다고 힘들
어했을까. 그걸 감사해야 하는 거구나. 이용당할 수 있어서 너무
감사하구나' 그런 생각을 하게 되었어요. 추기경님 마음이 와닿
더라고요. 저렇게 힘드셨구나. 그때 장례미사 가서 밖에서 엄청
많이 울었어요. 명동성당 마당 뒤쪽에 돗자리 깔고 앉아서 얼마
나 울었는지…….

왼쪽부터 차례대로 정일우 신부, 아이를 안은 신명자 이사장, 김수환 추기경, 제정구 의원.

질 제 선생님이 갑자기 떠나셨잖아요. 감기인줄 알고 병원에 가셨다가 큰 병이란 것을 아셨는데 그전에 건강에 이상을 보이지 않으셨나요?

답 우리가 집을 지은 지가 되게 오래됐잖아요. 처음에 연탄불, 연탄보일러로 그다음에 기름보일러로 다들 바꾸고 그랬는데 낮은 지붕 바로 위에다가 연통을 빼놓았어요. 동네 집들이 다 다닥다닥 붙어 있었거든요. 겨울 저녁에 들어오면 온 동네가 매연이 밑으로 쫙 깔려가지고 냄새가 아주 진동을 했어요. 저희 동네 폐암 환자가 많았어요. 나중에 어르신들이 폐암으로 많이 돌아가셨어요. 제 선생님도 냄새가 너무 많이 나서 숨을 못 쉬겠다, 그러시더라고요. 그런 데다가 저희 집이 비도 새고 하니까 곰팡이가 너무 많았어요. 벽지를 뜯으면 그 안에 온통 곰팡이였어요. 블럭으로 지은 집인 데다가 너무 오래되어서 밖에서 습기가 들어오고 그랬는데 동네 사람 다 그 속에서 사는 거니까 별생각 없이 그냥 살았죠.

질 그런 주거환경이 건강에 아주 나쁠 것이라는 그런 인식을 못 하셨던 거죠?

답 네, 그럴 여유도 없었어요. 그 전해 겨울에 제 선생님이 집에 들어오면 숨이 막혀서, 숨이 안 쉬어진다고 자꾸 그런 얘기를 했는데 그렇게 아플 것이라는 생각을 못 했어요.

질 암이라는 진단을 받으셨을 때는 청천벽력 같으셨지요?

답 이미 손을 댈 수가 없는 상황이었어요. 이 양반이 병원을 잘 가

는 사람도 아니라서 병원도 제가 모든 일정을 취소시키고 무조
건 데려간 거예요. 병원에서는 길면 두 달 얘기했어요. 근데 육
개월 사셨죠. 그러니까 그 상황이 될 때까지 아무것도 모르고
있었던 거예요.

질 **추기경님께 연락드리셨어요?**

답 아니요. 안 드렸어요. 그게 8월이었는데, 12월 되어서였나, 투병
위한 모임 같은 걸 하니까 그때 아셨을 것 같아요. 얘기 안 했으
니까 모르셨겠죠. 근데 정 신부님은 병원에 입원한 날부터 매일
아침에 오셔서 저녁때까지 복도에 앉아 계셨어요. 한 달 동안.
돌아가시고 난 다음에는 그렇게 욕을 하시더라고요. 술에 취해
서요. 장례 치르고 집에 돌아와서는 매일같이 영정 앞에서 주무
시고요. 그리고 며칠 지난 다음에 집에 갈란다, 하고 가셨어요.

질 **제 선생님이 추기경님과 마지막으로 만났을 때는 언제였나요?**

답 추기경님은 우리가 행사나 무슨 일이 있으면 오시기도 하고 또
국회의원 때 책 출간할 때도 오셨어요.

질 **제 선생님 장례식 때 추기경님 오셔서 무슨 말씀 하셨지요?**

답 그때 추기경님이 버스에서 김대중 대통령한테 전화했어요. 장
의차를 타고 국회로 옮기는 중에 추기경님이 대통령께 전화해
서 제정구를 국립묘지로 보내라고, 왜 못 가냐 물으셨지요. 형을
살았기 때문에 못 간다고 대답하더라고요. 그러니까 '그러면 김
대통령도 못 가시겠다'고 그런 말씀 하셨어요.

질 **추기경님이 직접 그렇게 말씀하셨어요?**

답 예. 장의차 버스에서 제 옆에 앉아 가시면서 전화로 그렇게 얘기하셨어요. 돌아가시고 난 다음에도 늘 걱정하고, 제 걱정도 해주시고 그러셨어요.

질 **따로 주셨던 말씀은 있으셨어요?**

답 다른 말씀은 기억에 없고요. 추기경님이 어떠셨냐 하면요, 저희 집에 전화를 하거나 오시면 큰애 이름을 부르고 오셔요. 큰애가 아름이거든요. 아름아, 이렇게 하고 오셨어요. 전화도 그렇게 하시고. 아름이냐? 마치 며느리한테 하듯이. 애들도 늘 걱정하시고. 그렇게 얘기하기 쉽지 않잖아요. 제 마음에 그게 많이 남아있어요.

질 **이사장님 개인적으로 추기경님 마지막으로 뵀을 때는 정 신부님과 함께 계실 때였지요?**

답 예, 그날 저는 정말 너무나 감동적이었어요. 진짜 잊을 수가 없어요. 두 분이 서로를 보며 웃으셨어요. 추기경님이 정 신부님을 손가락질을 하면서 막 웃으시고 정 신부님도 추기경님 보고 막 웃으셨어요. '너도 휠체어 탔냐? 나 이렇게 생겼다.' 두 분 다 말씀이 안 되셨지요. 속으로 그러신 것 같아요. 나중에 두 분이 같이, 정 신부님이 추기경님을 위해서 기도하시고, 추기경님이 정 신부님을 위해서 기도하시고 그러셨어요. 그렇게 이별하신 거죠. 너무 아름다운 장면이었어요.

질 **추기경님 돌아가시고 나서 이사장님께서 특히 더 힘드셨겠습니다. 그동안 큰 힘이 되셨을 텐데요.**

답 제 선생님도 안 계시고, 추기경님도 가시고 하나씩 이렇게 마음이 무너져 내리는 것 같았어요. 근데 추기경님은 저한테 정말 많은 걸 주고 가셨어요. 추기경님 가시고 그 기간 동안에 저 스스로가 많이 성장한 것 같아요. 그동안의 갈등이나 이런 것들을 추기경님이 해소해주고 가신 거죠. 제 선생님이랑, 또 정 신부님이랑 함께했기 때문에 제가 추기경님을 만날 수 있었죠. 저한테는 너무나 과한, 너무나 큰 분들이라고 생각을 하지요. 또 감히 추기경님의 사랑을 받을 수 있었던 건 어떻게 다 표현을 하기 힘들죠. 사실 제 선생님이랑 정 신부님이 예수님 닮으려고 노력하는 데 비해 저는 너무 보잘것없지요. 전 불평을 참 많이 했어요, 항상 마르타 같았어요. 투덜거리는 마르타. 그런 모습을 저한테서 많이 봤어요. 정 신부님이 '그것도 니가 선택한 몫이라' 그러셨는데, 속으로는 제가 마리아이고 싶었던 거겠죠.

질 **이사장님의 몫도 어찌 보면 굉장히 복된 자리가 아니었을까요?**

답 그런데 실제로 삶 자체는 정말 힘들었어요. 밤에 등을 대고 누우면, 이 밤이 있어 쉴 수 있으니 너무 행복하구나, 그렇게 생각할 정도로 힘든 나날들이었으니까요.

질 **지금까지 해오신 일들을 앞으로 이사장님이 잘 이어가셔야 되겠네요?**

답 저는 이어간다고 생각 안 하려고요. 이어간다는 것보다도, 그분들에게서 받은 정신을 다음 세대에게 조금이라도 잘 전할 수 있기를 바라는 거죠. 그런데 저 자신의 한계 때문에 잘 해내지 못하고 있어요. 제가 살아온 몫, 또 제가 받은 것들을 같이 나눌 수 있으면 그것으로 족할 것 같아요.

질 **이사장님, 오늘 말씀 정말 잘 들었습니다. 앞으로 더 좋은 일들을 해내실 것이라 기대합니다.**

정하권 몬시뇰

질문: 평화방송(전성우 피디)
답변: 정하권 몬시뇰

질 **몬시뇰님, 옛날에 신학교 다니실 때 굉장히 유명하셨지요?**

답 다른 사람들도 유명했지만, 내가 제일 유명했지요. 왜냐하면, 그 때 동성학교 입학 때 일등으로 들어가서 신부되는 날까지 계속 일등 했으니까. 월반도 한 번 했지요.

질 **학교 다니실 때 추기경님 이야기 많이 들으셨나요?**

답 듣기는 많이 들었지요. 6.25가 터지고 나서 신학교 문 닫고 남쪽 으로 피난 올 때, 그때 총국장이 김수환 추기경이었어요. 소신학 교 때는 가끔은 봤지만 자주는 못 봤어요. 왜냐하면 내가 소신 학교 다닐 때 김수환 추기경은 왜놈들의 군인이 돼서 태평양전 쟁에 나갔으니까요. 추기경하고 개인적으로는 특별한 인연이 있 어요. 둘 다 군위가 고향이고 우리 할머니가 추기경 어머니의 대 녀셨어요. 추기경님 집안이 천주교 거의 시작 시기부터 믿었던 집안이지요. 우리 할머니가 추기경님 어머니랑 나이는 비슷하셨 지만 대녀셨어요. 형님 김동한 신부님도 다 잘 알고 있었어요.

질 **그럼 언제 같이 공부하게 되신 거죠?**

답 해방되고서 추기경님이 집으로 돌아왔어요. 신부되려면 대신학 교에 다녀야 했으니까. 그때는 서울에 한 군데밖에 없으니, 서울 혜화동에 와서 나하고 같은 반이 된 거예요. 우리 반에서 주교 가 셋이 났거든요. 지학순 주교, 김수환 주교, 김찬열 주교.

질 **책을 보면 추기경님이 공부를 열심히 하지 않으셨다, 이런 구절 이 있더라고요. 낙제를 겨우 면할 정도로 하셨다는데, 몬시뇰님**

은 늘 일등만 하셨잖아요. 어떠셨어요? 추기경님이 연배도 있
으시고 해서 총국장을 하신 건가요?

답   김 추기경님은 판단력도 좋았고, 리더니까. 타고난 리더예요. 군
대 갔다 왔으니 어른이지요. 김수환 추기경, 지학순 주교, 김찬
열 주교, 벌써 다 리더들입니다. 우리 반에서 나이가 제일 많은
사람이 지학순 주교, 그다음에 한 살 적은 사람이 김수환 추기
경님이에요. 내가 김수환 추기경보다 다섯 살이나 적었는데요.
그러니까 나는 마냥 꼬마지요. 마냥 꼬꼬마로 따라다녔어요. 하
지만 공부는 아무도 날 당할 사람이 없었어요.

질   **대신학교 시절 몬시뇰님이 6개 국어까지 하시고 공부를 뛰어나**
게 잘하신다고 해서 정 박사라고 불리셨지요?

답   내가 서울 혜화동 신학교에서 십이 년 동안 살았지. 소신학교부
터 대신학교까지 있으면서, 나는 내 책상에서 공부를 못 할 정
도였어요. 전부 나한테 몰려와서 준비를 하니까요. 대학 공부라
는 것은 학년별로 다루는 게 아니라 막 섞이잖아요. 물어볼 게
있으면 다 나한테 온단 말이에요.

질   **두 분이 신학생 시절에 같이 나눴던 이야기 중에 제일 기억에**
남는 게 있으신지요?

답   군대 가 있던 얘기도 했지요. 태평양 바다 한가운데에서 일본군
에 속해서 사 년을 지냈는데, 여자라고는 본 일이 없대요. 해방
되고 나서 일본에 도착해서 여자를 처음 봤는데 참 기가 막히더
래요. 예쁘더래요! 다른 사람 안 듣고, 나만 듣는 데서 그런 이야

기를 했었어요.

질 **그래서 몬시뇰님은 뭐라고 대답했습니까?**

답 뭐라고 대답을 했겠어요. 그냥 웃었겠지요. 그런 얘기는 신학생들끼리 서로 부끄러워서 안 하니까. 나는 한 번도, 남들이 손가락질할 만한 그런 소리 하는 건 전혀 생각도 못 했어요.

질 **신부된다고 생각하면서부터는 여자는 멀리 해야 될 존재인 거지요?**

답 그렇지요. 내가 신학생들 가르치면서, 우스개로 그래요. '너희들 신부되기 위해서 신학교 왔지? 나는 신부돼서 신학교 왔다.' 무슨 말이냐면, 내가 신부되겠다고 생각한 그 순간부터 수십 년 동안 조금도 변함이 없었다는 거예요. 나는 한 번도 여자에 대해서 생각해본 일도 없고, 분심해본 일도 없어요. 오로지 공부만 했지요.

질 **사제 수품 받으시고부터 두 분이 서로 다른 길로 가신 건가요?**

답 대구교구 주교님 밑에서 같이 공부 좀 하다가 김 추기경님은 일년 반 정도 안동성당에 가 있었는데 최 주교님이 다시 불렀어요. 그때 나는 창녕본당 신부로 가 있었고요. 경상남도가 부산에 속했으니 창녕도 부산교구인데 거기서 마산교구가 독립됐죠. 추기경하고의 이야기는 추기경님이 마산교구장으로 계실 때까지예요. 그 이후에는 다 갈라져버렸으니까. 김 추기경님이 마산교구장되고 나한테 편지가 왔어요. '자네하고 나하고 관계가 이렇게 됐네. 내가 마산교구장이 되었네'라고. 그래서 내가 답장하고 그랬죠.

질 **그때 기분은 어떠셨습니까? 같이 공부하시고 서품도 함께 받으셨는데, 주교되셨다니까 좀 놀라기도 하셨겠네요?**

답 크게 놀라진 않았어요. 워낙 리더였으니까. 그저 그 훌륭한 분이 마산교구장이 되셨구나, 그렇게 생각을 했죠. 그런데 나이 차이를 생각해야 해요. 추기경님이 나보다 다섯 살이나 많으니까 무슨 비교를 한다든가, 그렇게 생각해본 일이 없어요. 그 양반은 당연히 주교될 수 있는 사람이다, 그렇게 받아들였지요. 내 동기라든가, 주변에서 김 추기경에 대해서 안 될 사람이 됐다든가, 그래서 놀랐다, 그런 얘기 없었습니다. 전혀. 그냥 다 받아들였

학도병 시절. 앉아 있는 이는 전석재 신부.

지요. 아무도 이상한 생각을 가져본 일이 없습니다.

질 **추기경님이 몬시뇰님 많이 챙겨주셨겠어요.**

답 예. 많이 챙겨줬죠. 유럽에 가 있을 때도 얼마나 날 챙겼다고
요. 자기는 독일에 있었는데, 서 대주교가 거기 오셨다가 편찮으
신 바람에 병간호하느라 애썼지요. 학교 때부터 항상 나는 그냥
김 추기경님 따라다녔어요. 나는 으레 따라다니는 사람이고, 선
배들이 시키면 시키는 대로 하는 거지요.

질 **사제 수품 당시 이야기 좀 해주세요.**

답 당시가 전쟁 중인 1951년 9월 15일이었어요. 최덕홍 주교님이
집전하셨지요. 대구 계산동 성당에서 단 둘이서 신부됐어요. 사
진이 없어서 보여줄 수가 없는데, 그때 사진이 다 타버렸대요.
대구 계산동 성당에서 행사가 있을 때마다 사진 찍는 전속 사
진사가 있었는데 이 사람이 우리 사진을 전부 다 잃어버렸어요.
김수환 추기경님이 어머니와 찍은 사진은 성당이 아니고 다른
데서 찍었을 거예요. 그래서 나는 서품식 사진이 없어요. 김 신
부하고 같이 만나서 우스개로 그런 얘기했죠. '사진 찍을 정도
의 소소한 일은 우리한테는 해당이 안 되는 거다.'

질 **김 추기경님이 독일에서 사회학을 공부하셨는데 우리 한국 교
회뿐 아니라, 사회도 시끄러울 때 당신이 공부도 좀 특별한 공
부를 했습니다.**

답 나는 교회학 전공을 했어요. 사람 인생을 보면, 나는 공부하는

사제 수품 후 어머니와 함께.

게 힘들었지만 학장이 되길 원했으니 그렇게 내 원하던 대로 됐
고, 저 양반은 시끄러운 사회에서 투쟁하면서 살았죠. 잘됐으면
교황도 되었을 건데 한국 사람이라서 못된 것 같아.

질 **김수환 추기경님이 「가톨릭시보」사 사장 시절에 제2차 바티칸
공의회 정신을 굉장히 열심히 알리고, 또 공의회 정신을 실천하
려고 하셨잖아요. 학자로서 몬시뇰님이 보시기에 김 추기경님**

의 그런 삶을 평가해보신다면 어떠신지요?

답 김 추기경님이 한국 교회를 대사회 세력으로 키웠다는 건데, 독일 가서 공부할 때, 당신 주제가 교회와 사회와의 관계였어요. 그런데 당신이 너무 일찍 학문을 그만두고 본국으로 돌아왔기 때문에, 학문적으로 성공하질 못했지요. 그러나 항상 한국에 돌아온 뒤에 보이신 대정부 태도나 이런 것을 볼 때에, 교회와 사회와의 관계를 아주 밀접하게 두고 본 것 같습니다. 나는 순수 교회론에 집중했지만 그 양반은 교회와 사회와의 관계, 그런 말을 참 많이 하셨지요.

질 추기경님이 마산교구장, 그리고 그다음 해에 서울 대주교로 올라가시고 또 그다음에 추기경 되시잖아요. 세상 사람들의 눈으로 볼 때 승승장구라고 하지 않습니까? 무엇 때문에, 그분이 가진 것 어떤 것 때문에 그렇게 올라가시게 되었을까 궁금하거든요. 어떻게 생각하시는지요?

답 나는 한 마디로 '시대를 잘 타고난 사람'이라고 봐요. 학생 때는 고생을 많이 했지만, 신부되고 나서는 아주 좋은 시대를 만났죠. 잘 타고났죠. 한 가지 종합적으로 얘기하자면 김수환 추기경은 리더입니다. 남을 끌고 가는 사람이지요. 남을 따라가는 사람이 아니고, 남을 끌고 가는 사람. 분명히 그런 능력이 있어요. 그러니까 대통령을 상대로 해서 말로 막 싸움을 걸지요. 만약 내가 추기경이라면 나는 대통령하고 감히 싸움을 못 합니다.

질 '시대를 잘 타고 났다.' 좀 더 풀어서 말씀해주시지요.

답　한국이라는 나라와 관계가 있습니다. 저 양반이 사회와 교회와의 관계에 대해서, '교회는 영혼만 생각하고 영적인 일만 상관하고 다른 것은 상관하지 마라' 하는 주장에 대해서는 절대 반대거든요. 사람이 이 세상에서 실체로 살고 있는데, 어떻게 정치나 이런 것을 떠나서 구원이 있느냐, 이 말이지요. 쉽게 말해서 인간이 진정으로 구원을 원한다면 교회는 사회도 지도해야 된다는 거예요. 자기 스스로 구원될 수 없는 사회는, 그 책임이 교회에 있다는 말이지요.

질　**70~80년대 민주화 활동을 하셨던 것은 교회의 책임을 다 하기 위해서이지, 무슨 운동가라서 하신 것은 아니다, 이런 말씀이신 거죠?**

답　그렇죠. 왜냐하면 그 양반이 사회문제에 대해서 항상 따지고 있는 사람이 아니거든요. 교회도 다스리면서, 정부에 대해서 특별한 기회가 있을 때 한 마디 했다는 것뿐이지요. 다만 추기경이라는 특별한 지위가 있었기 때문에, 그분의 말에 영향력이 있었다는 거예요. 김 추기경더러 '정치 주교'라고, 그런 말을 더러 하는데, 나는 절대로 그렇지 않다고 말합니다. 그분은 항상 교리의 일부분으로써 사회를 봤어요.

질　**몬시뇰님도 그 비슷한 생각이신가요? 교회가 어디까지냐, 하면 온 세상이 교회 아닌가 합니다만 어떻게 생각하시는지요?**

답　교회의 책임은 이 세상 모든 사람의 구원이지요. 천주교 신자들의 구원. '온 세상 사람들에게 구원의 길을 열어주는 것이 교회의 책임이다' 이거죠. 다만 그것에 대해서 방법론적으로 나는 훨씬 더 좁은 길을, 말하자면 교회의 전통적인 가르침이나 이런 것에 더 치중하는 사람이고 추기경의 그 입장은 '현실 세계에 더 깊이 교회가 관여해야 된다'는 것이었지요.

질 **추기경님께서 현실 세계에 좀 더 관여하게 되고, 90년대쯤에는, 우리나라에서 어떤 사안이 벌어지면 종교계에 연락도 하고 항상 말씀을 하셨더라고요. 그런 부분에 대해서 몬시뇰님께서 조금 과하다고 말씀하신 적이 있으신지요?**

답 과하다, 바로 그거예요. 좀 과하다. 우리가 거기에 대한 책임이 전혀 없는 건 아니지만, 추기경님처럼 싸우듯이 그렇게 할 필요가 있었겠는가, 하는 게 내 생각입니다. 싸울 필요까지는 없었는데……. 그런 싸움을 정면으로 할 것이냐, 그것이 추기경님하고 나의 다른 지점이죠. 그러려면 방법이 있어야 돼요. 추기경쯤 되면 정부에 대해서 신문에다 떠들고 그렇게 하지 말고, 대통령을 직접 찾아가서 상세한 이야기를 나눌 수 있어요. 내가 항상 주장하는 게 그겁니다. 대중 앞에서 고함을 지르니까 나라가 시끄럽잖아요. 그러지 않고도 추기경쯤 되면 아주 고위층에 직접 찾아가 얼마든지 이야기할 기회가 있는데, 왜 자꾸 대중에게 고함을 지르느냐 말이지요. 정부에서 볼 때는 일종의 선동가밖에 안 되는 거죠. 조용하게 하면 실질적으로 더 잘할 수가 있지 않았겠나, 이렇게 생각하는 거지요.

질 **추기경님이 대사회 발언을 많이 하실 때, 몬시뇰님과 생각이 다**

른 부분이 분명히 있었던 것 같은데요. 그때 추기경님께 직접 진언을 하신 적이 있으신지요?

답   진언은 딱 한 번 했어요. 추기경님이 공부한 거라든가, 생각하는 거라든가 내가 다 지지를 하는데, 그러나 주교님을 본받아서 신부들이 그렇게 나가면, 나중에 주교님들이 자기 직분을 수행하는 데 막대한 지장이 올 수 있다고 말했지요. 김 추기경도 이 정도는 했다고 나올 거란 말이에요. 그럼 추기경한테 절대 득이 안 된단 말이에요. 그러니까 분수를 지켜라, 주교는 주교의 분수를 지키고, 추기경은 추기경의 분수를 지켜야 한다. 만약 안 그러고 평신부가 저마다 다 추기경 노릇을 하려고 하면 교회는 누가 끌고 갈 것인가? 일반 신자들은 신부가 끌고 가고, 그 신부들은 주교가 끌고 가고, 이렇게 해야 되는데, 나중에 한국 교회에 신부들이 주교한테 순명 안 하는 버릇을 당신이 키우는 거다, 이렇게 해서는 안 된다고, 그거 정말 조심해야 되겠다고 내가 추기경님한테 바로 말했습니다.

    나도 중앙정보부하고 얼마나 싸웠는지 몰라요. 그러나 책임 있는 사람끼리만 싸워야 한다는 게 내 생각이에요.

질   **몬시뇰님께서 그렇게 직언하셨을 때, 추기경님이 뭐라고 하시던가요?**

답   변명을 하더구면. 내 본뜻은 그게 아니라고 하면서요. 그래서 내가 그건 주교님 혼자 생각이고, 지금 이 분위기로 볼 때는 주교님의 태도를 아주 모범적인 걸로 보는 신부들이 많다는 것이다, 그러니 지금 하시는 것보다 소리를 낮추시라고 했어요.

질 그때가 언제쯤이었나요?

답 서울교구장 하실 때지요. 그때 내가 일부러 서울에 올라왔어요.

질 몬시뇰님도 지켜보시다가 한 말씀 드려야겠다, 하셔서 찾아가 신 거네요. 돌아오실 때 마음이 착잡하진 않으셨어요?

답 좀 답답했지요. 추기경님이 내 말을 듣고 어떻게 하겠다는 이 야기를 안 했으니까. 그냥 나는 나대로 말했고, 추기경님은 들 었어요. 추기경님이 내 말을 반대하거나 그러진 않고 그냥 듣 기만 했지요.

질 근데 추기경님 말년에 보수적으로 바뀌셨다고 하는데요. 말년 에는 몬시뇰님의 생각과 굉장히 닿아 있었다고 보시는지요?

답 그렇지요. 아주 가까워졌지요. 당신의 연령이 있으니까, 여든 넘 은 노인네가 어떻게 맨날 고함 지르겠어요.

질 사제는 어떤 사람이어야 한다고 생각하시는지요? 김 추기경님 께서는 '사제는 복음을 증거하는 책임 있는 사람이 돼야 한다' 고 말씀하셨습니다.

답 신부가 신부 노릇 하면 되는 건데, 신부가 신부 노릇 이외에 너 무 많이 간섭하면 안 되지요. 복음을 증거하면 되는데 복음 이 외의 일에 대해서 신부가 왜 전문가로 나서려고 하느냐, 이 말 이지요. 정부 현안에 대해서 신부가 아니라도 일반 국민 중에 그런 소리 할 사람 많거든요. 꼭 신부가 나서서 고함을 질러야 겠느냐는 말이에요. 어디에 뭘 만들어둘 필요가 있으면 그건 국가가 판단할 일이지, 교회가 왜 자꾸 건드리느냐, 이거예요. 어떻게 되든 그건 정치가 책임질 일이지, 왜 신부들이 책임을 지냐고요.

질 **정부가 소외되고 가난한 사람들을 배려하지 않는 상황에서 김 추기경님이 정부를 향해 이야기하는 것에 대해서는 어떻게 생각하십니까? 그건 가능한 것 아닐까요?**

답 가능한 거지요. 그런 지적을 하는 것은 가능하지요.

질 **지적뿐만 아니라 정부가 철거민들의 인권, 주거권에 대해서 관심을 가지라고 성명서를 내고 하시는 것도 가능한가요?**

답 가능한 거지요. 다만 행동을 하지 말란 것입니다. 평신자들이 얼마든지 있는데 왜 성직자들이 나서는 건가요?

질 **그러면 제주 강정 문제 경우도 교회가 정치에 관여를 하려는 게 아니고, 주민들의 아픔을 보고 약자들의 편에 서려다 보니 결과적으로 정부와 대립각을 세우는 모양새가 된 것 같습니다.**

답 수단을 입고, 제의를 입고 나서지 않아도 얼마든지 의사를 표시할 방법이 있는데, 왜 하필 성직자들이 성직복을 입고 나서느냔 말이죠. 그게 내 걱정입니다.

내 책에도 '교회와 국가'라는 제목이 나와요. 사제는 세상 이야기를 하더라도 교회의 울타리를 벗어나지는 말자. 김수환 추기경이 제의를 입고 어디 나가서 고함 지르는 일은 없었습니다. 그건 성직의 한계를 넘는 거지요. 그런 걸 추기경님이 보여줬다면 내가 쫓아가서라도 말렸을 거예요. 추기경님은 그런 일 한 적이 없지 않습니까. 정부에 대해서 말하지 말라고 하면 김 추기경님이 벙어리 노릇을 해야 된다는 말인데, 내 말은 그런 게 아니지요.

질 **몬시뇰님 개인적으로 생각하실 때, 김 추기경님은 함께 가는 사제였다, 이렇게 보시는 거죠?**

답 그렇지요. 함께 가는데, 어떤 부분에 있어서는 당신이 너무 지나친 점도 없잖아 있었다는 거지요. 김 추기경님이 하는 일에 대해서는 내가 한 번도 반대한 일이 없습니다. 다만 사제들이 행동하는 방식에 대해서, 어떻게 보면 좀 지나치지 않느냐, 그렇게 얘기한 것이죠. 지금도 사회에 대한 교회 책임에 대해서는 나도 김 추기경님의 생각과 같습니다. 교회도 인간 구원과 관계되는 한에 있어서는 세속 일에 어느 정도 책임감도 느끼고 발언도 해야 된다고 생각합니다. 다만, 김수환 추기경이 격분해서 과하게 말한 적은 있지요. 그런데 사람이 그런 실수 없이 살면 이 세상이 전부 천당이게요.

질 **몬시뇰님 삶에 있어서 성찰할 부분, 후회되는 부분 그런 게 있으신지요?**

답 쉽게 말해서 나는 내 자신을 내 존재보다 더 크게 생각한 적이 전혀 없습니다. 그래서 정하권 신부, 그럴 때 사람들이 깜짝 놀랄 만한 그런 업적은 없습니다. 그런 업적을 가질 필요도 없었고 다만 나로서는 성직자들을 양심껏 양성해냈다는 걸로 충분한 거지요. 교황도 아니니 교회 전체에 어떤 영향을 끼칠 것도 아니고, 나는 그저 신부로서 내가 할 수 있는 한 충실히 했어요. 그 이상 아무것도 바라지 않아요. 지금 이 나이에 뭘 바라겠어요?

질 **돌이켜 보실 때 충실히 살았다고 생각하시는 건지요?**

답 내 양심적으로 그렇게 말할 수 있지요. 내 직분을 지키려고 충실하게 노력했다고. 다만 남들이 어떻게 보는가, 그건 남의 일이니까 상관하지 않아요. 내가 내 일이 아닌 것까지 책임질 수야 없잖아요.

질 **저도 나중에 나이 들어서 몬시뇰님처럼 말할 수 있으면 좋겠다는 마음이 생기네요. 직분을 다한다는 게 참 쉽지 않은 것이니까요.**

답 어렵죠. 그래도 신부로 아흔 살이나 먹었으면 됐지, 더 이상 뭘 기대하겠어요. 다만 요새는 사탕이나 아이스크림도 좀 먹고 그럽니다. 그런 것도 너무 많이 먹으면 안 좋지요. 그리고 이제 일부러 책을 안 봅니다. 쓸데없는 소리가 많거든요. 책에 나오는 거 사 분의 일 정도는 필요하지만 나머지는 다 쓸데없는 거지요. 다 지나가는 세상, 나 죽고 나면 내 책도 조카애들한테 전해지겠지만, 한참 있으면 그 책도 없어질 겁니다.

질 **후대 사람들에게 이렇게 기억되면 좋겠다는 점이 있으신지요?**

답 한마디로 얘기해서, 내가 마지막으로 쓴 책 『성숙한 신앙』, 그 내용 그대로 살면 좋겠습니다. 나도 그렇게 살려고 생각하면서 쓴 것이지만, 내가 쓴 책 중에 가장 반응이 컸던 책이에요. 수백 명한테 전화를 받았습니다. 날 반대하는 사람도 있고, 찬성하는 사람도 있지요. 불과 이백 페이지도 안 되는 책으로 큰 소동을 일으켰어요. 그 책 내용을 보면, 우리가 현세에서 필요한 것은 인덕과 망덕과 애덕만 있으면 되지, 윤리덕 그런 것으로 더 복잡하게 만들지 마라, 이거예요. 겸손하고, 인내하고, 정갈하고, 그 거 다 좋은 것이지만 모든 사람이 다 그렇게 할 수는 없다는 말이지요. 천당 가는 데 필요한 것은 신덕과 망덕과 애덕, 그리고 그것을 실천하려고 힘쓰면 그뿐이라는 말입니다. 우리 천당 가는 데 필요한 교리 몇 개 안 됩니다. 예수그리스도께서 인간 구원을 위한 유일한 구세주라는 거, 그거는 철저히 배워야 되지요.

질   **몬시뇰님, 오늘 귀한 말씀 감사드립니다.**

장 익 주교

질문: 평화방송(전성우 피디)
답변: 장 익 주교

질 **김 추기경님은 모든 사람들로부터 좋은 마음을 얻으셨고, 좋은 마음을 가지라고 권하셨던 분 같아요.**

답 프란치스코 교황님의 표어가 '자비로이 부르시니'지요. 예수님이 세관장을 보고 오히려 가엾게 여겨 뽑으셨듯이, 나는 죄인이라서 나를 부르신 것이다, 라고 하셨어요. 추기경님도 '내가 선하니까 너희들도 같이 선하자' 이런 얘기보다도, 당신 자신도 여러 가지 어려움, 고통을 보면서 그런 이들과 같아지려고 노력하셨어요. 그런데 철저히 같아지기가 어렵거든요. 함께하고 동행하고 싶은데 철저히 그렇게 되기가 어렵기 때문에 괴로워하셨어요. 사람들이 그걸 알아차렸는지 모르겠어요.

질 **추기경님께서 같이하지 못한 데 대한 어려움을 늘 말씀하셨는데, 그 진정한 의미를 저희가 알아들었을까요?**

답 예전 신경에, '지옥에 가시어 사흘날에 죽은 이들 가운데서 부활하시고'라고 나와요. '지옥에 가셨다' 이랬거든요. 예수님께서 우리와 처지를 같이하셨다는 거는, 어느 누구도 잊히지 않고 버려지지 않는 하느님 자비의 마음으로 끝 간 데까지 같이하셨단 거거든요. 아버지에게 버림받았다는 것보다 더 큰 암흑과 고통은 없습니다. 그런데 거기까지 가셨다는 거거든요. 그러니까 세상에서 사랑 하나도 못 받고, 잊히고, 박해받은 사람들의 고독이나 절망감, 그게 지옥인데 그런 것을 굽어보고 베푸는 게 아니라, 그 밑바닥까지 처지가 같아지는…… 그런 하느님의 신비를 체험하는 거죠.

'아버지, 왜 나를 버리시나이까.' 예수님도 그런 정도까지 비

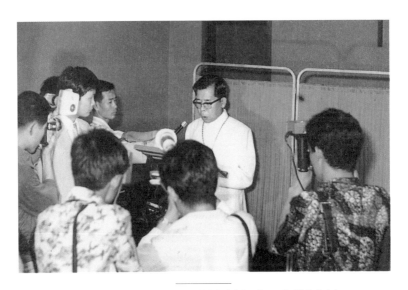

7.4 남북공동성명과 8.3 긴급경제조치에 대한 메세지를 발표 중인 김수환 추기경.

우고 내려가셨기 때문에, 우리 인간이 더 이상 하느님의 자비를 못 믿겠다든가 하고 절망할 근거가 없어진 거예요. 그런 사랑을 베푸신 거거든요.

추기경님을 이야기할 때, 주로 밖으로 드러난 것만 얘기를 해요. 사회에 드러난 것들 있죠. 정치적인 것, 그 시대의 어려움이나 이슈 같은 것들. 그런데 추기경님께서는 신앙의 눈으로, 하느님의 사랑을 어떻게 같이 실현을 하고 드러내야 할까, 이런 고뇌를 하셨다고 생각합니다.

대외적인 입장을 취하고 발언을 하는 데에 그런 고뇌가 반영이 된 거지요. 그런데 밖으로 보이는 것만 가지고 자꾸 이 양반이 인권운동을 하셨다, 이런 말로 끝내는 것은 아니지 않나 생각합니다. 열심히 하시면서도 끝까지 내려가지 못하는 것에 대한 안타까움이랄까, 그런 것들을 내면에 늘 품고 계시지 않았을까 짐작합니다.

질 **예전에 추기경님 인터뷰할 당시에 이해할 수 없었던 게 있습니다. 추기경님이 늘 당신은 부족하고 못났다는 말씀을 계속하세요.**

답 맞습니다. 진심이세요. 그렇기 때문에 그런 힘이 나온 것 아닐까 생각도 합니다.

마더테레사에게 당신의 그 노력이 세상에 무슨 차이를 가져오냐고 물었을 때, '바다에 한 방울이라도 절망이 아니라 희망으로 만든다'고 했지요. 억지로 겸손한 척하는 게 아니라, 있는 그대로인 거예요.

추기경님 같은 분이 부족하고 못났으면 우린 어떻게 하느냐고 말하고 싶지만, 혼신의 힘을 다한 분들일수록 더 부족함을 느끼는 게 이치라고 생각합니다. 하느님을 더 깊이 깨달을수록 나는 아무것도 아니다, 라는 느낌을 갖는 게 아닐까요. 오히려 잘못된 사람들이, 내가 뭘 잘못했어? 이런다고요.

씨앗이 땅속에서 죽어야 열매를 맺는다지요. 그게 어렵지만 참입니다. 성경을 공부하고 깨달았으면 마음이 변해서 삶이 변해야 소용이 있는 것 아닙니까. 프란치스코 교황님이 그런 면에서 단호하신 것 같아요. 실제로 그렇게 사는 분이니까, 진실한 게 느껴지니까 반박할 수가 없지요. 그분을 따르게 되는 이유예요.

질 **교황님과 추기경님이 서로 닮은 부분이 많은 것 같아요. 저 깊**

이 내려가신 분들은 공통된 것이 있구나, 그걸 일반인들도 조금이라도 느낄 수 있었으면 좋겠다, 하는 생각이 듭니다.

답 교황님은 로마에서도 거창한 차 안 타신다, 브라질 가서도 방탄차 안 타신다, 하지요? 진짜 절대로 안 타셨어요. 진짜 자유인이죠. 겁이 많은 사람이 무장을 더 하는 거예요. 교황님은 경찰도 안 들어가려고 하는 우범지역을 수행원도 없이 혼자 전철 타고 버스 타고 밤에 가셨어요. 거창한 환영, 의전 차량, 넓은 숙소 다 거부하시는 분이에요.

질 교황 선출 전과 후, 프레스센터 분위기가 하루 만에 바뀌었어요.

답 믿음이 가는 분이거든요. 추기경님도 그런 분이시지요.

질 주교님과 추기경님께서 함께 보낸 세월은 아주 길지요? 처음 모시게 된 게 언제입니까?

답 서울교구장으로 부임하실 무렵, 서울교구가 여러 가지로 어려웠지 않습니까. 서울교구 사정이 어떻게 돌아가는지 다 듣고 알고 계셨겠지만, 미리 얘기를 드리러 제가 마산에 갔어요. 그때 마산교구장으로 부임하신 지 이 년 정도 됐을 땐데, 마산에 부임하시자마자 모든 본당을 다 돌면서 하루씩 주무셨어요. 그때 마산에 갔더니 문간까지 나와서 제 가방을 받아들고 들어가셨어요. 처음 뵙기는 유럽에서였는데, 그때는 가까이 알던 사이가 아니었지요. 서울에 부임하실 때부터 비서 노릇을 했습니다.

질 원래 주교님 아버님 때부터 추기경님과 인연이 있지 않습니까.

답 그 당시 용산 신학교를 총독부에서 교육기관으로 인가를 안 하는 거예요. 그러다가 폐교를 시키다시피 했어요. 그래서 할 수 없이 동성학교에 을조라는 걸 만들어놓고 생활은 예전에 하던 곳에서 하면서 학업은 동성학교에서 똑같이 하게 했어요. 그때 저희 아버지가 동성학교에 와서 과목도 맡고 서무주임인가를 하셨지요. 동성학교 재단을 시작하셨던 박병례 씨 아버님이 물러나시면서 저희 아버지더러 교장을 하라고 유언하다시피 하셔서 교장이 되셨고요. 6.25 무렵에 서울교구 신부님들 6, 7할은 동성학교 을조 출신들이에요. 다 제자라면 제자인 거지요. 저희 아버지께서도 열심인 신자셨어요. 아무리 제자라도 대품만 받으면 길을 가다 만났을 때 깍듯하게 존대를 하고 절을 하셨습니다. 저희 아버지가 정신교육 같은 과목을 일부러 담당하셔서 일본 쪽에서 하는 걸 하지 않고, 세상 돌아가는 문화적인, 교육적인 얘기 이런 걸 하셨거든요. 학생들이 좋아했던 과목인데, 어느 날 총독부 문교부 당국에서 시험 문제로 이걸 내라고 명령이 왔어요. '황국 신민으로서의 나의 긍지'인가 뭔가 해서, 학생들이 깜짝 놀랐답니다. 그때 김수환 추기경님이 사 학년쯤 되었을 거예요. 교장선생님은 내 마음 알겠지, 하고 믿는 마음으로 답을 쓴 거죠. '나는 황국 신민이 아니기 때문에 할 말이 없다.'

그 당시 그런 답안지가 발각되면 폐교를 당합니다. 비상이 걸린 거예요. 공개될까 봐 쉬쉬하면서 회합을 했대요. 그래서 불러다가, 우리 아버지가 학생한테 손 대는 법이 없는데, 따귀를 한 대 올려 붙였어요. 학생 때렸다는 소리는 그때 말고는 들어본 적이 없어요. '어떻게 이렇게 생각 없이 했느냐' 하며 호통 치시고는 의논을 하셨대요. 범상한 학생이 아니다, 유학을 보내야겠다. 그래서 상지대학을 간 거죠. 그리고 추기경님이 당시에 학도병이 되느냐, 징병이 되느냐 이런 상황이 됐잖아요. 일본 당국에서 못살게 구니까 모두를 생각해서 본국에서 편지를 보낸 거예요. '자네가 지원을 해야겠다' 하고. 게페르트 신부님이 아무 말도 안 하시더니 추기경님을 당신 방에 데려가서 끌어안고 눈물을 줄줄 흘리셨답니다. '네 마음 안다.' 그분이 추기경님께 참 아버지 같은 분이었어요.

질 **일본에 대한 적개심이 없어지기까지 시간이 많이 걸렸다고 그전에 인터뷰에서도 말씀하셨습니다.**

답 예, 그걸 우리도 느끼겠더라고요. 말씀은 잘 안 하셨지만요. 상지대학 가 계실 때만 해도, 끝까지 공부를 해서 사제품을 받아야 되나 말아야 되나 이런 고뇌도 많이 하셨어요.

질 **추기경으로 서임되실 때 주교님 같이 계셨지요? 그때 상황이 어땠나요?**

답 로마에 모시고 가서 며칠을 회합했습니다. 우리나라 신학교 문제, 성소자 문제 등에 지원을 요청해서 상당한 지원을 약속받았어요. 그러고 나서 돌아오는 중에 일본에 있는 작은 피정의 집에서 자고 아침에 막 나가려는데 수녀님이, 지금 추기경이 되셨다는 전화가 왔다고 전해주었지요. 그 전에는 전혀 기미가 없었으니까 깜짝 놀랐습니다. 당황하셨어요. 돌아오니까 국내에서는 난리가 난 거예요. 추기경님이, '이건 나 때문에 한 게 아니다,

한국 교회 과거의 신앙 선조들을 보고 잘해보라고 하는 거지'
그렇게 말씀하셨지요. 오시자마자 얼마 안 있어 로마에서 불러
서 또 모시고 갔어요. 경험이 없어서 혼났어요. 추기경님의 선
배, 스승과 같이 서임되셨지요. 당시 마흔일곱 살, 아주 최연소
였죠.

질 **마산 주교님 하시다가 서울로 올라가신 것도 파격이고, 추기경
님되신 것도 파격이었는데요. 이미 그 전부터 교황청에서 주목
하고 있었던 것 아닐까요.**

답 그 내막은 모릅니다. 마산 주교되신 거는, 그때 마산교구가 새로
생기는 바람에 그렇게 되셨지요. 바로 직전에 대구에서 「가톨릭
시보」사 사장으로 일하고 계셨는데, 그때가 공의회 직후예요 그
내용을 교회와 신자들에게 전달하는게 쉬운 일이 아니었어요.
아직도 전달이 덜 돼 있지요. 그걸로 엄청 고심을 하고, 직원도
많지 않았는데 제일 많이 애를 쓰셨어요. 글을 아주 열심히 쓰
셨지요. 글을 보는 눈이 있어서, 누구한테도 절대 대필을 안 시
키십니다. 한평생 요만한 거 하나라도 밤새도록 고뇌하면서 종
이에다 전부 손수 쓰셨지요. 모든 말씀을 그냥 하시지 않고, 언
제나 곰곰 생각해서, 정말 책임질 말씀만 하셨어요.

질 **공의회 정신을 한국 교회에 알리는 데 크게 기여하신 것이지요.
그런 면이 추기경되시는 데 영향을 끼쳤을까요?**

답 글쎄요, 그게 큰 몫이 아니었을까 하는 생각은 듭니다. 그때만
해도 「평화신문」이 없었잖아요. 「가톨릭시보」가 유일했는데 엄

서로 사랑
하시오
一九八○ 十二월
김수환

청나게 노력을 하셨어요. 굉장히 깨어 있으셨지요. 공의회가 갑자기 생긴 게 아니고 수십 년 무르익어온 것 아닙니까. 탄압도 많이 받은 대단한 신학자들, 교회의 사상가들, 신자들이 계속 열심히 해서 공의회가 나온 거지요. 그 시대에 유럽에 계시면서 그 흐름을 감지하셨기 때문에 신문사에 와서도 그 내용을 전달하려고 무진장 애쓰셨지요. 우리나라는 배경도 다르고 소양도 다르지 않습니까. 그런 것이 특히 바티칸의 눈에 띄었을 수도 있지 않나 싶어요. 그냥 신심 두텁고 열심히 하는, 옛날식으로 하는 교회가 아니라, 범세계적으로 일어나고 있는 이런 흐름을 한국 교회에 전해야 한다고 생각하신 거죠.

언젠가 한 번, 그런 말씀 잘 안 하시는데, '국제적인 감각을 가지고 있는 사람이 흔한 건 아냐' 이러시더라고요. 누굴 두고 하신 말씀인지는 모르지만 그런 거에 대해서 굉장히 민감하시고 잘 아셨어요.

질 **추기경님 당신이 국제적인 감각이 있으셨죠?**

답 대단하셨지요. 굉장히 열려 있고, 굉장히 빨리 아셨어요. 요한 바오로 2세하고도 그전부터 서로 잘 아시고, 여러 분들하고 그저 사교적으로가 아니라, 깊은 만남을 많이 가지셨어요.

질 **요한 바오로 2세께서 추기경님에 대한 각별한 마음을 가지고 계셨나요?**

답 굉장한 호감을 가지고 계셨죠. 깊은 친분이 있었어요. 바오로 6세께서도, '내가 당신네 나라 아주 특별히 생각한다'고 하셨답니다. 나중에 추기경님께서 저에게 '교황님께서 그냥 의례적으로 서임된 사람 누구에게나 하시는 말씀인가 보다, 했는데 나중에 보니까 그게 아니더라'고 하셨어요. 바오로 6세도 그렇고, 요한 23세도 그렇고 2차 대전 후에 한국에 굉장한 관심을 가지고 일 하셨거든요. 요한 23세가 파리에 대사로 계시면서 3차 유엔 총회 때 한국 정부 승인하는 데 굉장히 많이 도우셨어요. 스탈린과 동북아시아 정세 속에서 걱정을 많이 하신 거예요. 우리가 크게 신세졌습니다. 추기경님, 요한 23세, 바오로 6세 이분들이 오래 된 인연이에요. 40년대 말, 6.25 전부터 시작된 인연입니다.

질 **다 이어져 있었던 거네요.**

답 그렇죠. 근데 우리 정부에서는 그쪽에 관심이 별로 없어요.

질 **서울교구장으로 오셨을 때 교회 안에 여러 가지 문제가 많았습니까?**

답 주교관도 없었고, 그때는 참 어려운 시기였어요. 노 대주교님이 갑자기 사임을 하셔서 안 계셨고요. 비서도 독일로 가서 없고, 관리국장 신부님은 중풍이 걸려서 누워 계셨고, 총대리신부님은 연락이 안 되었고……. 당시 정진석 신부 혼자 집 지키고 있었던 거예요. 하여튼 문제가 많았어요.

질 **굉장히 어려우셨을 텐데 추기경님이 어떻게 견디셨을까요?**

답 맨날 고성이 왔다 갔다, 어지러웠어요. 셋이서 고생도 많이 했지요. 그때만 해도 교구 사제가 백 명이 안 됐어요. 모이면 혜화동

강의실에 다 들어가는데 거기서도 토의를 하고 의견이 왔다 갔다 했지요.

질 **김 추기경님이 서울 오셔서 그런 상황을 보시고 놀라시지 않았을까요.**

답 뿐만 아니라, 서울교구에서는 왜 밖에서 영입을 해야 되느냐, 그런 오해도 있었지요. 김 추기경님보다 더 연로한 분들도 많았잖아요. 고심을 참 많이 하셨어요.

질 **그걸 어떻게 하셨나요.**

답 긴 얘기예요. 돈도 없어서 오래된 건물을 고쳐서 들어갔어요.

질 **교회 안의 일도 수습하기가 힘드셨는데, 추기경되시고 초반부터 대사회 발언을 하셨잖습니까.**

답 그 전에는 교회 안을 정리하느라고 굉장히 고심하셨죠. 정국에 대한 발언은 조금 후부터죠. 오신 게 1968년인데, 대사회 발언은 1972~73년도부터 시작하셨죠.

질 **교구 내 사제단 일치를 이끌어내시려고 많이 애쓰셨지요?**

답 애 많이 쓰셨죠. 경갑룡 신부가 보좌주교가 됐고요. 역량이 있는 사람에게 일을 맡기신 거죠.

질 **옆에서 보필하시면서 추기경님께서 힘들어하시는 것도 많이 보셨겠네요.**

답　속상한 얘기 같은 건 좀처럼 잘 안 하세요. 가까운 사람들한테 책망도 잘 안 하시고, 칭찬도 잘 안 하세요. 아주 아껴서 하세요. 하여튼 잠을 못 주무실 정도로 고뇌를 하셨어요. 불면증이 워낙 지병으로 있는 거지만, 처음에는 시국에 관한 것보다도 서울 교구 자체를 추스르는 문제가 만만치 않았어요. 언젠가 박 대통령이 시찰을 같이 가자고 해서 가셨는데, 내내 단둘이서 기차를 타고 가셨대요. 갔다 와서 이렇게 말씀하셨어요. '어떻게 보면 책임감도 있겠지만, 그것 때문에 나라 전체 살살이 다 본인이 다 해야 하는 걸로 생각을 하니까, 옆에서 말을 하기가 쉽지가 않더라.' 이런 얘기를 하시더라고요. 자세한 얘기는 안 하셨지요. 그다음에도 음으로 양으로 직·간접으로 직언을 많이 했죠. 표면적으로, 언론에 나타나기 전에도 그랬고요.

질　**그때도 이미 어려운 처지에 있는 사람들에 대한 관심과 배려가 깊으셨지요?**

답　추기경님은 어려운 처지의 사람들, 그 개개인의 문제를 놓고 직접 편지도 많이 쓰셨어요. 알지도 못하는 사람들이 뭘 호소를 해오면 그 사람 돕느라고 아무한테도 안 알리고 그렇게 편지도 많이 쓰셨어요. 누가 보면 추기경님이 나서서 그런 것까지 해야 되나 할 정도로 다 하셨어요. 서대문 교도소도 몇 번 모시고 갔는데, 사형수들도 만나고 하셨어요. 한번은 성탄 때 난지도를 가시겠다고 해서 모시고 갔는데 수녀님 두 분이 살고 계셨어요. 악취가 말도 못 해요. 추기경되셨을 때 누가 외제차를 대령해놨거든요. 갔다났으니 안 타실 수도 없고 해서 몇 번 타셨지요. 그때 그 차에 수녀님이 타시고서는 '이런 차 타고 다니면 밖에 소리도 안 들리고 냄새도 안 나죠?' 하신 거예요. 추기경님은 그렇잖아도 속으로는 그 차가 타기가 싫은데 무리해서 마련해준 사람들을 생각해서 몇 번 타신 거였어요. 그 말씀 들으시고는 바로 도저히 안 되겠다, 하셔서 금방 처분해버렸지요.

질 **70년대 들어오면서, 시국 발언이 갑자기 나온 건 아니고, 여러 경로를 통해서 노력하시다가 그렇게 나서신 것인가요?**

답 추기경님 개인적으로 소리 안 내고 하려고 애를 많이 쓰셨지요. 행정당국뿐만 아니라, 법조계도 그렇고 사방에 딱한 일이 많았어요. 모르는 사람들이 호소를 해오면 그걸 다 알아본 다음에 어떻게든 해보려고 많이 애쓰셨어요.

질 **교회만 잘 건사하면 되지, 왜 이 일 저 일 나서느냐, 그런 비판이 많지 않았습니까?**

답 그렇죠. 지금도 그런 소릴 많이들 하잖아요. 정치적인 야심이나 인기를 위해서 그러신 건 전혀 아니에요. 양심적으로 봐서 올바르지 않은 일이 자꾸 진행이 되면, 성직자로서 신앙인으로서 방치할 수 없다 싶으셨던 거죠. 다들 입을 다무니까 당신이 한 것이지, 정치적으로 활동하는 걸 좋아해서 하신 건 아니에요.

질 **목자의 입장에서 탄압받고 있거나 곤궁한 처지에 있는 양 떼들을 보호하려는 차원에서 그런 말씀을 하셨던 게 아닌가요?**

답 그것도 있지요. 옳지 않은 것을 행하는 사람들도 딱하게 여기셨어요. 희생자들, 악당, 그렇게 가르는 흑백논리는 아닙니다. 모두 다 아울러서 한 얘기죠. 잘못을 하는 사람들을 두고 나쁜 놈들이다, 이렇게 잘라서 판단을 하진 않으셨어요. 그러니까 누가 납득이 안 가는 행동을 하더라도 표면만 보고 판단을 하지 않으시는 거예요. 그 속에는 어떤 사연이 있고 어떤 입장이길래 저럴까, 저렇게 하면서도 얼마나 괴로울까, 하는 생각을 다 하시는 거지요. 근데 우리는 그런 참을성이 좀 짧은 것 같아요.

질　**모든 사람들의 입장, 각자가 처한 형편을 이해해주려고 하신 거죠?**

답　굉장히 노력하시는 거죠. 본인 스스로 당신이 잘하는 것도 있지만 모자라는 것도 있고, 비합리적인 면도 있다는 걸 뼈저리게 아시기 때문에 더 그러시는 거죠. 있는 그대로의 자신을 볼 줄 아시니 남에 대해서도 단호하게 할 수 없는 거예요. 근데 요즘 사람들이 소리 지르는 걸 보면, 자기는 다 선인이고 남들은 다 악마예요. 프란치스코 교황님의 표어처럼, '너를 측은히 여겨서 택한다', 그런 마음이 우리 사회에 있으면 얼마나 좋을까요. 마더테레사도 그랬어요. '이 버려진 사람이 가엾은 게 아니라, 부자들이 더 가엾다. 그들은 굳을 대로 굳어서 남에 대한 동정심도 하나 없다'고 하셨지요.

질　**어떤 다른 분이 이렇게 말씀하시기도 했습니다. '김 추기경님은 선동가였다.'**

답　선동가? 그건 아닙니다.

질 '결과적으로 지금 교회 내에 극단적인 이야기를 하는 사람들은 추기경의 영향을 받았다. 추기경님이 선동을 하려고 했던 건 아니지만 결과적으로 책임은 있는 거다' 이렇게 말씀하시는 거죠.

답 그런 소리 가끔 듣습니다. 원망들을 했어요. 그거에 대해서는 말씀을 안 하시더라고요. 지 주교님 사태로 교회 내에 이런 문제가 생기기 시작했지 않습니까. 그 후에 그쪽으로 몸을 던진 사람들은 다른 말이 귀에 잘 안 들어오는 것 같아요. 추기경님도 '이건 이제 어떻게 말릴 수가 없다'고 하셨어요. 어떤 생각의 틀에 푹 빠져버리면 색안경을 쓴 듯 되어버리는 것은 우리 모두 그렇지 않은가요.

질 **교회의 사회 참여 범위, 한계에 대한 해석들이 각각 다른데요.**

답 경제문제뿐 아니라, 정치적인 것, 제도적인 것들이 우리의 삶에 속속들이 영향을 미치지 않습니까. 통합적으로 삶 전체를 좌우하지요. 우리 삶에 그렇게 깊숙이 영향을 미치는 것에 대해서, 교회가 입 다물고 있는 게 옳은 걸까요? 그건 우리 상관이 아니다, 그냥 성당에서 기도나 해라, 이렇게 얘기하는 게 온당한지 모르겠어요. 잘 가려서 생각을 해야겠죠.

질 **추기경님께서 발언하셨던 부분들은 교회를 사목하는 사목자의 입장이라는 말씀이지요?**

답 그렇습니다. 신앙의 입장에서 한 얘기예요. 담론적인 거나, 정파적인 것은 전혀 아니에요. 무슨 권력에 욕심이 있어서 그런 것도 전혀 아니죠.

질　**추기경님께 여러 사람이 찾아오지 않습니까. 세대를 막론하고, 당파를 막론하고. 제가 보기엔 다들 자기편이 되어달라고 오는 것 같았습니다.**

답　그건 잘 모르겠고요. 돌아가셨을 때 사십만 명이라는 조문 행렬을 보고 세상이 다 놀랐지요. 그런데 전부 신자는 아니었죠. 많은 우리나라 사람들이 '저렇게 진실하고 바르게, 선하게 사신 분처럼 나도 그렇게 살고 싶다' 하는 마음이 있지 않았을까요. 그런 마음이 커서 조문왔던 것 같아요.

　　그 전에도 우리나라에 큰 사태가 생기면 외교관들끼리 서로 물어요. '추기경은 뭐라 그러셔?' 항상 이렇게 묻는 거예요. 사람들 마음속에 '제일 진실한 영향력을 가진 분이다'라고 생각을 하는 거지요. 국내에서도 그렇지만 외국에서도 굉장히 많이 알려지셨고 존경을 받았어요. 한국 교회는 저런 어른이 계셔서 저렇게 든든하구나, 다들 그렇게 생각했어요.

질　**추기경님은 당신을 내세우는 말씀은 거의 안 하시죠.**

답　안 하세요.

질　**여러 사람이 만남을 요청하시잖아요. 추기경님을 제일 쉽게 만날 수 있는 순서가 어떻게 됩니까.**

답　참, 그게…… 사실 피곤하거든요. 이런 말씀 하신 적도 있어요. '주교가 뭔지 알아? 주교는 쓰레기통이다.' 그게 무슨 말씀이시냐고 했더니 '다들 문젯거리만 들고 오니까' 하셨어요. 그러니까 사이사이 아무런 부담도 없이, 가볍게 아무 짐도 없이 만날 수 있는 분들이 한두 분 있어요. 가끔 연락을 하죠. 와서 같이 좀 웃게 해드리라고요. 제가 그전에 정릉 본당주임으로 나갔는데도 계속 부르시는 거예요. 그래서 제가 '새 신발은 발이 아프지만 헌 신발은 너무 오래 신으면 냄새가 난다'고 하니까 막 웃으시더라고요. 제가 춘천에 있을 때도 서울로 왔다 갔다 했지요.

질 **추기경님께서는 주교님이 편하셨던 것 같습니다.**

답 아까 말했듯이 헌 신이 편하죠. 외부에서 편지가 와서 답장을 하려면 신경이 쓰이잖아요. 오랫동안 모셔서 대강 어떤 상황이고 어떤 관계인지 아니까 초안을 해서 갖다드리는 거예요. 그러면 대부분은 '됐네' 이러셨지요.

질 **추기경님이 당신보다도 당신의 마음을 더 잘 아는 사람이 장 주교님이라고 하셨지요.**

답 에이, 그건 지나친 얘기지요.

질 **주교님께선 오랜 세월 동안 추기경님과 함께하셨잖아요.**

답 몇 십 년이지요.

질 **주교님이 추기경님께 본받을 점이라고 생각하신 것이나 대단하다고 생각하신 점은 어떤 점이신가요?**

답 많죠. 정말로 능력도 있는 분이고 생각도 깊은 분인데, 아주 겸손하셨어요. 사람에 대해서 정말이지 차별을 안 두셨어요. 그것도 쉬운 게 아닙니다. 되도록 누구에게나 진지하게 대하셨지요.

굉장히 유머가 많으셨는데 난 그게 없어요. 그런 건 흉내 내려 해도 어려운 부분이에요. 아주 은근히 장난기 비슷한 유머가 있어요. 그리고 굉장히 참을성이 많으세요. 어려워도 괜히 넋두리 하시는 법도 없고, 그냥 속으로 삭히면서 참아내시는 게 대단하시지요. 한 번은, '장 신부는 남의 사정을 보면 제법 판단을 잘하는 것 같은데, 자기 자신에 대해서는 못 해. 그게 어떻게 보면 장 신부에게는 구원인지도 몰라' 하셨거든요. 생각해보니까 옳은 말씀 같아요. 가까이서 모시고 있는 사람들한테 좀처럼 탓도 안 돌리시고 칭찬도 잘 안 하세요. 만나는 사람들한테 덕담은 많이 하셔도, 정말로 칭찬하는 건 잘 안 하세요. 사실 그건 필요가 없는 거죠.

질 **그래도 제일 기분 좋게 말씀 해주신 것 혹시 있나요?**

답 그런 말 잘 안 하세요. 그냥 속정으로 이렇게 하지, 말로 꺼내놓고 뭐라고 안 하세요.

질 **주교님도 사제의 삶을 사시고, 추기경님도 사제의 삶을 사시다 가셨는데, 사제로서 보실 때 추기경님은 어떤 분이셨나요? 또 무엇을 가장 추구하셨는지요?**

답 사제로서 정말 복음적으로 살아보려고 노력을 무척 하셨지요. 쉽지만은 않지 않습니까. 늘 자성을 하며 사신 분이죠. 아주 성실하게요. 젊은 시절에 사제 서품을 받을까 말까 많이 고민하고 주저하셨던 것 같아요. 신앙이라는 게 이제 내가 잡았다, 이러는 사람도 있고, 신앙의 길을 하나의 물음으로 가는 사람도 있지 않습니까. 추기경님은 후자에 속하는 편이었다고 생각해요.

질 **무엇에 대한 물음일까요?**

답 근본적인 얘기죠. 나는 이제 진리를 찾고 길을 알았으니까 됐
다! 이거다! 이렇게 자신을 가지고 확신하는 사람도 있어요. 행
복한 사람들이지요. 잠도 잘 오고요. 이게 길을 가는 건데, 미지
의 땅으로 자꾸 가는 것 아닙니까. 구도를 하는 사람, 계속 길을
찾고 묻고 이러면서 사신 분이라고 생각 들어요. 어떤 때는 사
람들 앞에 이런 거다, 하고 얘기를 하시잖아요? 그렇게 하시면
서 그 말이 자신에게도 타이르는 말인 거죠. 이미 자기가 장악
을 했다, 득도를 했다, 이런 식의 얘기가 아니고 늘 열려 있고 찾
아가는 마음으로 사신 거죠. 기도라는 게 어떤 방법으로 하는
것만이 기도가 아니잖아요? 사는 게 다 기도잖아요. 그분을 한
명의 구도자로 느꼈어요. 확답을 쥐고 세상에 외치는 말이 아니
라 자기 스스로에게도 하는 말로, 그렇게 하신분이죠.

질 **남에게는 관대하고 자신에게는 인색하신 분이셨네요.**

답 당연하죠. 그게 옳은 것 아닙니까.

질 **어떻게 하면 그렇게 될 수 있을까요?**

답 전 그렇게 못 해요. 끊임없이 자성을 하면서, 기도를 하면서 사
니까 그렇게 되는 것 아닐까요?

질 **김 추기경님을 한 마디로 표현하기는 어렵겠어요.**

답   그렇게 단순하게 볼 수 있는 분이 아닙니다. 저 깊이 속이 있고, 또 있고, 또 있고…… 그래요.

질   우리 사회의 큰 어른이고 힘들 때 호소할 수 있는 마지막 보루 이기도 하셨지요.

답   요한 바오로 2세에게도, 프란치스코 교황에게도 사람들이 막 몰려들잖아요. 그 군중 속에 개인적으로 그분들을 아는 사람이 누가 있어요? 그렇지만 어느 나라에 가서 백만 명씩 모여들 때, '이 사람들은 다 나하고 관계 있고 나를 안다' 이렇게 생각하는 거예요. 그 힘이 어디서 나오는지는 모르겠어요. 그냥 바라보는 존재가 아니라, '아, 저 양반이 나를 알고, 나랑 상관이 있다'고 생각하는 거예요. 사람들이 가까이 느끼고 마음이 통한다고 생각하게 만드는 것, 그건 신비입니다. 정치꾼이 와서 선전하는 것과는 달라요. 인품도 매력도 있지만, 살아 있는 진실성, 신앙, 이런 데서 오는 게 아닌가 해요. 꾸밈 없이 있는 그대로의 진실성이 통하는 게 아닐까 싶어요. 참 대단한 힘입니다. 추기경님께도 그런 게 있었어요. 예수님도 그런 분이 아니었을까요? 누구나 와서 저분이야, 라고 느낀단 말입니다.

질   우리는 항상 경계를 하면서 사는데 그 경계심을 놓아버리게 하는 분들이지요.

답   그렇지요. 그러려면 본인이 먼저 훌렁 벗어야 되거든요. 그래야지만 진실성이 느껴지지 않겠습니까. 그런 의미에서 정말로 자유로운 분들이 아닌가 해요. 있는 그대로의 자신을 그대로 내놓는 분들이 아닌가. 아무나 하는 것 아니거든요. 정말 그건 수행을 해야 돼요. 그러니까 세상 떠나신 다음에도, 사람들이 '나도 그렇게 살고 싶고, 살았어야 하는데' 하면서 아쉬워하지 않습니까. 아무도 그분한테 단죄받았다고 느끼지 않잖아요. 저 양반이 나를 판단한다, 이런 느낌이 없잖습니까. 신앙인의 증언이 그런 것이어야 되지 않는가. 예수님이 그걸 하시지 않았습니까.

지옥까지 가신 하느님. 추기경님도 그 말씀 많이 하셨어요. '하느님께서 오죽하면 당신을 낮추고 낮춰서 그렇게까지 하셨겠느냐!' 이게 바로 그분이 가지신 신앙의 기본적인 축의 하나인 것입니다.

질 **주교님, 오늘 깊은 묵상거리를 주셨습니다. 좋은 말씀 감사합니다.**

이해인 수녀

질문: 평화방송(전성우 피디)
답변: 이해인 수녀

질 **추기경님 선종일이 윤동주 시인의 선종일과 같은 것 아세요? 2월 16일. 추기경님 학창 시절 이야기에 윤동주 시 이야기가 많이 들어 있습니다. 중학교 때 제일 먼저 접한 시가 「하늘과 바람과 별과 시」라고 하십니다.**

답 그런데 추기경님이 그 서시를 못 외우신대요. 차마 못 외우신다고. '죽는 날까지 하늘을 우러러' 그 구절이 너무 와닿아서 그렇다고 하셨어요. 시인을 참 부러워하셨어요. 우리 수녀원 오십 주년 시, 제가 쓴 시를 와서 읽어보시고는 '참 어떻게 이렇게 썼지, 좋다' 그러셨어요.

질 **추기경님 처음 만나신 건 1965~66년 즈음이었나요? 마산교구장 되시기 전에 잠시 만나 뵌 거지요?**

답 그때 「가톨릭시보」사 사장하실 때죠. 우리 수도회가 부산 성북동에서 자선병원 할 때, 약국장 수녀님과 친분이 있으셔서 자주 약국에 오셨어요. 저는 1964년에 수녀원에 입회했는데, 그때 약국에서 병 닦고, 보조 간호하고 그런 일을 했거든요. 그때 추기경님 오시면 곁에서 뵀죠. 그리고 개인적으로 만나서 이야기한 것은 70년대 초, '영원한 도움의 성모수도회' 교육관에서 성서 창세기 연수가 있었어요. 그때 추기경님께서 미사 오셔서 말씀 나눌 수 있었어요. 당신 신학교 시절 아시던 수녀님들 만나러 수녀원에 오시곤 했는데 아주 가깝지는 않게, 그러나 또 멀지도 않게 지내다가 병원에 입원하고 나서야 직접적으로 가까이 뵙게 된 거죠.

질　**그 전엔 저분이 추기경님될 거라고 생각도 못 하셨겠네요.**

답　전혀요. 인품이 훌륭한 분이라는 건 말을 들어서 알았어요. 레디치아 수녀님이라고, 청소년 시절부터 추기경님을 잘 알고, 많이 아끼시던 수녀님이셨는데, 그분의 말씀들을 통해서 추기경님이 얼마나 훌륭하고 서민적이고 좋은 분인지를 알았지요. 그 모습이랑 분위기가 정말 시골 아저씨처럼 순박했거든요. 아, 제가 1976년도에 종신서원을 했는데 우리 종신서원 주례를 추기경님께 한번 부탁해보자 생각하고, 안 되면 그뿐이다 하면서, 우리 여덟 명 대표로 제가 편지를 썼어요. 우리 주례해달라고. 그랬더니 진짜 오셨어요. 그때 반지 껴주셨어요. 그리고 편지 몇 번 주고받고 했지요.

질　**편지를 그 뒤에도 쓰신 거지요?**

답　예. 자주는 아니지만 제가 책을 보내드리면 소감을 또 적어서 보내고 하셨어요. '나는 참, 시를 쓰는 시인들이 부럽다.' 그렇게 친필로 써서 보내주셨어요.

　　추기경님을 병원에서 만난 건 제가 2008년 8월부터 2009년 1월까지 집중적으로 항암 방사선 치료를 받을 때, 추기경님은 계속 병실에 계셨지요. 저는 추기경님 뵐 생각을 못 했죠. 워낙 많은 사람들이 면회 오고 하니까요. 뜻밖에 추기경님이 사람을 보내고 저를 찾으셨다고 했어요. 이해인 수녀가 여기 있다는데 한번 봤으면 좋겠다, 하셔서 누가 저를 데리러 왔어요. 그래서 뵙게 되고 가끔 병동 객실에서 뵙기도 하고, 그때도 말이 잘 안 되실 때였지만 미사도 하시고요. 그 뒤에 간병인 아줌마

들이 저를 자주 불렀어요. '수녀님 오시면 즐거워하시니까, 와서 간식이랑 깨죽도 같이 드시고 즐겁게 해드리면 좋겠다' 하셨죠. 그때도 힘드셨을 텐데, 이야기를 하시더라고요. 혀는 잘 안 돌아 갔지만 말씀을 하셨어요. 그리고 인상적인 게, 저한테 기도를 굉장히 길게 해주셨어요. 안수기도 끝난 다음에 또 하고, 또 하고. 끝나고 나서 '몸도 안 좋으신데 왜 이렇게 기도를 길게 하세요?' 하니까 추기경님이 '내 기도를 받는 대상이 문인이기 때문에 내가 신경을 좀 썼다'고 아주 재밌게 말씀해주셨지요. 기도 내용은 '이 수녀님이 좋은 글로써 많은 사람들한테 좋은 역할을 하니까, 세상에 좀 더 오래 남아서 그런 글로써 복음의 증인이 될 수 있도록 도와주십시오. 건강을 회복하게 해주시길 빕니다'고 하세요. 추기경님이 혀도 잘 안 돌아가시는데 기도해주신 게 참 마음이 짠하기도 하고, 감동이었죠.

그리고 제가 제일 기뻤던 것은, 추기경님이 물리치료하고 당신 방으로 가시다가 제 병실에 들리셨어요. 그래서 제가 인사로, '오늘은 좋아 보이신다, 혜화동으로 돌아가고 싶지 않으시냐' 그런 질문 드린 것 같아요. 그러면 '내가 사는 게 아니야, 호흡도 곤란하고 힘들다' 이렇게 말씀하셔도 되거든요. 제가 수도자고 같은 환자니까요. 그런데 그런 푸념과 불만, 부정적인 말보다는 '나는 지금 내 본래의 모습을 찾아가는 중이지' 이러셨어요. 제 마음이 얼마나 짠했는지 몰라요. 추기경님 그런 모습이 항상 배울 점이었어요. 세상이 다 알 만큼 나빠지고 있는 상황에서, '나는 내 본래의 모습을 되찾아가고 있다.' 어떻게, 저렇게 말할 수 있을까. 나라면 저렇게 말할 수 있을까. 그런 생각이 들면서 유머이긴 했지만 참 슬펐어요. 당신이 혜화동 다시 갈 수 없다는 걸 알면서도, 내 본래의 모습을 찾아갈 수 있다고 그렇게 말씀하시는 그 마음이 오죽했을까요.

질 **본래의 모습이라는 게 무슨 의미로 하신 말씀이셨지요?**

답 본래의 모습이라는 건 좋은 모습이죠. 원래 건강했던 모습이죠. 그리고 저한테 진지하게 물으시더라고요. '수녀도 그 무서운 항암 치료란 걸 해?' 그래서 제가 '추기경님, 제가 항암약 복용만 하는 줄 아세요? 방사선 치료도 겹쳐서 하는데' 이랬어요. 잠시 침묵을 지키시더니 눈물까지 글썽이시는데, 사실 추기경님이 뭐라 하실까 참 궁금했거든요. 잘 참으라고 하시겠지, 예수님을 생각하라고 하겠지. 근데 추기경님은 뜻밖에 이렇게 말씀하셨어요. '그래? 참, 대단하다. 수녀.' 거기서 제가 많은 위로를 받았어요. 눈물이 핑 돌았어요. '예수님 수난을, 고통을 생각하면서, 인류의 정화를 위해서 니가 잘 참아라.' 이렇게 말하는 것보다 몇 배 더한 감동이 왔어요. 아, 나도 다른 사람한테 저렇게 위로를 해야지. 정말 인간적인 표현이지만, 그 안에 많은 것을 내포했잖아요. 그래서 저도 누가 항암 방사선 치료한다고 하면, '어, 정말 대단하세요' 하고 이렇게 추기경님 어법으로 말을 하는 거예요. 우리가 아픈 사람한테는, 인간적인 표현으로 위로를 하는 것이 더한 감동을 준다는 걸 제가 그때 배웠어요. 많은 사람들이 제게 와서 제가 종교인이고 수도자기 때문에 종교적인 말만 하죠. '지금 이 고통을 통해서 수녀님의 고통은 더 깊어질 것이며, 진짜 영성적으로 거듭날 때이며, 예수님의 고통을 몸으로 느낄 때이며……' 좋은 말이 얼마든지 있지요. 그런데 그런 거룩한 말을 들었을 때보다 추기경님이 그냥 너무나, 너무나 안됐다는 표정으로, '그래? 참, 대단하다, 수녀' 하신 이 말이 저한테 두고두고 위로가 됐어요. 아픈 사람한테는 저렇게 말해야 되겠구나. 건강한 사람 입장에서 하는 교훈적인 말을 삼가야겠구나, 하는 것을 추기경님한테서 배웠어요.

질 **나도 참 많이 힘들다, 이런 말씀 하셨나요?**

답 아니요. 그러니까 소인과 대인의 차이는 그것 같아요. 자기 힘든 건 속으로 감추고 되도록 표현을 안 하는 거죠. 마더테레사도 마찬가지셨지요. 훌륭하다는 말을 듣는 분들의 특징은, 자기 아픔은 되도록 감추고, 다른 사람을 오히려 배려해주는 그런 점이 다른 것 같아요. 힘들다고 충분히 말할 수 있는데, 그냥 '죽지 못해 살지. 난 머지않아 부르시면 가야지' 이럴 수도 있는 상황에서, '본래 모습을 찾아간다'는 그 말씀이 굉장히 깊게, 인상적으로 들렸다니까요.

질　**수녀님 퇴원하실 때 추기경님을 뵙고 오셨나요?**

답　제가 하나 후회스러운 점은, 항암 치료를 마치고 돌아올 때 마지막이 될지도 모르니까 인사를 드리고 싶었는데, 그걸 생략한 것이 지금도 마음에 걸려요. 병실에 가서 '이제 갑니다. 안녕히 계십시오' 하고 싶었는데 유난스러운 것 같아서, 그때는 추기경님 편안하게 해드리자는 마음이었는데……. 그런데 2월 16일 아침을 먹는데 돌아가셨다는 전화를 받고 너무 충격이었어요. 그때 그게 마지막 인사였는데……. 병실에 가서 똑똑 하고 인사했으면 될 것을 왜 그냥 왔을까, 후회 많이 했지요.

　그 뒤 4월에 명동성당에서 추기경님 추모 음악회가 있었는데, 총장님은 저더러 힘드니까 절대 가지 말라고 그러셨지만 제가 마지막에 추기경님 병실에 못 간 것이 너무 마음에 걸리니까 허락해주시면 직접 가서 편지 읽어드리고 싶다고 했지요.

　그 뒤에는 제가 추기경님하고 친해졌다는 생각이 들더라고요. 제가 허리가 많이 아팠던 때가 있는데, 우리가 아프면 누구한테 막 빌잖아요. 하느님, 성모님, 도와주십시오, 하고. 갑자기 추기경님한테 도움을 청해야지, 이렇게 장난기가 발동하는 거예요. 그래서 추기경님 우리 병실 동지로 지낸 의리를 생각해서라도 나 허리 좀 안 아프게 해달라고, 제가 지금 걷지를 못하는

데, 삼십 분 후에 나가서 복도를 걸어볼 테니까, 내가 걸을 수 있다면 추기경님의 공으로 돌리겠다고. 반 협박 비슷하게, 꼭 도와달라고 했지요. 추기경님이 좋은 데 가셨을 텐데, 잘 전구해달라고 했죠. 그때 정말 거짓말처럼 안 아픈 거예요. 이건 조심스러워서 누구한테 얘기도 잘 안 하는 부분이지만, 누워 있다가 성당 복도를 걸어가는데, 정말 거짓말처럼 걸음이 걸어지는 거예요. 그래서 추기경님 덕분입니다, 이다음에 성인품에 오르실 때 내가 추기경님 때문에 나았다고 증언하겠습니다. 이렇게 얘기를 한번 했어요.

질 **병상 생활 이야기를 들어보면 추기경님은 늘 조용하셨다고 하는데, 유일하게 마음을 여셨던 분이 수녀님이신 것 같아요. 같은 환자 입장이라서 그러셨던 것일까요?**

답 네. 그리고 제가 좀 위로해드려야겠다는 마음으로 다가가니까요. 간병인 아줌마들이 '수녀님만 오시면 많이 웃으세요' 이렇게 얘기를 했어요. 평소에 죽도 잘 안 드셨는데 제가 가서 먹는 게 힘이라고, 이래야 산다고 바람잡이 역할을 하면, 웃으시면서 좀 드시기도 했지요. 평소보다 말씀도 많이 하시고 소설책 얘기하듯이 당신의 일대기를 들려주셨는데, 제가 첫사랑 얘기도 해보시라 그러면 '비밀이야. 못 해!' 하시며 응답을 다 하셨어요. 이렇게 빨리 가실 줄 알았으면, 녹음이라도 해서 남겨놓을걸, 그런 생각도 들고요. 대단한 교회 어른을 병상에서나마 그렇게라도 가까이서 뵐 수 있었다는 게 참 좋은 일이었구나, 제가 영성적으로도 영향을 받는 좋은 추억이었구나, 그런 생각이 지금 들어요. 저는 인도에 가서 사랑의 선교회에 머물면서 마더테레사도 며칠 동안 만나 뵈었고, 요한 바오로 2세 교황님은 한국에 오셨을 때 성체를 받았거든요. 그 교황님도 성인이 되시고, 마더테레사도 복녀가 되셨고, 김수환 추기경님 훌륭하게 사셨고, 이태석 신부님도 딱 한 번 만나 뵀고, 그런 분들 다 만났으니까, 나는 이제 그분들한테 영향을 받아서 더 열심히 영성적으로 깊게 아름답게 살아야 된다, 하는 사명감 같은 게 막 생겨요.

질 **추기경님 병상에 가서 위로를 드리려고 했지만, 받으신 것이 더 많으셨다는 거죠?**

답 그렇죠. 우리가 다른 환자를 위로할 때 어떠한 말로 해야 되는가, 그리고 또 농담은 어떤 식으로 해야 되는가를 알게 되었지요. 추기경님의 평범한 듯하지만 깊이 있는 말씀과 농담 속에 든 뼈 있는 말씀도 새기게 되고요. 그리고 누구도 차별하지 않고 인간 하나하나에 대한 관심을 보이시는 점도 배웠어요. 제가 여동생하고 인사 가면, 저만 쳐다보지 않고 동생을 빤히 보시면서 '이 사람은 누구지?' 하세요. 그 편찮으신 중에도 두루 관심을 갖는, 그런 점도 제가 배웠고요. 저도 이제 손님이 오면, 같이 온 낯선 사람한테도 이 사람 누군가, 먼저 인사하게 되지요. 저도 모르게 영향받은 것 같아요. 골고루 차별 없이 모든 사람을 사랑하는, '모든 이에게 모든 것'이란 영성은 이런 것이구나, 당신하고 관계없는 사람한테까지 관심을 갖는다는 거죠. 그리고 유난스럽지 않은 수수한 분위기도 배울 점이죠. 추기경님 당신 보고 사람들이 못생겼다고 하면 화를 내시기는커녕 '나도 그렇게 생각해' 이러셨다잖아요. 내가 성직자고, 교회 리더고, 수도자고…… 그런 거룩함의 냄새를 풍기려고 노력하지 않아도, 인간적인 자연스러움 안에서 거룩한 향기가 풍겨 나오는 거죠. 사회적인 약자, 아픈 사람을 챙겨주려는 그 마음이 읽혀서 추기경님이 존경을 받으시는구나, 그런 것도 가까이서 볼 수 있었죠. 김수환 추기경님은 가톨릭 신자 아닌 사람들도 존경하는 인물이잖아요. 우리나라 인물사에 길이 남으실 그런 빛나는 존재임이 틀림없는 것 같아요. 이분의 삶과 정신을 이어가는 노력을 교회에서도 하고 있지만, 개개인이 자기 삶의 역사 안에서 이분의 평소 모습을 닮으려는 노력을 해야지요.

질 **수녀님은 죽음에 관해서 많이 생각해보신 것 같은데요.**

답 거의 날마다 죽음을 생각하지 않은 날이 없죠. 얼마 전에 저랑 아주 친했던 동기 단짝 수녀님이 폐암으로 투병하다 열 달 만에 그냥 쓰러진 거예요. 저는 오 년 지났는데, 수녀님은 일 년도 못 챙기고 작년 1월에 발병해서 11월에 선종하셨거든요. 엄청난 충격이었어요. 수녀님이 한 줌 재가 되어가지고 항아리에 담겨서 오니까 '와, 죽음이 정말 멀리 있는 것이 아니구나' 그런 생각이 들고……. 하루하루를 마지막인 것처럼, 내일은 죽는 것처럼 그렇게 절실하게, 간절하게 살아야겠구나, 그런 생각이 더 강하게 오더라고요.

그리고 박완서 선생 돌아가시고 장영희 교수, 김점선 화가, 근래는 최인호 소설가, 모두 거의 비슷한 무렵부터 투병을 했기 때문에, 죽는다는 거는 상상을 안 하다가 정말 그런 날이 오니까. 아, 누구나 한 번은 죽는 건데, 하는 생각이 들었어요. 그래서 저도 서둘러서 유언장도 작성하고 변호사 사무실에 가서 공증 받아가지고 모든 거 다 공동체에 일임하는 걸 하고 나니까 굉장히 홀가분해요.

질 **투병 생활하시면서 평소와는 다른 눈으로 세상을 보시게 되셨나요? 그 전과 달라보이나요?**

답 그렇죠. 달라 보이고, 너무나 지당하고 당연하게 여겼던 것들이 놀라워 보이고 낯설어 보인다고 할까요? 처음엔, 나는 이렇게 아파서 힘든데 저 사람들은 평소와 다름없이 생활을 하는구나, 이방인 같은 느낌이 들었다가 이제 조금씩, 조금씩 적응이 되죠. 그래서 고통의 특은이라든가, 고통의 축복, 고통의 신비란 말을 우리 가톨릭교회 안에서 말할 수 있는 것이구나, 싶지요. 고통 자체는 좋은 게 아니잖아요. 그런데 고통을 긍정적인 마음으로 잘 받아들여서, 역이용이라는 표현처럼, 내 삶에 유익함이 되도록 하려는 노력이 있으면, 자기도 모르게 한 발 성숙한 사람이 될 수도 있다는 걸 배우게 되더라고요. 우리가 이태석 신부님 죽음, 김수환 추기경님 죽음이 영상으로 나오면 울고 그러잖아요. 그런 생각했어요. 눈물로만 끝내지 말고, 내 삶에 저분들의 삶이 영향을 줘서, 나도 그런 실천적인 노력을 해야 저분들의 죽음이 헛되지 않은 것이다, 감탄만 하고 끝나면 안 되는 것이다.

질 **봉쇄 수도원에서 침묵을 하는데, 유일하게 허용하는 말이 '메멘토 모리'라고요. '죽음을 기억하라.'**

답 　우리도 수도원에서 모든 기도의 끝, 하루를 마무리할 때면 거룩한 죽음을 맞게 해달라는 기도를 꼭 해요. 어느 때는 매일 이렇게 죽음을 되새김해야 되는가 하는 생각이 들 때도 있는데, 막상 어떤 수녀님이 돌아가시고 그 기도문을 외울 때는 죽음이 삶의 일부라는 생각이 들면서 굉장히 공감이 되거든요. 그러니까 결국 그 사람의 삶이 이어져서 죽음이 되는 거고, 죽음은 삶의 완성이라는 게 너무 확실한 것 같아요. 어느 날 육체적인 죽음, 큰 죽음을 마무리하기 전에, 내 자존심을 내려놓고 나 자신을 희생하고 절제하는, 작은 죽음을 좀 더 잘 연습하면, 큰 죽음도 잘 맞이할 수 있지 않을까. 그런 생각을 요즘 하게 됩니다.

질 　**사실 죽음 앞에 모든 사람은 가장 순수해지고, 가장 솔직해지고 그렇지 않을까요.**

답 　누구라도 피해갈 수 없는 거잖아요. '죽기 전에, 죽고 나면' 이런 표현을 일상적으로 말하게 되는데, 사람들이 싫어하더라고요. 죽음을 터부시해요. 그래서 제가 근래에는 농담처럼 '내가 이 지상에 소유를 마치고 저쪽 나라로 이사를 가기 전에' 이렇게 말을 하니까 막 좋아하는 거예요. '나 이사 갈 때가 가까이 왔거든. 그래서 짐도 꾸리고 정리를 좀 해야 된다'고 하고 또 '저 세상으로 출장 간다'고 그 용어를 바꿔서 써보기도 하는 거죠. 오늘이란 사실 내 남은 생의 첫날이거든요. 오늘을 정말 귀하게 여기고 더 잘 써야 해요.

　　제가 최근에 쓴 글 중에 사람들이 제일 좋아하는 것 하나가 「행복의 얼굴」이라는 시예요. '내가 힘들다고 해서 내가 행복하지 않다는 뜻은 아니고, 내가 행복하다고 해서 나에게 고통이 없다는 뜻은 아니다.' 행복은 어디 숨어 있다가 부르기만 하면 나타날지 모르니, 행복을 찾기 위해서 눈을 크게 뜨고 살아야지요. 고통 속에도 행복이 숨어 있고, 행복 속에도 어려운 게 다 숨어 있는 법이잖아요. 토머스 머튼이 '고통이 쾌락의 반대이긴 하지만, 반드시 행복의 반대이진 않다'고 했죠.

질   **시인으로서 보시기에, 추기경님 언어의 특징은 어떤 게 있을까요?**

답   추기경님의 기도문을 읽고, 저도 많이는 안 봤지만, 그분이 쓴 강론집이라든가 말씀모음집, 그런 걸 보면 크게 세련됐거나 현란하거나 그건 아니에요. 평범함, 그냥 있는 그대로의 진술한 느낌이 있지요. 당신의 삶 자체가 진실하니까요. 글도 구수한 된장찌개 같은 느낌을 주는 것 같아요. 글은 그 사람 삶의 내면을 반영하는 것이니까요.

질   **삶이랑 글은 떨어질래야 떨어질 수 없는 것이니까요.**

답   추기경님이 돌아가시기 삼 년 전인가, 평화방송더러 오라고 해서 영상을 만드셨다고요. 추기경님이 참 현명하셨다고 생각합니다. 어떻게 앞질러서 자료도 남겨두셨네, 그런 생각이 들더라고요.

질   **먼저 연락을 주셨어요. 그렇게 자료를 안 남겨두면 우상화할 것 같아서, 있는 그대로의 모습을 남겨두고 싶다고 하셨어요.**

답　　그리고 추기경님에 대해서 기억하면, 글에도 쓰셨는지 그건 잘 모르겠는데, 우리 수녀원에 오셨을 때, 그때 무슨 얘기 끝에 하신 말씀이신데요. 기차에서 가방을 내려야 하는데 그게 빨리 잘 안 되더라, 그러셨어요. 차만 타면 비서가 내려주고 하잖아요. 누가 해줘야 될 것만 같은 생각을 하는 자신을 반성하게 됐다고. 내가 할 수 있는 건데도 항상 받는 데 익숙해져 있는 자신을 보고, 내가 이게 아닌데, 그런 생각이 들었다고 하셨어요. 그 말씀이 기억이 남아요. 당신 자신을 객관화해서, 내가 이렇게 대접만 받고 살다 보니까 이랬다고 반성하시잖아요. 어떤 글에선가 '가난한 사람 위한다고 하면서, 사실은 가난하게 살지 못한 게 참 마음에 걸린다' 그런 말씀 많이 하셨죠. 그리고 또 한 번은 어떤 신부님이 추기경님을 신랄하게 비판하셨잖아요. 거기에 대해서 어떻게 생각하시냐고 신문기자가 물었을 때, 그 어떤 변명 같은 거 안 하시고 '그 신부에 대해서 내가 고맙게 생각한다. 나도 약점이 있고 인간이기 때문에 많은 결함을 갖고 있는데, 그런 걸 통해서 나를 들여다보고 더 겸손할 수 있는 기회로 삼겠다' 하셨죠. 이런 것도 제가 배웠지요. 제 삶 안에서도, 누가 저에 대해서 안 좋은 소리 하고 구설수에 오를 수 있잖아요. 그럴 때 변명하고 한탄하기보다는, 혹시라도 내가 자만심에 빠질까 봐 더 겸손하게 길들이는 계기로 삼으라는 하느님의 뜻이구나, 이렇게 받아들이면 평화가 오더라고요. 그러니까 추기경님의 그런 모습들이, 직·간접으로 저한테 굉장히 영향을 줬다고 제가 말할 수 있는 거죠. 그것이야말로 진정한 영성의 향기인 것 같아요.

질 **수녀님은 수도자시고, 추기경님도 사제로 살아오셨는데 수도자나 성직자는 어떤 사람이라고 생각하세요?**

답 너무 어려운 질문인데요. ……이 세상 모든 사람을 끌어안고, 그 사람들한테 어떤 바다 같기도 하고, 파도 같기도 한 그런 존재란 생각이 들어요. 수도자의 삶이, 수녀라는 존재가, 세상의 슬픈 사람을 위해 대신 울어주고 대신 웃어주고 대신 감사해주면서, 또 그분들이 막 처져 있을 때는 새로움의 포말로 일어나서 힘내라고 해주는, 그런 바다의 파도 같은 존재가 아닐까요? 그런 것을 사람들은 사제적인 소명이라고 얘기하는 거겠지요. 예수님이 이 세상 사람들을 위해서 인간이 되어 오신 것처럼, 우리도 기도하는 영성으로 하느님께 바쳐진 존재들이지만, 더 우선적으로 해야 될 일은 도움을 필요로 하는 이 시대의 사람들한테 달려가는 것이라는 생각이 강하게 들지요.

교부들의 가르침 중에서, '하느님을 찾았으나 뵈올 길 없고, 영혼을 찾았으나 만날 길 없어, 형제를 찾았으니 셋을 다 만났네'라는 게 있지요. 여기서 정답을 찾아야겠구나, 싶어요. 하루 종일 성당에만 앉아 있다고 거룩해지는 것도 아니고, 그렇다고 저잣거리에 가서 뛰어다닌다고 해서 그것이 능사는 아니고, 그 둘을 다 함께, 하느님을 향한 수직적인 사랑과 이웃을 향한 수평적인 사랑을 잘해서 조화를 이룰 때 거기서 어떤 성도의 향기가 풍겨지는 것이 아닌가, 그렇게 생각해요. 그래서 추상적이고 관념적으로 사랑하지 않고, 구체적으로 사랑을 하면서 생색내지 않고 당연히 해야 될 것을 했다고 생각하며 살아야 되는 사람들이 이 시대의 성직자 수도자들이라고 생각해요. 누구라도 받아들일 수 있는, 소박하고 겸손한 '사랑의 집'이 되는 존재. 그런 사람이 수도자 성직자의 모습인 것 같고, 그런 모습을 지금 현재 교황님이 잘 보여주시는 것 같아요. 우리가 보고 멋있다고만 감탄할 게 아니라, 나는 내 생활 안에서 어떻게 약자를 챙기는지, 어떻게 사랑을 해야 되는지, 그런 걸 끊임없이 깨워서 읽고 연구해야 해요.

'주님께서 이 마음 넓혀주시면 당신 그 계명 길을 달려가겠다'고 고백하는 사람들이 성직자, 수도자라고 생각합니다.

질 **추기경님도 그렇게 사시려고 노력하신 분이지요.**

답 예. 그래서 '모든 이에게 모든 것(Omnibus Omnia).' 이 말이 참 포괄적인 의미를 담고 있는데, 그에 근접하게 되려고 많이 노력하신 분이 추기경님이라는 생각이 들어요. 늘 낮은 곳에 가서, 가난한 사람들하고 미사하려고 하셨고 늘 가난함에 대한 관심을 놓지 않으셨잖아요. 나는 비겁한 사람이라고 자책도 하시면서 바보의 영성을 사셨지만, 바보가 아닌 '현명한 바보'이신 거죠.

질 **추기경님 돌아가시고 나서야, '이분이 이런 분이셨구나. 왜 진작 몰랐을까.' 그렇게 깨닫는 분들도 주변에서 만나보게 되는데요.**

답 '지금 추기경님이 계셨으면 참 의지가 될 텐데' 하는 분들이 많지요. 사실 그런 존재가 된다는 게 얼마나 어려운 일이에요. 명동성당에 그 길던 줄 기억하시지요? 구둣발밖에 보이는 게 없는데도, 그 짧은 순간을 조문하려고 수많은 사람들이 왔잖아요. 지금도 마음이 답답하고 힘들 땐 추기경님 산소에 가서 기도하는 교우분들이 실제로 있다고 하잖아요? 그분의 산소가 하나의 성지 같은 역할을 하지 않을까요? 우리 교회에서 코스를 잘 개발해서 성지순례 올레길, 기도의 순례길을 만들어서 거기 가서 위로받고 올 수 있게 했으면 좋겠어요. 사람은 망각의 동물이라 자꾸 잊어버리잖아요. 김수환 추기경님도, 이태석 신부님도 돌아가실 당시에는 추모 분위기가 대단했지요. 그분들을 상기시켜주는 일을 교회가 공동체적으로 하면 좋겠어요. 돌아가신 절기만이라도 집중적으로 그분들을 조명해서, 함께 영성을 공부하고 순례를 하는 프로그램이 있으면 참 좋겠어요. 세월이 가더라도 그건 남아 있을 거니까요.

질 **수녀님, 오늘 아름답고 귀한 말씀 잘 들었습니다. 정말 감사합니다.**

1922년 5월 8일	출생
1947년 9월 ~ 1951년 6월	서울 성신대학에서 신학과정 수료
1951년 9월 15일	사제 수품
1956년 10월 ~ 1963년 11월	서독 뮌스터대학교에서 신학, 사회학 연구
1964년 6월 ~ 1966년 5월	「가톨릭시보」사 사장
1966년 2월 15일	마산교구장 임명
1966년 5월 31일	주교 수품
1968년 4월 9일	서울대교구 대주교 임명
1968년 5월 29일	서울대교구장 착좌
1969년 4월 28일	추기경 서임
1969년 10월 ~ 1970년 10월	주교회의 부의장
1970년 10월 ~ 1975년 2월	주교회의 의장
1970년 ~ 1973년	아시아주교회의연합회(FABC) 구성 준비위원장
1971년, 1974년, 1983년	
1985년, 1987년	세계 주교대의원회의 한국 대의원으로 참여
1975년 6월 10일	평양교구장 서리 임명
1981년 5월 ~ 1987년 11월	주교회의 의장
1981년 10월 ~ 1996년 10월	주교회의 교리주교위원회 위원(교리신학원 담당)
1981년 10월 ~ 1987년 11월	주교회의 성직주교위원회 위원장
1981년 10월 ~ 1984년 11월	주교회의 사회주교위원회 위원(매스컴 담당)
1984년 5월 6일	파리 외방전교회 명예회원
1984년 7월 ~ 1985년 1월	주교회의 교리주교위원회 위원장(임시)
1987년 11월 ~ 1994년 3월	주교회의 교리주교위원회 위원장
1997년 12월 ~ 1998년	주교회의 민족화해주교특별위원회 위원장
1998년 4월 19일 ~ 5월 14일	세계 주교대의원회의 아시아 특별회합 공동의장
1998년 4월 3일	서울대교구장, 평양교구장 서리 사임, 은퇴
2009년 2월 16일	선종